respuestas para la ayuda financiera

THOMSON

PETERSON'S

Australia • Canada • Mexico • Singapore • Spain • United Kingdom • United States

Sobre The Thomson Corporation y Peterson's

The Thomson Corporation, con ingresos de US$7.8 mil millones en el año 2002, es líder mundial en el suministro de soluciones integradas de información para clientes comerciales y profesionales. Las acciones de la companía se cotizan en las bolsas de New York y Toronto (TSX: TOC; NYSE: TOC). Sus empresas y marcas de educación satisfacen las necesidades de las personas, instituciones educativas, empresas y agencias gubernamentales con productos y servicios tanto para el aprendizaje tradicional como para el aprendizaje distribuido.

Peterson's (www.petersons.com) es un proveedor líder en información y asesoramiento educativo, con libros y recursos en Internet dedicados a la búsqueda educativa, preparación de exámenes y ayuda financiera. Su sitio Web ofrece bases de datos para investigar y herramientas interactivas para comunicarse con las instituciones educativas, exámenes de prática e instrucción en Internet y herramientas de planificación para obtener ayuda financiera. Peterson's presta servicio anualmente a más de 110 millones de consumidores en el ámbito de la educación.

Para obtener más información, comuníquese con Peterson's, 2000 Lenox Drive, Lawrenceville, NJ 08648; 800-338-3282; o visítenos en el sitio Web www.petersons.com/about.

ISBN: 0-7689-1324-1

Impreso en Canadá

10 9 8 7 6 5 4 3 2 1   04 03 02

Primera edición

Contenido

Contenido

Contenido

Prefacio

Aprende a distinguir

Uno de los grandes proyectos financieros de padres e hijos, además de la compra de una vivienda, puede ser la planificación de los gastos universitarios. Si eres como la mayoría de los padres ante la perspectiva de un hijo que inicia sus estudios universitarios, te sentirás lleno de entusiasmo por las oportunidades que depara el futuro, pero al mismo te preocupará cómo encontrar financiación para su educación. Sin embargo, el proceso es más fácil de lo que parece, y con ayuda financiera, prácticamente todos pueden acceder a la universidad.

Como director ejecutivo de la National College Scholarship Foundation, Inc., (Fundación Nacional de Becas Universitarias, Inc.) organización sin fines de lucro que ofrece seminarios y programas promocionales de ayuda financiera en Montgomery County Maryland Public High Schools (Escuelas públicas de secundaria del Condado de Maryland, Montgomery), llevo más de diez años trabajando con la comunidad hispana asistiendo a padres e hijos con la planificación de ayuda financiera. Adicionalmente, como director de ayuda financiera de Montgomery Community College en Maryland, que atiende a más de 20,000 estudiantes, entre los cuales se cuenta un gran número de hispanos, he tenido la oportunidad de otorgar ayuda financiera a estudiantes en la universidad, y también de aconsejar familias sobre el proceso de ayuda financiera.

Aprovechando esta experiencia única, se ha creado este libro, *El libro de respuestas para la ayuda financiera*, para estudiantes hispanos y sus padres. Se incluyen instrucciones línea por línea para llenar los formularios gratuitos de solicitud de ayuda financiera federal, Free Application for Federal Student Aid (FAFSA), y proporciona también ideas, sugerencias y consejos para que tú y tu familia logren el éxito en la obtención de ayuda financiera.

Puesto que conozco especialmente los problemas que enfrentan las familias hispanas para manejar los gastos educativos universitarios, he enfocado este libro en las siguientes áreas:

- Comprensión del sistema de ayuda financiera

- Identificación de recursos de ayuda financiera disponibles

- Preparación para llenar los formularios correctamente

- Cumplimiento de las fechas límite de solicitud importantes

Es esencial que entiendas que literalmente estás compitiendo contra miles de familias en busca de ayuda financiera y, como en cualquier competencia, debes jugar a ganar. *El libro de respuestas para la ayuda financiera* te ofrece el conocimiento sólido que necesitas para ser un ganador y, por consiguiente, obtener el dinero para la universidad.

He observado que muchos estudiantes de bajos ingresos y estudiantes que pertenecen a minorías no se presentan a las universidades académicamente más competentes, porque asumen que nunca podrían asistir debido a los altos costos de la institución. Voy a acabar este mito y a comprobar que, con la ayuda financiera, los estudiantes pueden asistir a la universidad que escojan.

Puesto que generalmente, son los padres quienes asumen la responsabilidad de pagar la universidad, este libro va dirigido a ellos. Sin embargo, también deben leerlo los estudiantes, de manera que puedan participar en las conversaciones familiares para determinar cómo financiar su educación. El pago de los gastos universitarios es un asunto de toda la familia. Gracias a *El libro de respuestas para la ayuda financiera*, podrán encontrar la forma de costear la universidad. ¡Buena suerte!

—Dr. Herm Davis

Director Ejecutivo

National College Scholarship Fund, Inc.

Introducción

Asume los gastos universitarios

Asumir los gastos universitarios puede generar mucho estrés, especialmente si tienes en cuenta los costos actuales de las universidades. Consecuentemente, muchas familias no estimulan a sus hijos a iniciar sus estudios universitarios, pues creen que no podrán costearlos. Igualmente, no contemplan las universidades de más altos costos porque se asustan con el monto de la matrícula. Otras familias ni siquiera solicitan ayuda financiera porque piensan que sus ingresos son demasiado altos o porque tienen mucho dinero ahorrado. Sin embargo, no sólo todas las familias pueden enviar a sus hijos a la universidad, sino que incluso las universidades más costosas son asequibles. Te sorprendería saber que:

$ 7 de cada 10 estudiantes a tiempo completo reciben alguna forma de ayuda financiera.

$ La ayuda financiera cubre el 40 por ciento o más del presupuesto de estudiantes a tiempo completo.

$ Las subvenciones y los préstamos son las formas más comunes de ayuda financiera.

$ Más de la mitad de los estudiantes universitarios a tiempo completo recibían ayuda en forma de subvención a finales del siglo veinte.

$ 1 de cada 5 estudiantes universitarios proviene de familias con un ingreso por debajo de $20,000 al año.

El libro de respuestas para la ayuda financiera fue creado para aliviar tu estrés y tus preocupaciones y brindarte la información necesaria para obtener la mejor ayuda financiera posible para tu hijo. Este libro también devela el misterio del proceso de ayuda financiera. En pocas palabras, la ayuda financiera es dinero proveniente de fuentes externas para ayudarte a pagar los gastos educativos de tus hijos después de la secundaria, conocidos como estudios de educación superior. La educación superior incluye universidades, escuelas universitarias vocacionales y técnicas, escuelas universitarias de oficios y escuelas de negocios. Es importante distinguir dos categorías básicas de ayuda:

1. **Ayuda basada en la necesidad**

2. **Ayuda no basada en la necesidad**

La ayuda no basada en la necesidad es también conocida como ayuda por mérito, y generalmente se otorga a estudiantes como reconocimiento a sus destrezas o talentos especiales, o su habilidad académica. Este tipo de ayuda también se puede otorgar con otros criterios, tales como campo de estudio, servicio comunitario o capacidad de liderazgo.

No obstante, la ayuda basada en la necesidad conforma la mayoría de ayuda disponible para educación superior. Si no cuentas con recursos suficientes para pagar los estudios de educación superior, se considera que tienes necesidad financiera. Este es el primer requisito para recibir ayuda financiera basada en la necesidad; sin embargo, es necesario que tú y tu hijo cumplan con otros requisitos que explicamos más detalladamente en el Capítulo 5. Tu elegibilidad para ayuda financiera generalmente se determina en función de la información financiera de tu familia, que se analiza de acuerdo a una serie de cálculos estándar. Esta evaluación de necesidad o análisis de necesidad, como generalmente se le conoce, da origen al Expected Family Contribution, EFC (Aporte Esperado de la Familia). Tu EFC indica precisamente el monto que se espera que tu familia aporte para sufragar los gastos educativos de un año de educación superior.

Existen tres tipos básicos de ayuda financiera:

$ **Préstamos.** Constituyen la fuente de ayuda financiera más disponible. Tendrás que reembolsar el préstamo, pero las tasas de interés son frecuentemente más bajas que las de préstamos comerciales. Los pagos generalmente se aplazan hasta después de que tu hijo termine sus estudios universitarios.

$ **Subvenciones y becas.** No necesitas reembolsar este tipo de ayuda ni respaldarla trabajando en el campus. Las subvenciones generalmente se basan sólo en la necesidad financiera, mientras que las becas se otorgan a estudiantes según criterios específicos, tales como mérito académico o deportivo, sin importar si el estudiante necesita el dinero para ayudar pagar la universidad.

$ **Trabajo y estudio.** Esta opción permite a los estudiantes trabajar de 10 a 15 horas semanales durante el año académico y tiempo completo durante el verano, a fin de obtener dinero para pagar la universidad.

Cada tipo de ayuda cuenta con cuatro posibles fuentes:

1. **Federal**

2. **Estatal**

3. **Institucional**

4. **Privada**

El gobierno federal es la mayor fuente de ayuda de acuerdo a la necesidad. A decir verdad, sólo el gobierno federal provee más de $60 mil millones para ayuda estudiantil cada año. La mayoría de la ayuda federal se encuentra disponible a través del Departamento de Educación de Estados Unidos y el Departamento de Salud y Servicios Humanos de Estados Unidos. La ayuda respaldada por el estado varía de un estado a otro y puede tener restricciones en cuanto a residencia dentro del estado o asistencia a una universidad dentro del estado.

Muchas universidades ofrecen a sus estudiantes ayuda basada en la necesidad y ayuda no basada en la necesidad. Este tipo de ayuda se conoce como ayuda institucional y varía según la universidad. La ayuda institucional es más importante ahora para las familias debido al incremento en los costos educativos. La ayuda privada proviene de patrocinadores no institucionales y no gubernamentales. Puede constituir una ayuda significativa para asumir los gastos educativos y reducir la deuda, pero generalmente requiere de más esfuerzo, ya que primero es necesario ubicar las fuentes de financiación y luego solicitar ayuda.

El paquete de ayuda se negociará con el funcionario de ayuda financiera de la universidad que tu hijo escoja. El paquete reúne todos los tipos de ayuda para los que calificas y, muy probablemente, tendrá una combinación de los tipos de ayuda antes mencionados. Encontrarás mayor información sobre los paquetes de ayuda financiera en el Capítulo 4.

¿POR QUÉ DEBES SOLICITAR AYUDA FINANCIERA?

A continuación, encontrarás algunas de las preocupaciones e inquietudes más comunes de los padres respecto de la ayuda financiera, junto con las razones por las cuales no debes desanimarte para solicitar la ayuda que necesitas:

$ *El formulario de solicitud requiere demasiada información personal.* La cantidad de páginas para llenar en los formularios puede hacer que el proceso de ayuda financiera parezca indiscreto e intimidante. Probablemente, no quieras dar a conocer información financiera que consideras privada. No obstante, verás que los formularios no son tan complicados como parecen y que la información requerida es la misma que debes presentar al Internal Revenue Service, IRS (Servicio de Impuestos Internos) cada año. Tu información personal es necesaria para determinar el monto de ayuda financiera que puedes recibir.

$ *La ayuda financiera es caridad; debo ser capaz de pagar la educación de mis hijos por mí mismo.* Actualmente, es muy rara la familia que puede pagar los altos gastos universitarios. La premisa de la ayuda financiera es que los estudiantes junto con sus padres deben responsabilizarse de su propia educación, pero como no tienen los medios, el gobierno provee ayuda en forma de inversión. Esta inversión es un derecho de cada estudiante; el gobierno provee más de $60 mil millones al año en subvenciones, programas de trabajo y préstamos para hacer la universidad asequible a todo aquel que califique. Un título universitario generalmente significa que el estudiante obtendrá un trabajo mejor pagado, contribuirá más a la sociedad y pagará más impuestos a lo largo de su vida.

$ *No quiero adquirir una gran deuda.* Es cierto que la mayoría de familias debe ahorrar dinero para pagar la universidad. Sin embargo, un préstamo educativo no es igual a prestar dinero para vacaciones, ni a una tarjeta de crédito. Es una sabia inversión que producirá una buena ganancia, una carrera profesional para tu hijo. De manera similar, los préstamos educativos con frecuencia tienen tasas de interés más bajas y menos multas que los préstamos al consumidor. Finalmente, no olvides que algunos préstamos pueden condonarse, dependiendo de la carrera de tu hijo. Por ejemplo, muchos maestros que enseñan en zonas de bajos ingresos, pueden ser elegibles para que se les condonen los préstamos. Comunícate con la oficina de ayuda financiera para obtener mayor información.

$ *La ayuda financiera es tan confusa, hay tanto por aprender que temo cometer errores.* ¡Por eso compraste este libro! Aquí te explicamos de principio a fin el proceso de ayuda financiera, para que puedas entenderlo más fácilmente. Te brindamos detalles sobre los formularios que necesitas e incluso te damos instrucciones renglón por renglón para llenar la FAFSA. Si necesitas más información, comunícate con la oficina de orientación vocacional de la escuela secundaria de tu hijo y la entidad de ayuda financiera de tu estado, y busca a través de recursos confiables de Internet. El mejor recurso para ti y tu hijo son los funcionarios de ayuda financiera de las universidades donde tu hijo postule. Su trabajo es explicarte los requisitos de la universidad y ayudarte con todo el proceso de solicitud. Por consiguiente, asegúrate de obtener una cita con el funcionario de ayuda financiera cuando visites el campus; probablemente te sentirás después más tranquilo para solicitar ayuda.

Nada debe detener a tu hijo en su interés para continuar con sus estudios de educación superior, mucho menos las preocupaciones financieras. Las familias tienen a su disposición una serie de programas y organizaciones para ayudarles a aliviar la carga financiera de la universidad. En las páginas siguientes, *El libro de respuestas para la ayuda financiera* te orienta en el camino para que puedas apropiarte de toda la ayuda financiera a la que tu familia tiene derecho.

Cómo comenzar:
Formularios básicos

Este capítulo presenta los formularios principales que necesitas llenar para obtener ayuda financiera. Es importante que tengas en cuenta que el proceso de solicitud de ayuda financiera puede ser bastante prolongado y algunos fondos son limitados, especialmente los destinados para becas. Por esta razón, debes presentar todos los formularios de solicitud y seguimiento en las fechas límites fijadas por la universidad; así puedes estar seguro que tu hijo será tomado en cuenta para todos los fondos disponibles.

> **No esperes a recibir una oferta de ingreso para solicitar la ayuda financiera. Si esperas, con seguridad perderás el mejor paquete de ayuda financiera.**

Con ayuda financiera, prácticamente todos pueden costearse una educación superior. El primer paso es comprender los formularios que debes usar para saber cómo tu hijo puede costearse la universidad. Los formularios básicos son:

$ Free Application for Federal Student Aid, FAFSA (Solicitud Gratuita de Ayuda Federal para Estudiantes)

$ College Scholarship Service (CSS) Profile (Servicio de Becas Universitaria (CSS) Profile)

$ Documentos para ayuda institucional complementaria

FREE APPLICATION FOR FEDERAL STUDENT AID (FAFSA)

Éste es el nombre del formulario de solicitud que todos los estudiantes deben llenar para pedir ayuda financiera. Como lo dice su nombre, es totalmente gratuito y puedes presentarlo en español o inglés, en medio impreso o electrónico. La información que proporcionas en la solicitud FAFSA sobre ingresos, activos y aspectos demográficos de tu familia servirá como base para determinar la elegibilidad de tu hijo para los programas federales de ayuda estudiantil y, en muchos casos, fuentes de ayuda institucional, estatal y privada.

Sólo debes llenar una solicitud FAFSA al año, aunque tu hijo esté solicitando ingreso en más de una universidad. Cada miembro de tu familia que asista a la universidad debe llenar una solicitud FAFSA individual. No olvides que puedes solicitar que la información FAFSA se envíe hasta un máximo de 6 universidades diferentes a la vez. En la solicitud FAFSA debes incluir el nombre completo y la dirección de la universidad, junto con el código universitario federal respectivo, para que se envíe correctamente. Encontrarás la lista de códigos universitarios federales en: www.ed.gov/offices/OSFAP/Students/.

Quienes soliciten ayuda financiera federal por primera vez, deben llenar la solicitud FAFSA regular, que es un formulario de 6 páginas con numerosas preguntas. Este formulario está disponible en la mayoría de las bibliotecas públicas y oficinas universitarias de ayuda financiera o puedes descargarlo desde la página de Internet: www.ed.gov/offices/OSFAP/ Students/apply.html. Presenta la solicitud FAFSA tan pronto como te sea posible, después del 1° de enero del año de ingreso de tu hijo a la universidad, y antes de la fecha prioritaria de presentación fijada por la universidad. Por ejemplo, si tu hijo comienza su primer año de universidad en septiembre de 2004, y la universidad que le interesa ha fijado el 15 de marzo como fecha prioritaria de presentación, debes presentar tu formulario lo antes posible, a partir del 1° de enero de 2004. Así lograrás reunir toda la información financiera del año fiscal 2003 antes del 15 de marzo, 2004. Revisa la información de la universidad para conocer la fecha prioritaria de presentación; casi siempre se encuentra en los catálogos, documentos de solicitud de ingreso, folletos o en Internet.

Un formulario de renovación FAFSA se envía automáticamente por correo a los estudiantes que llenaron exitosamente la solicitud FAFSA el año anterior. Este formulario te llegará con información pre-impresa extraída de tu solicitud FAFSA anterior. Si es necesario, simplemente debes actualizar esta información para el nuevo año escolar. Si no recibes el formulario de renovación FAFSA, averigua la razón con un administrador de ayuda financiera o llama al 800-4-FEDAID.

Solicitudes electrónicas FAFSA

Los formularios de solicitud FAFSA regulares y de renovación están disponibles electrónicamente. Actualmente, la mayoría de universidades utilizan servicio de Electronic Data Exchange, EDE (Intercambio Electrónico de Información) del Departamento de Educación. A través del EDE, estas universidades pueden ingresar información FAFSA y transmitirla directamente al Central Processing System, CPS (Sistema Central de Procesamiento) para su análisis. Verifica en las oficinas de ayuda financiera de las universidades donde tu hijo desea ingresar, si pueden transmitir electrónicamente tu información FAFSA.

Las solicitudes electrónicas para ayuda estudiantil federal se pueden presentar en FAFSA en la Web o vía FAFSA Express. En FAFSA en la Web, desarrollada por el Departamento de Educación, puedes llenar electrónicamente una solicitud FAFSA. Para evitar posibles problemas, utiliza un buscador certificado para llenar solicitudes FAFSA por Internet, de manera que puedas completar y enviar tu información de FAFSA directamente al CPS. Para finalizar el proceso de solicitud, después de llenar el formulario por Internet puedes enviar por correo al procesador la página que requiere la firma, o firmar electrónicamente con un Número de Identificación Personal (PIN, por su nombre en inglés) que te suministran en la página Web. Una vez recibida la página firmada, el CPS imprime y te envía por correo un Student Aid Report, SAR (Informe de Ayuda para el Estudiante). La dirección FAFSA en la Web es www.fafsa.ed.gov.

FAFSA Express es una herramienta de aplicación de software independiente que te permite diligenciar electrónicamente tu solicitud, directamente con el Departamento de Educación. El software de FAFSA Express se puede descargar y usar en cualquier computadora con módem que use Windows. Las ventanas del software tienen una presentación similar a una solicitud FAFSA de papel e incluye vínculos de ayuda e instrucciones por Internet. También es posible obtener copias individuales del software FAFSA Express en las universidades para usarlas en tu computadora. Igualmente, puedes descargar el software FAFSA Express desde la página Web, www.ed.gov/offices/OSFAP/students/apply.fexpress.html.

> **Consulta en www.fafsa.ed.gov/beforebrowser_req.htm la lista más reciente de buscadores aceptados. El Departamento de Educación recomienda usar una "versión doméstica" de buscador (56 bits y 128 bits cifrado) para mayor seguridad de la información en la solicitud.**

COLLEGE SCHOLARSHIP SERVICE (CSS) PROFILE

Algunas universidades también pueden exigir que llenes el formulario de solicitud del College Scholarship Service (CSS) PROFILE, que requiere un pago de $7.00 para registrarte, más $17.00 por cada institución a la que decidas enviar los resultados del Profile. El Profile reúne información adicional a la información de FAFSA, como el valor de la vivienda principal de los padres. Las universidades usan esta información para otorgar ayuda institucional financiera, generalmente en forma de donaciones (subvenciones o becas) que no deben reembolsarse al prestamista.

Si deseas recibir un formulario CSS PROFILE, primero debes registrarte para solicitarlo al teléfono 800-778-6888 de lunes a viernes, de 8:00 a.m. a 10 p.m., hora oficial del Este. Recibirás tu formulario dentro de los diez días siguientes a tu llamada. También puedes solicitar tu formulario por Internet en www.collegeboard.com. Puedes presentar el formulario cada año después del 1º de octubre.

DOCUMENTOS COMPLEMENTARIOS DE AYUDA INSTITUCIONAL

Muchas universidades exigen que completes uno o más documentos complementarios con información adicional a la solicitud FAFSA, con el fin de otorgar ayuda financiera institucional. Es posible que una universidad desee saber si tu hijo tiene destrezas que se pueden aplicar a un trabajo o si tiene permiso para trabajar. Por ejemplo, es probable que las universidades necesiten salvavidas, editores de periódicos, consejeros de dormitorios, choferes, operadores de conmutadores o de computadoras.

Estos documentos también se usan para saber la filiación religiosa de tu hijo, discapacidades físicas, atributos personales, o si pertenece a un grupo minoritario. ¿Por qué? Es posible que la oficina de ayuda financiera tenga becas para estudiantes que cumplan requisitos específicos. Si tú eres, por ejemplo, de ascendencia hispana, es posible que existan becas subvencionadas por organizaciones hispanas. Para estar seguro de que se te considerará para todo tipo de ayuda otorgada por una universidad, debes completar todos los documentos complementarios y los formularios de solicitud exigidos.

Toda solicitud CSS se envía con una copia de una declaración sin custodia y un suplemento empresarial/agrario. Por lo general, la declaración sin custodia se solicita a padres divorciados o separados; en tanto que el suplemento empresarial/agrario se le solicita frecuentemente a aquellos padres que tienen un negocio o granja. Si es tu caso, debes diligenciar los documentos correspondientes y presentarlos a cada universidad de la lista que te solicite una copia. Es conveniente que envíes una fotocopia a cada universidad y te quedes con el original para usarlo en el futuro.

Dado que algunos estados también exigen información adicional, y los formularios pueden variar considerablemente de un campus a otro, y de un estado a otro, es mejor trabajar en estrecha colaboración con la oficina de ayuda financiera de cada universidad a la que envíes solicitudes. Así estarás seguro de haber presentado los formularios necesarios para todos los tipos de ayuda disponible. Para saber si la solicitud FAFSA es suficiente, o si es preciso diligenciar solicitudes adicionales, puede ser útil consultar catálogos de universidades, páginas Web o guías completas de universidades, como las publicadas por Peterson's.

CÓMO DILIGENCIAR LA SOLICITUD FAFSA

Con frecuencia, muchas familias cometen errores costosos por apresurarse al llenar la solicitud FAFSA. Los siguientes son tres de los errores más graves y las formas de evitarlos:

1. **No llenar completamente la solicitud FAFSA o hacerlo con inexactitudes.** La información incompleta o inexacta puede generar demoras en el procesamiento de solicitudes. Los errores también pueden originar una reducción en el monto total de la ayuda ofrecida a tu hijo. Debes responder completamente todas las preguntas con exactitud. Una vez que hayas diligenciado completamente la solicitud FAFSA, léela en su totalidad para asegurarte de haber respondido todas las preguntas y de no haber cometido errores.

2. **No presentar todas las solicitudes exigidas para todas las posibles fuentes de ayuda.** Por ejemplo, muchas universidades exigen una solicitud complementaria para ayuda institucional. Confirma y reconfirma, si es necesario, que hayas

entregado todos los formularios exigidos y que éstos hayan sido recibidos por la persona o institución correcta.

3. **No entregar los formularios de solicitud en las fechas prioritarias de presentación publicadas.** La mayoría de universidades exigen que presentes la solicitud FAFSA y otros documentos para solicitar ayuda financiera, en una fecha prioritaria de presentación de documentos. Si no cumples con esta fecha, es posible que te ofrezcan una ayuda financiera menor, o menos deseable, de aquella que, de otra manera, te hubieran ofrecido. Verifica con la oficina de ayuda financiera de cada universidad donde tu hijo solicite ingreso, las fechas límite para presentar la solicitud FAFSA y otros formularios de solicitud de ayuda financiera. Fija estas fechas en un sitio visible para recordarlas.

Preparación de la FAFSA y del CSS Profile

La solicitud FAFSA te pide información sobre todos los ingresos y activos familiares del año calendario anterior al año para el cual el estudiante solicita ayuda financiera. Las oficinas de ayuda financiera se refieren a este período de tiempo como el año impositivo o año base. Para simplificar el trámite de la solicitud FAFSA o PROFILE, debes obtener los siguientes documentos:

$ Formularios de impuestos federales sobre la renta del año base tuyos y de tu hijo. Quizás te resulte conveniente llenar en borrador un formulario del año pasado para consultarlo al completar la solicitud FAFSA. La información en este borrador puede usarse como estimado aunque no la hayas enviado al IRS (Servicio de Impuestos Internos).

$ Puedes usar copias de los últimos formularios de impuestos federales sobre la renta a fin de estimar los ingresos del año anterior, en lugar de utilizar el formulario final de impuesto federal sobre la renta (si llenas la solicitud FAFSA con los ingresos estimados).

$ Los formularios W-2 para ti y tu hijo, así como otros registros de ingresos adquiridos o recibidos durante el año anterior. (Estos registros son necesarios para verificar las casillas de impuestos sobre la renta en la solicitud FAFSA.)

$ Una copia del último comprobante de nómina tuyo y de tu hijo para determinar los ingresos recibidos en el año hasta la fecha (year-to-date, YTD). Este dato puede usarse también como ingreso anual estimado, en lugar del formulario final 1040 para impuestos federales sobre la renta.

$ Registros de ingresos exentos de impuestos, como pagos para manutención de hijos, seguro social, aportes voluntarios a programas de impuestos diferidos sobre la renta (tales como planes de pensiones, IRA [cuenta de jubilación individual], Keogh, 401(k), y planes de jubilación para maestros), además de subsidios de vivienda para miembros del ejército, clero y otros.

$ Créditos impositivos informados en el 1040, que incluye créditos de ingresos ganados, créditos para becas Hope, crédito impositivo o créditos impositivos Lifetime Learning.

$ Registros empresariales y agrarios.

$ Registros de acciones, bonos y otras inversiones para padres y estudiantes.

$ Números de seguro social y licencia de conducir de tu hijo.

Si vas a diligenciar la solicitud FAFSA electrónicamente, el último paso de preparación es solicitar un PIN (Número de Identificación Personal). Como ya te hemos mencionado, puedes firmar electrónicamente tu solicitud electrónica FAFSA, una vez terminada, con un PIN en lugar de detenerte en medio del proceso para solicitar un PIN. Si presentas una solicitud FAFSA en papel y tus datos personales corresponden con los registrados en la Administración del Seguro Social, recibirás un PIN. El PIN no sólo sirve para firmar electrónicamente una solicitud, también puede usarse para:

$ Ingresar a tu Student Aid Report (SAR), que contiene tu información FAFSA procesada. Ver Capítulo 4 para mayor información

$ Hacer correcciones a tu información de solicitud

$ Ingresar a tus registros de solicitud por Internet

Encontrarás mayor información sobre el proceso PIN en la página Web, www.studentaid.ed.gov; también puedes llamar al Federal Student Aid Center (Centro de Información de Ayuda Financiera para el Estudiante) al teléfono 800-4-FED-AID.

Capítulo 2

Cómo llenar la FAFSA

Ya has reunido el material que necesitas para diligenciar tu FAFSA y estás preparado para completar el formulario. Las siguientes son pautas generales:

$ Escribe cuidadosamente en letras de molde mayúsculas.

$ Salta una casilla entre palabras.

$ Usa un bolígrafo de tinta negra.

$ Llena los óvalos completamente sin salirte de los bordes (los escáner electrónicos no leen los resultados si hay rastros de tinta fuera de los óvalos).

$ Escribe un cero antes de los números inferiores a 10 (por ejemplo, 07).

$ Registra solamente cantidades en dólares completos, omitiendo centavos. ($12,685.39 debe registrarse como $12,685.)

$ Registra los números negativos como cero (por ejemplo, –500 se debe registrar como 0.)

$ Usa números o un cero para responder preguntas. No coloques respuestas tales como [N/A] o [–] ni dejes preguntas en blanco.

$ Coloca las fechas con números (por ejemplo, 11-10-00).

$ Las preguntas en las páginas amarillas son para las respuestas de los estudiantes; las preguntas en las páginas púrpura son para los padres.

$ No envíes la FAFSA por un servicio de mensajería, ya que al enviarla a un apartado postal nadie podrá firmar su recepción y demorará el proceso.

$ No adjuntes, pegues, ni engrapes ningún documento a la solicitud FAFSA, puesto que inevitablemente se desechará y sólo retardará el procesamiento de las solicitudes.

Conserva las hojas de trabajo con las anotaciones que usaste para completar tu FAFSA, pues algunas universidades pueden solicitarlas para verificar información. Guarda copias de los documentos que has completado. Si tienes preguntas sobre los formularios, llama a la línea de atención del Departamento de Educación de EE.UU., 800-433-3243.

INSTRUCCIONES LÍNEA POR LÍNEA PARA COMPLETAR LA SOLICITUD FAFSA

En el resto del capítulo encontrarás instrucciones línea por línea para algunas de las respuestas menos obvias, notas para tener en cuenta y una lista de errores comunes al llenar la FAFSA. En las páginas siguientes, encontrarás partes reales de la FAFSA en español para que las consultes. Recuerda que la FAFSA trae una sección de Información para el Estudiante. Las instrucciones en esta sección fueron escritas especialmente para estudiantes. Igualmente, hay una sección de Información para los Padres, con instrucciones para padres o tutores legales.

Primer Paso: Información para el estudiante (a ser completado por tu hijo)

1-3.	Nombre completo (tal cual aparece en su tarjeta de Seguro Social)		
1. APELLIDO		2. NOMBRE	3. INICIAL
4-7.	Dirección postal permanente		
4. NÚMERO Y CALLE (INCLUYA NÚMERO DE APTO.)			
5. CIUDAD (Y PAÍS SI NO ES EE.UU.)		6. ESTADO	7. CÓDIGO POSTAL

Líneas 1 a 3: **Usa nombres propios y escribe todo en mayúscula.** No uses apodos.

Líneas 4 a 7: **Usa una dirección postal permanente.** Toda correspondencia sobre la FAFSA y otros formularios de ayuda financiera se envían a una dirección permanente.

8. Número de Seguro Social

⬚⬚⬚ ⬚⬚ ⬚⬚⬚⬚

9. Fecha de nacimiento

M ⬚⬚ / D ⬚⬚ / 1 9 ⬚⬚

10. Número de teléfono permanente

(⬚⬚⬚) ⬚⬚⬚ – ⬚⬚⬚⬚

11-12. Número de licencia de conducir y estado (si corresponde)

11. NÚMERO DE LICENCIA ⬚⬚⬚⬚⬚⬚⬚⬚⬚⬚⬚⬚⬚⬚⬚⬚⬚⬚⬚

12. ESTADO ⬚⬚

13. ¿Es usted ciudadano de los EE.UU.? Escoja uno. Véase la página 2.

a. Sí, soy ciudadano de los EE.UU. **Pase a la pregunta 15**......... ◯ 1
b. No, pero soy extranjero con derecho. **Complete la pregunta 14**... ◯ 2
c. No, no soy ciudadano o extranjero con derecho...................... ◯ 3

14. NÚMERO DE REGISTRO DE EXTRANJERO

A ⬚⬚⬚⬚⬚⬚⬚⬚⬚

Línea 8: **Es necesario tener un número de seguro social (SSN) para procesar este formulario.** Si no lo tienes, solicítalo lo antes posible llamando al 800-772-1213 o visita www.ssa.gov. Recuerda que la FAFSA no se puede procesar sin un SSN.

La Línea 8 tiene uno de los registros más elevado de errores y constituye una de las causas de inelegibilidad para recibir ayuda. Si no puedes obtener un número de seguro social por tu documentación de ciudadanía, busca ayuda con tu funcionario de ayuda financiera.

Líneas 9 a 10: **Escribe tu fecha de nacimiento y el número telefónico de tu casa.**

Líneas 11 a 12: **Escribe el número de tu licencia de conducir.** Si no tienes licencia, deja la línea en blanco.

Líneas 13 a 14: **Si eres un no–ciudadano elegible de Estados Unidos (residente permanente), escribe tu número de Registro de Extranjería (8 ó 9 dígitos).** Si no eres un no–ciudadano elegible, llena el óvalo (c); en este caso no eres elegible para ayuda federal financiera ni para la mayor parte de ayuda estatal ofrecida, pero puedes ser elegible para ayuda financiera ofrecida por una universidad.

Los residentes permanentes que se convierten en ciudadanos de Estados Unidos tienen algunas veces problemas con su número de seguro social si no es el mismo registrado en la FAFSA. Esto puede ocurrir si no se notifica el cambio en el estatus de ciudadanía a la Administración del Seguro Social. Notifica a la oficina local o regional cualquier cambio al respecto, como el cambio de residente permanente a ciudadano de Estados Unidos. Si necesitas asesoría adicional llama a la Administración del Seguro Social, al 800-772-1213.

15. ¿Cuál es su estado civil actual?	Soy soltero(a), divorciado(a) o viudo(a) .... ○ 1	16. Mes y año en que usted se casó, se separó, se divorció o enviudó	MES		AÑO		
	Estoy casado(a)/vuelto a casar .... ○ 2			/			
	Estoy separado(a) .... ○ 3						

Para cada pregunta (17 a 21), por favor indique si usted asistirá a tiempo completo, 3/4 de tiempo, medio tiempo, menos de medio tiempo o si no asistirá. Véase la página 2.

17. Verano 2003	Tiempo completo/indeciso(a) ○ 1	3/4 de tiempo ○ 2	Medio tiempo ○ 3	Menos de medio tiempo ○ 4	No asistiré ○ 5
18. Otoño 2003	Tiempo completo/indeciso(a) ○ 1	3/4 de tiempo ○ 2	Medio tiempo ○ 3	Menos de medio tiempo ○ 4	No asistiré ○ 5
19. Invierno 2003-2004	Tiempo completo/indeciso(a) ○ 1	3/4 de tiempo ○ 2	Medio tiempo ○ 3	Menos de medio tiempo ○ 4	No asistiré ○ 5
20. Primavera 2004	Tiempo completo/indeciso(a) ○ 1	3/4 de tiempo ○ 2	Medio tiempo ○ 3	Menos de medio tiempo ○ 4	No asistiré ○ 5
21. Verano 2004	Tiempo completo/indeciso(a) ○ 1	3/4 de tiempo ○ 2	Medio tiempo ○ 3	Menos de medio tiempo ○ 4	No asistiré ○ 5

22. ¿Qué nivel escolar alcanzó su padre?	Escuela intermedia ○ 1	Secundaria ○ 2	Universidad/posgrado ○ 3	Otro/lo desconozco ○ 4
23. ¿Qué nivel escolar alcanzó su madre?	Escuela intermedia ○ 1	Secundaria ○ 2	Universidad/posgrado ○ 3	Otro/lo desconozco ○ 4

Línea 15: **Responde adecuadamente a la pregunta sobre estado civil.** Esta pregunta es para un estudiante que sea independiente, como un padre o madre, que desee aprovechar programas de ayuda financiera. Recuerda que la ayuda financiera universitaria es tanto para padres como para sus hijos.

Línea 16: **( ) Mes ( ) Año** Escribe la fecha de tu matrimonio, separación, divorcio o de fallecimiento de tu cónyuge.

Líneas 17 a 21: **Marca en cada pregunta tu estatus correcto de inscripción:** 12 o más créditos equivalen a tiempo completo; 9 a 11 créditos, a tres cuartos del tiempo; 6 a 8 créditos, medio tiempo; y 5 o menos créditos, menos de medio tiempo.

Líneas 22 a 23: **Selecciona el nivel más alto de educación logrado por cada uno de tus padres.** Décimo grado se considera secundaria, un semestre de universidad, se considera nivel universitario. Puesto que la FAFSA se usa como solicitud común, algunos estados pueden tener una definición diferente en cuanto a los requisitos de escolaridad.

24. ¿Cuál es el estado en que usted reside legalmente? ESTADO

25. ¿Se hizo usted residente legal de este estado antes del 1 de enero de 1998? Sí ○ 1 No ○ 2

26. Si su respuesta a la pregunta 25 es "**No**", proporcione el mes y año en que usted se hizo residente legal. MES / AÑO

27. ¿Es usted varón? (La mayoría de los estudiantes varones deberán inscribirse con el Servicio Selectivo militar para poder obtener ayuda federal.) Sí ○ 1 No ○ 2

28. Si es varón (entre 18 y 25 años de edad) y no está inscrito, conteste "Sí", y el Servicio Selectivo lo inscribirá. Sí ○ 1 No ○ 2

29. ¿Para qué título universitario o certificado estará estudiando durante 2003-2004? **Consulte la página 2** y escriba el número correcto en la casilla.

30. ¿Cuál será su nivel de estudio cuando empiece el año escolar 2003-2004? **Consulte la página 2** y escriba el número correcto en la casilla.

Líneas 24 a 26: **Coloca la abreviatura del estado y la fecha de adquisición de residencia legal.** Residencia legal no es lo mismo que estatus de ciudadanía. Esta pregunta se refiere a la fecha en que te mudaste a tu residencia permanente. Incluye la abreviatura del estado de tu residencia permanente, no la del estado en el que planeas residir en la universidad.

Si tu hijo pretende vivir en el estado donde asiste a la universidad luego de graduarse, es conveniente averiguar cómo calificaría para convertirse en residente del estado en lo relacionado con matrículas y becas estatales.

Líneas 27 a 28: **Registrarse para el servicio selectivo militar es una ley federal que deben cumplir todos los varones entre 18 y 26 años de edad.** Si no te has registrado, no recibirás ninguna ayuda estudiantil federal; éste es un asunto que debes tomar con toda seriedad.

Línea 29: **Los niveles más usados son el No. 1 para título universitario o el No. 8 para especialización o título profesional.** Consulta en las instrucciones FAFSA para otros programas universitarios que llevan a título o certificado.

Línea 30: Nivel de grado es:

0 = 1er año	**5** = 5to año
1 = 1er año de asistencia	**6** = 1er año de estudios de posgrado o profesionales
2 = 2do año	
3 = 3er año	**7** = 2 o más años de estudios de posgrado o profesionales
4 = 4to año	

31.	¿Habrá obtenido su diploma de la escuela secundaria o un GED antes de iniciar el año escolar 2003-2004?	Sí ◯ 1	No ◯ 2
32.	¿Habrá obtenido su primera licenciatura (*bachillerato* en Puerto Rico) antes del 1 de julio de 2003?	Sí ◯ 1	No ◯ 2
33.	Además de las becas, ¿le interesan los préstamos para estudiantes (que luego usted tendrá que reembolsar)?	Sí ◯ 1	No ◯ 2
34.	Además de las becas, ¿le interesa el "trabajo-estudio" (ayuda económica que se gana trabajando)?	Sí ◯ 1	No ◯ 2

35. No deje esta pregunta en blanco. ¿Ha recibido alguna vez una condena por posesión o venta de drogas ilegales? De ser así, conteste "Sí", complete y presente esta solicitud, y le enviaremos una hoja de trabajo por correo para que usted determine si la condena afecta su derecho a recibir ayuda económica.	No ◯ 1 / Sí ◯ 3 **NO DEJE LA PREGUNTA 35 EN BLANCO**

Línea 31: ( ) Sí ( ) No. Si tienes un GED, diploma de equivalencia de la escuela superior, marca "Sí."

Si tu hijo tiene un certificado de calificaciones universitario que respalde dos años de crédito universitario y que pueda ser válido para la obtención de un grado universitario, dicho certificado se considera como equivalente a un diploma de secundaria.

Línea 32: ( ) Sí ( ) No. Si aún no tienes título universitario y no lo tendrás para el 07/01/03, marca "No". Marca "Sí" si tienes un título de otro país equivalente a un título universitario.

Las becas Pell no se otorgan a estudiantes que tengan un grado universitario.

Línea 35: **Esta pregunta sobre drogas debe responderse o no se procesará la solicitud FAFSA.** Es muy importante y no debes dejarla sin respuesta. Si marcas "Sí" a una condena por posesión o venta de drogas ilícitas, recibirás otro formulario para que lo completes a fin de determinar si la condena afecta tus posibilidades de recibir ayuda financiera.

Segundo Paso: Estatus independiente

Líneas 39 a 51: Las instrucciones línea por línea para las líneas 39 a 51 (ingresos y activos del estudiante) aparecen en la página 30 porque las líneas 74 a 84 (ingresos y activos de los padres) plantean las mismas preguntas.

Tercer Paso: Estatus Dependiente

Líneas 52 a 58: **Estas líneas permiten determinar la capacidad del estudiante para optar por ayuda como estudiante independiente o dependiente.**

Puedes tener elegibilidad para una mayor ayuda si solicitas como estudiante independiente. Sin embargo, la edad es el principal criterio para establecer el estatus de independiente mientras asistes a una universidad. Si tienes 24 años o naciste antes del 1° de enero de 1980, calificarás automáticamente para el estatus de independiente. Algunas universidades pueden exigir otros requisitos para el estatus de independiente, a fin de otorgar su ayuda institucional.

---

52. ¿Nació usted antes del 1 de enero de 1980?   Sí ○ ¹   No ○ ²

53. Durante el año escolar 2003-2004, ¿piensa estudiar para obtener una maestría o doctorado (por ejemplo, MA, MBA, MD, JD, o PhD, EdD, certificado de posgrado, etc.)?   Sí ○ ¹   No ○ ²

54. Actualmente, ¿está casado(a)? (Responda "Sí" si está separado[a] pero no divorciado[a].)   Sí ○ ¹   No ○ ²

Línea 52: ( ) **Sí** ( ) **No.** ¿Naciste *antes* del 1° de enero de 1980?

Línea 53: ( ) **Sí** ( ) **No.** ¿Trabajarás en un programa de maestría o doctorado durante el año escolar 2003–2004?

Línea 54: ( ) **Sí** ( ) **No.** A la fecha, ¿eres casado? "Sí" implica estar casado o separado. Si eres divorciado, te pueden descalificar como estudiante independiente. Al contestar "Sí" a cualquier otra pregunta de esta sección, se te clasificará como dependiente y debes registrar la información de tus padres. ¿Qué hacer? Te recomendamos especialmente que completes la FAFSA como estudiante independiente y solicites a tu consejero de ayuda financiera una revisión de tu situación para que te asigne estatus de estudiante independiente.

55. ¿Tiene usted hijos que reciben de parte suya más de la mitad del sustento?	Sí ◯ ¹	No ◯ ²
56. ¿Tiene dependientes (además de sus hijos o cónyuge) que viven con usted y que reciben de parte suya más de la mitad del sustento, entre hoy y el 30 de junio de 2004?	Sí ◯ ¹	No ◯ ²
57. ¿Es usted huérfano o está/estuvo bajo custodia/tutela de un tribunal hasta los 18 años?	Sí ◯ ¹	No ◯ ²

Línea 55: ( ) **Sí** ( ) **No.** ¿Tienes hijos a quienes aportas más de la mitad de su manutención? Marca "Sí", cuando:

Otras personas (no tu cónyuge) que vivan contigo, obtengan más de la mitad de su manutención de tu parte, y la sigan obteniendo hasta el 30 de junio de 2004. Estas personas no necesariamente tienen que haber sido declaradas en IRS 1040, pero debes demostrar que respondes al menos por la mitad de su manutención.

Línea 56: ( ) **Sí** ( ) **No.** ¿Tienes personas a cargo que viven contigo y para las cuales responderás por más de la mitad de su manutención hasta el 30 de junio del 2004?

Línea 57: ( ) **Sí** ( ) **No.** ¿Eres huérfano o estás bajo la custodia de un tribunal, o lo estuviste hasta los 18 años? Ten en cuenta lo siguiente antes de dar tu respuesta:

1) Se considera que un estudiante es huérfano cuando sus dos padres están muertos y no tiene un padre adoptivo.
2) Todo estudiante que se declare bajo la custodia de un tribunal antes del fin del año de otorgamiento, sin importar su acuerdo de vivienda, será considerado como estudiante independiente durante dicho año.

58. ¿Es usted veterano de las Fuerzas Armadas de los EE.UU.? **Véase la página 2.**   Sí ◯ ₁   No ◯ ₂

Línea 58:   ( ) Sí ( ) No. **¿Eres veterano de las Fuerzas Armadas de Estados Unidos?**

Responde "No" en caso que:

1. nunca hayas prestado servicio activo en las Fuerzas Armadas de Estados Unidos.
2. seas estudiante ROTC o cadete/guardia marina al servicio de alguna academia.
3. seas miembro de la Guardia Nacional o de las reservas y hayas sido llamado a servicio activo sólo para fines de entrenamiento.
4. prestes servicio actualmente en las Fuerzas Armadas de Estados Unidos:

Responde "Sí" en caso que:

1. hayas prestado servicio activo en las Fuerzas Armadas de Estados Unidos.
2. seas miembro de la Guardia Nacional o de las reservas y hayas sido llamado a servicio activo para fines diferentes a entrenamiento.
3. seas cadete o guardia marina y hayas recibido la baja en condiciones no deshonrosas.
4. no seas veterano en la actualidad pero lo serás el 30 de junio, 2004.

Si respondiste "No" a las preguntas 52 a 58, continúa con las preguntas en el Cuarto Paso.

Si respondiste "Sí" a cualquier pregunta entre la 52 y la 58, salta el Paso cuatro y continúa con el Quinto Paso.

Cuarto Paso: Información para los padres (a ser llenada por padres o tutores legales)

Continúa con este paso sólo si tu hijo respondió "No" a todas las preguntas del Tercer Paso.

---

59. ¿Cuál es el estado civil actual de sus padres?

Casados/Vuelto a casar... ○ 1   Divorciado(a)/Separado(a)... ○ 3

Soltero(a).................... ○ 2   Viudo(a)............................ ○ 4

60. Mes y año en que sus padres se casaron, se separaron, se divorciaron o enviudaron.

MES   AÑO

☐ ☐ / ☐ ☐ ☐ ☐

Línea 59:   **( ) Selecciona el estado civil actual de los padres.**

1) Si ambos padres están vivos y son marido y mujer, responde las preguntas sobre ellos.

2) Si eres divorciado o separado, responde las preguntas que correspondan al padre que haya vivido más tiempo con tu hijo en los últimos doce meses. Si tu hijo no ha vivido más con un padre que con el otro, responde refiriéndote al padre que haya suministrado la mayor parte del soporte financiero durante los últimos doce meses, o durante el año más reciente en que realmente hayas aportado para la manutención de tu hijo.

Definición de padre y estado civil:

Casado: Cuando los padres naturales del niño están casados. También puede significar que uno de los padres naturales se ha vuelto a casar. En cualquier caso, la respuesta a la pregunta 59 será "casado".

Padre adoptivo, de cuidado temporal, o padrastro: Los ingresos y activos de este tipo de padres se tratan como si fueran los padres naturales, aunque no se haya llevado a cabo adopción alguna. Las capitulaciones prematrimoniales no se toman en cuenta para la preparación de la FAFSA.

Si uno de los padres muere y sobrevive un padrastro, tu hijo será considerado independiente a menos que el padrastro lo adopte legalmente.

Tutor legal: El tutor legal ya no se trata como padre bajo ninguna circunstancia. Si ambos padres han muerto, el hijo se considera independiente.

Abuelo: Los abuelos no se consideran como padres. Si tu hijo vive con un abuelo, los ingresos de éste no pueden registrarse en la solicitud FAFSA, a menos que el abuelo lo haya adoptado.

Divorciado: Si como padre/madre natural que vives con tu hijo, te divorciaste del padre/madre natural de tu hijo, y te casaste nuevamente, responde "casado" en la línea 59.

Separado: Una pareja se puede considerar informalmente separada, si uno de ellos ha abandonado el hogar por un período indefinido con el fin de divorciarse.

Viudo: Si eres viudo y te volviste a casar, presenta tu documentación como casado e incluye los ingresos y activos de tu nuevo cónyuge.

El nivel de elegibilidad financiera está determinado en gran medida por tus respuestas a las preguntas 65 y 66.

---

65. Pase a la página 7 para determinar cuántas personas forman parte del hogar de sus padres.

66. Pase a la página 7 para determinar cuántas personas indicadas en su respuesta a la pregunta 65 **(excluyendo a sus padres)** serán estudiantes postsecundarios entre el 1 de julio de 2003 y el 30 de junio de 2004.

Línea 65: ( ) **Escribe el número de personas que viven en tu casa, incluyendo:**

1. Marido, esposa e hijo, aunque tu hijo no viva contigo.

2. Tus otros hijos si vas a responder por más de la mitad de su manutención desde el 1° de julio, 2003 hasta el 30 de junio, 2004.

3. Todas las personas que vivan en tu casa y que reciban de ti al menos la mitad de su manutención y la seguirán recibiendo desde el 1° de julio, 2003 hasta el 30 de junio, 2004.

Nota especial: Puede haber situaciones en las que un padre mantenga un niño que no viva con él, especialmente en casos en que sea divorciado o separado. Son muchas las familias hispanas separadas y algunos hijos aún viven en el país de origen del padre esperando una visa o fondos para unirse a la familia en Estados Unidos. En estos casos, el padre que proporciona más de la mitad de la manutención puede reclamar el niño como parte de su grupo familiar, aunque éste no viva en el mismo domicilio. Las siguientes personas pueden incluirse como parte del grupo familiar de un estudiante dependiente:

1. El estudiante

2. Los padres del estudiante, excepto el padre que no viva en casa por deceso, separación o divorcio.

3. Los hermanos del estudiante, si recibieron o recibirán más de la mitad de su manutención de los padres del estudiante entre 1º de julio, 2003 y el 30 de junio, 2004.

4. Hijos del estudiante, si recibieron o recibirán más de la mitad de su manutención de los padres del estudiante entre 1º de julio, 2003 y el 30 de junio, 2004.

5. Hijo no nato del padre del estudiante o del propio estudiante, si debiera nacer antes o durante el año de otorgamiento (1º de julio, 2003 hasta el 30 de junio, 2004), y si los padres del estudiante van a proporcionar más de la mitad de la manutención del niño desde la fecha proyectada de nacimiento hasta el final del año de otorgamiento.

6. Otras personas que vivan con los padres del estudiante y reciban de ellos más de la mitad de su manutención en el momento de la solicitud y que continúen recibiéndola durante todo el año de otorgamiento (1º de julio, 2003 al 30 de junio, 2004).

7. Miembros de la familia que permanecen fuera del país por fondos o visas pendientes, o por otras condiciones, y que reciben su manutención del padre con quien el estudiante reside en Estados Unidos, siempre que hayan recibido o continúen recibiendo más de la mitad de su manutención de los padres del estudiante entre el 1º de julio, 2003 y el 30 de junio, 2004.

La necesidad financiera se determina por el tamaño del grupo familiar y no por las exenciones que aparezcan en el formulario IRS 1040. Entre mayor sea el tamaño de la familia, mayor necesidad se podrá demostrar.

65. Pase a la página **7** para determinar cuántas personas forman parte del hogar de sus padres.

66. Pase a la página **7** para determinar cuántas personas indicadas en su respuesta a la pregunta 65 **(excluyendo a sus padres)** serán estudiantes postsecundarios entre el 1 de julio de 2003 y el 30 de junio de 2004.

Línea 66: **( ) Registra el número de estudiantes universitarios miembros de tu familia en 2003–2004 (excluidos padres o tutores legales).** A partir de la línea 65, determina el número de personas de tu familia que asistirán un mínimo de 6 horas semestrales al menos durante un período académico. Para que se le considere, un estudiante universitario debe cursar estudios que encaminen a un título o certificado, que otorgue una credencial educativa reconocida por una universidad elegible para participar en cualquiera de los programas federales de ayuda al estudiante. Los estudiantes que deben registrarse para crédito universitario a fin de renovar sus certificados profesionales (como maestros y enfermeros) para poder ser empleados, están exentos de que se les exija estar matriculados en programas que encaminen a certificados o títulos.

Nota especial: La pregunta 66 es una de las más importantes en la solicitud FAFSA y tu respuesta puede aumentar tu elegibilidad para programas de ayuda financiera federal y estatal, así como para la mayoría de programas institucionales, ya que tiene que ver directamente con tu necesidad demostrada de ayuda financiera. La fórmula para determinarla es la llamada "metodología federal", en la que se divide proporcionalmente la contribución de los padres por el número de miembros de la familia que asisten a la universidad durante el mismo año académico. Si, por ejemplo, se calcula con la fórmula, luego de evaluar todas tus respuestas, que tu contribución es de $21,000 por hijo universitario, para dos hijos universitarios sería aproximadamente $10,500, para tres, $7,000, etc.

67. ¿En qué estado residen legalmente sus padres?	ESTADO	68. ¿Se hicieron sus padres residentes legales del estado indicado en la respuesta a la pregunta 67 antes del 1 de enero de 1998?	Sí ⬭ ₁ No ⬭ ₂
			MES AÑO

69. Si la respuesta a la pregunta 68 es "No", proporcione el mes y el año del inicio de la residencia legal de aquel padre de familia que haya vivido más tiempo en ese estado.

70. ¿Qué edad tiene el mayor de sus padres?

Línea 67: ( ) **Estado de residencia legal** (usa la abreviatura estatal). Algunos padres pueden tener doble residencia, como sucede con personal militar. La doble residencia se define algunas veces por el estado donde se paga el impuesto sobre la renta. El documento FAFSA te permite incluir sólo un estado de residencia. Debes entonces analizar las posibilidades de tus estados de residencia, comparar las universidades seleccionadas y evaluar todos los programas estatales de ayuda financiera, así como el valor de matrícula como residente, antes de definir el mejor estado para residencia.

Línea 69: **Registra el mes y el año en que te convertiste en residente estatal.** Igual a la definición en la línea 24.

Línea 70: ( ) **¿Cuál es la edad del mayor de los padres?** Escribe la edad del padre de mayor edad en la casa.

Información sobre ingresos y activos de los padres

Puesto que las instrucciones línea por línea para las líneas 39 a 51 (ingresos y activos del estudiante) y para las líneas 74 a 84 (ingresos y activos de los padres) contienen las mismas preguntas, los agrupamos a continuación.

Líneas 39 a 51: Información sobre ingresos y activos del estudiante. Si estás casado (aunque en 2002, no estuvieras casado), registra tus ingresos y activos, y los de tu cónyuge. Si no eres casado, responde las preguntas sobre ti e ignora las referencias al "cónyuge". Si la pregunta no es aplicable, ingresa 0.

Líneas 74 a 84: Registra sólo información sobre los padres con quienes vive el estudiante.

---

39. ¿Cuál fue su ingreso bruto ajustado (y el de su cónyuge) en 2002? El ingreso bruto ajustado se encuentra en los siguientes formularios del IRS: 1040 – renglón 35; 1040A – renglón 21; 1040EZ – renglón 4; ó *TeleFile* – renglón I.

$ [ ][ ] . [ ][ ]

40. Escriba la cantidad total de su impuesto sobre la renta (y la de su cónyuge) de 2002. La cantidad de impuesto sobre la renta se encuentra en los siguientes formularios del IRS: 1040 – renglón 55; 1040A – renglón 36; 1040EZ – renglón 10; ó *TeleFile* – renglón K(2).

$ [ ][ ] . [ ][ ]

41. Escriba sus exenciones (y las de su cónyuge) de 2002. Las exenciones se encuentran en los formularios del IRS 1040 – renglón 6d ó 1040A – renglón 6d. Para el formulario 1040EZ ó *TeleFile*, **véase la página 2.**

[ ][ ]

42-43. ¿Cuánto ganó usted (y su cónyuge) por su trabajo (sueldos, salarios, propinas, etc.) en 2002? Responda a esta pregunta aun si todavía no ha presentado su declaración de impuesto. Esta información se encuentra en los formularios W-2 ó en los siguientes formularios del IRS: 1040 – renglones 7 + 12 + 18; 1040A – renglón 7 ó 1040EZ – renglón 1. Todos aquellos que presenten su declaración por teléfono *(TeleFile)* deberán usar los formularios W-2.

Usted (42) $ [ ][ ] . [ ][ ]

Su Cónyuge (43) $ [ ][ ] . [ ][ ]

Estudiante	Padre	
		Escribe tu ingreso bruto ajustado para 2002, y el de tu cónyuge.
Línea 39	Línea 74	Encontrarás el ingreso bruto ajustado en la línea 35 del formulario IRS 1040; línea 21 del formulario 1040A o línea 4 del formulario 1040EZ.
Línea 40	Línea 75	Escribe el total de tu impuesto sobre la renta para el 2002, y el de tu cónyuge. Encuentras esta cantidad en la línea 55 del formulario 1040; línea 36 del formulario 1040A o línea 10 del formulario 1040EZ.
Línea 41	Línea 76	Registra tus exenciones. Encuéntralas en la línea 6d del formulario 1040 o en la línea 6d del formulario 1040A.
Línea 42	Línea 77	¿Cuánto ganaron (tú y tu cónyuge) en el trabajo en el 2002?
Línea 43	Línea 78	Responde a esta pregunta aunque no hayas presentado una declaración de renta. Encuentras esta información en tus formularios W-2 o en el formulario IRS 1040, líneas 7, 12, y 18; línea 7 del formulario 1040A o línea 1 del formulario 1040EZ.

Hojas de Trabajo para el estudiante (y su cónyuge) (44-46)

44-46. Pase a la página 8 y complete las columnas a la izquierda en las Hojas de Trabajo A, B y C. Escriba los montos totales del estudiante (y su cónyuge) en las preguntas 44, 45 y 46, respectivamente. Revise cada renglón detenidamente aun cuando le(s) correspondan solamente algunas de las partidas en la Hoja de Trabajo.

Hoja de Trabajo A (44) $ [ ] . [ ]

Hoja de Trabajo B (45) $ [ ] . [ ]

Hoja de Trabajo C (46) $ [ ] . [ ]

Estudiante Padre

Línea 44   Línea 79 Ver Hoja de trabajo A. Incluye crédito de ingreso adquirido, crédito impositivo por hijo adicional, beneficios del programa de bienestar, Temporary Assistance for Needy Families, TANF, (Asistencia temporal para familias necesitadas), sin incluir estampillas para alimentos o vivienda subsidiada y beneficios del Seguro Social (aunque cesen en un futuro próximo).

Notas aclaratorias para la preguntas 44 y 79:

- La información correcta sobre beneficios del Seguro Social puede afectar la elegibilidad de ayuda financiera. Si tu hijo recibe beneficios del Seguro Social, el cheque se gira a su nombre y él puede cobrarlo; entonces debes registrar la cantidad de beneficios del Seguro Social recibida durante el año calendario en la línea 44 (Hoja de trabajo A) de la FAFSA, como ingreso exento de impuestos de tu hijo.

- Si el cheque por beneficios del Seguro Social de tu hijo se gira a tu nombre, por ser el padre, y puedes cobrarlo; debes registrar la cantidad de beneficios del Seguro Social recibida durante el año calendario en la línea 79 (Hoja de trabajo A) de la FAFSA, como ingreso exento de impuestos tuyo.

- Si tu hijo tiene un hermano que recibe beneficios y el cheque sale a nombre de éste, la cantidad en beneficios del Seguro Social recibida durante el año calendario no debe registrarse en la FAFSA si tu hijo puede cobrar el cheque de su hermano.

- Si tu hijo tiene un hermano que recibe beneficios, el cheque se emite a nombre tuyo (como padre) y puedes cobrarlo, entonces la cantidad de beneficios del Seguro Social recibidos para el año calendario se registra como tu beneficio exento de impuestos del Seguro Social en la línea 79 (Hoja de trabajo A) de la FAFSA. La mayoría de beneficios del Seguro Social cesan a los 18 años de edad, y ésta puede ser la edad de tu hijo cuando llene la FAFSA para el año calendario 2003. Muchos funcionarios de ayuda financiera universitaria no toman en cuenta los beneficios del Seguro Social registrados por el aspirante en las preguntas 44 y 79, ya que éstos cesarán cuando tu hijo esté en la universidad. Puedes contactar la oficina de ayuda financiera para analizar este aspecto y solicitar una Opinión Profesional.

Línea 45   Línea 80   Ver Hoja de trabajo B. Completa la hoja de trabajo e inserta el total aquí.

Los Child Support Payments, CSP (Pagos para manutención de hijos) recibidos en 2002 deben registrarse en cantidades anuales. La mayoría de CSP cesan a los 18 años, edad que tendrá tu hijo cuando complete la FAFSA para el año calendario 2003. Puedes notificar a la oficina de ayuda financiera en cada universidad y pedir que el CSP de tu hijo no se tome en cuenta, puesto que ya no se recibirá durante el año de solicitud de ayuda.

Línea 46   Línea 81   Ver Hoja de trabajo C. Incluye créditos educativos, pagos de manutención de hijos, ganancias sujetas a impuestos de programas federales de trabajo y estudio u otros programas de trabajo basados en la necesidad, así como toda ayuda financiera registrada en el formulario 1040.

Notas aclaratorias para las preguntas 46 y 81:

• La definición de Ingreso de exclusión (para ventaja tuya) incluye los cuatro tipos de ingresos familiares de la Hoja de trabajo C. Estos reducen tu ingreso bruto ajustado (IBA) y el Expected Family Contribution, EFC (Aporte Esperado de la Familia), haciendo a tu hijo más elegible para ayuda universitaria; además, aumenta el factor de necesidad para recibir el máximo de ayuda financiera.

47. Actualmente, ¿cuál es el patrimonio neto de sus **inversiones** (y las de su cónyuge)? Incluya los bienes raíces exceptuando la casa en que vive. **Véase la página 2.** $ ☐☐☐ . ☐☐☐

48. Actualmente, ¿cuál es el patrimonio neto de sus **negocios o inversiones en fincas** (y los de su cónyuge)? No incluya la finca en que vive y trabaja. **Véase la página 2.** $ ☐☐☐ . ☐☐☐

49. Actualmente, ¿cuál es el saldo total actual de su dinero (y el de su cónyuge) en **efectivo, ahorros y cuentas corrientes**? No incluya ayuda económica para estudiantes. $ ☐☐☐ . ☐☐☐

Estudiante Padre

Línea 47   Línea 82   En la fecha de envío de este formulario, ¿cuál es el valor neto corriente de tus inversiones o cuál es tu patrimonio?

Nota: **Valor menos Deuda = Patrimonio. Incluye bienes raíces (sin incluir la residencia principal), fondos fiduciarios, fondos de mercado monetario, fondos mutuos, certificados de depósito, acciones y bonos (no incluyas fondos de pensión, anualidades, IRA, ni planes Keogh).**

Línea 48   Línea 83   ¿Cuál es el valor neto de tus negocios actuales o granjas de inversión?

Notas aclaratorias para las preguntas 48, 83 y 49, 84:

- Valor neto significa valor actual menos deuda.
- Inversión incluye bienes raíces (diferente a tu residencia), fondos fiduciarios, fondos de mercado monetario, fondos mutuos, certificados de depósito, acciones, bonos, otros títulos valores, contratos de pago por cuotas y de venta de tierras (inclusive hipotecas vigentes) y bienes en general.
- Valor de inversión incluye el valor comercial de estas inversiones. No incluyas el valor de seguros de vida ni planes de jubilación (como fondos de pensiones, anualidades, IRA y planes Keogh) ni el valor de planes de prepago de matrícula. Deuda de inversión se refiere solamente a las deudas relacionadas con la inversión.
- Valor comercial incluye el valor comercial de tierras, edificios, maquinaria, equipos e inventarios.
- Deuda comercial se refiere solamente a las deudas para las cuales un negocio fue usado como garantía.

Línea 49   Línea 84   **¿Cuál es el saldo actual de tus cuentas de caja de ahorros y corriente.** Escribe la última cantidad registrada para cada una de tus cuentas bancarias.

Quinto Paso: Información para los padres

Continúa con este paso sólo si tu hijo respondió "Sí" a cualquier pregunta del Tercer Paso.

---

85. Pase a la **página 7** para determinar cuántas personas forman parte de su hogar (y el de su cónyuge). ☐

86. Pase a la **página 7** para determinar cuántas personas indicadas en la respuesta a la pregunta 85 serán estudiantes postsecundarios matriculados a medio tiempo o más entre el 1 de julio de 2003 y el 30 de junio de 2004. ☐

Línea 85 :   ( ) **Escribe el número de personas de tu grupo familiar y de tu cónyuge.** El grupo familiar de un estudiante independiente puede incluir las siguientes personas:

1. Tú y tu cónyuge.
2. Tus hijos, si responderás por más de la mitad de su manutención en el período comprendido entre 1° de julio de 2003 y el 30 de julio de 2004.
3. Cónyuge del estudiante, excepto el cónyuge que no viva con el grupo familiar a consecuencia de deceso, separación o divorcio.
4. Otras personas que vivan ahora con el estudiante y reciban más de la mitad de su sustento del grupo familiar del estudiante en el momento de solicitud y durante todo el año de otorgamiento 2003-2004 (1° de julio, 2003 hasta el 30 de junio, 2004).

Línea 86:   ( ) Escribe el número de miembros de tu grupo familiar que registraste en la Línea 85 que asistirán a la universidad por lo menos a tiempo parcial en el año académico 2003–2004. La respuesta aquí debe ser por lo menos uno.

Definiciones

Período de inscripción: 1° de julio, 2003 al 30 de junio, 2004.

Universidad: Cualquier institución acreditada de estudios superiores.

Inscripción: Registrado, por lo menos a tiempo parcial, en un período mientras el estudiante se encuentre inscrito.

Tiempo parcial: 6 horas semestrales por período o 12 horas-reloj semanales.

Un período: Un trimestre, un semestre, etc.

Sexto Paso

Ésta es la fase final para completar la FAFSA, pero es de especial importancia. Si no usas los códigos correctos o registras las universidades incorrectamente u olvidas firmar y fechar el formulario, es posible que recibas ayuda con fondos limitados o no recibas nada.

Líneas 87 a 97: Lista de universidad(es) preferida(s). Si envías la FAFSA a más de seis universidades y algunas de ellas utilizan el CSS PROFILE, coloca siempre primero las universidades que no usan este sistema. Lo anterior, debido a que las universidades que lo usan, ya han recibido la Confirmación de Profile, y para toda razón práctica, ya has cumplido con la fecha límite prioritaria. Deja que FAFSA cumpla con la mayoría de las fechas límites prioritarias del resto de las universidades de tu lista. Recuerda que una de las causas más frecuentes por la que no se recibe el máximo de ayuda financiera, es el incumplimiento de las fechas límites.

Errores más comunes en el Sexto Paso:

Error No. 1: No esperes a ser admitido para registrar la(s) universidad(es) que prefieres en la FAFSA. Aunque sólo estés considerando una universidad, regístrala en la solicitud FAFSA; si consideras más de seis y algunas utilizan el PROFILE registra primero las que no usen este sistema. Esto te permite garantizar que cumplirás con las fechas límites prioritarias establecidas por las diferentes instituciones. El PROFILE cobija la fecha límite prioritaria para las universidades que utilizan este sistema, en tanto que la FAFSA cubre las fechas límites prioritarias para las universidades que no utilizan el sistema de PROFILE. No ingreses más de una universidad en una línea, pues esto retrasará el proceso.

Error No. 2: Omisión de universidad en la FAFSA. La información FAFSA sólo será enviada a las universidades registradas en esta sección. La universidad recibirá la información sólo si das el código y nombre de la universidad contemplados en el Título IV. No es necesario registrar la dirección completa, sólo el código. Puedes encontrar los códigos en el centro de consejería de tu secundaria, la oficina de ayuda financiera de la universidad, en bibliotecas públicas de la localidad, por Internet en www.studentaid.ed.gov, o llamando a la línea de atención federal, 800-433-3243. Los usuarios de líneas por tonos pueden llamar al 800-730-8913.

Error No. 3: Omisión de código de vivienda. Este código es muy importante y debes registrarlo en el formulario porque le permite al encargado universitario de ayuda financiera saber qué presupuesto universitario utilizar. Si no registras un plan de alojamiento, probablemente la universidad utilice el presupuesto más bajo y puede que no recibas el máximo otorgamiento. Generalmente, los estudiantes que seleccionan el plan de presupuesto en el campus, reciben más ayuda que los que optan por planes fuera del campus o planes de alojamiento con sus padres.

Error No. 4: Omisión de firma. Es necesario que los estudiantes firmen su FAFSA para que sea procesada. Adicionalmente, si se considera que tu hijo es dependiente, es necesario que también la firmes; sin estas firmas no se procesará la solicitud y no se podrá calcular el EFC. Esto hará que tu hijo pierda la ayuda financiera de los patrocinadores federales, estatales y universitarios. Al entregar correcciones de los datos del SAR, también te pedirán las firmas correspondientes.

Error No. 5: Omisión del PIN de los padres. Cuando son los hijos quienes completan electrónicamente la FAFSA, se les solicita el PIN del estudiante y se les pregunta cómo planean sus padres firmar el formulario. Al responder que "with a PIN" ("con un PIN"), el sistema no les pide el PIN de los padres y pueden continuar registrando la información. Al finalizar, el sistema les confirmará que la FAFSA ha sido aceptada. El problema surge cuando los padres no continúan el proceso, es decir, regresar a la pantalla inicial de la solicitud FAFSA y firmar en la casilla de "Provide Electronic Signature" ("Suministre firma electrónica"). La solicitud FAFSA no se procesará hasta que se reciba el formulario de firma, lo que puede ocasionar el incumplimiento en las fechas límites o la pérdida de ayuda financiera por "donación".

La información FAFSA se enviará a cada una de las seis universidades registradas en la FAFSA y los estudiantes recibirán un Student Aid Report (SAR) aproximadamente al mismo tiempo que las universidades reciben la información FAFSA. Por lo general, los organismos centralizados de becas estatales consideran la primera universidad estatal registrada que se encuentre como opción para adjudicar la ayuda estatal.

En la mayoría de los casos, no puedes usar un otorgamiento de beca estatal en una universidad fuera de tu estado de residencia. Sin embargo, existen programas de becas estatales que tienen reciprocidad con otros organismos estatales y te permiten utilizar el otorgamiento fuera del estado. Verifica con tu agencia de becas estatales los acuerdos de reciprocidad estatal con otros estados. En el Apéndice encontrarás la lista de organismos de becas estatales con sus direcciones y teléfonos.

Envío de información a más de seis universidades

Puedes agregar universidades a la lista después de recibir el Student Aid Report (SAR). Recibirás el SAR aproximadamente cuatro semanas después de presentar la FAFSA al centro de procesamiento. Ten en cuenta que es más rápido si la completas electrónicamente utilizando tu PIN. Las universidades que agregues podrán consultar tu información FAFSA/SAR 48 horas después de agregar los códigos. Aquí tienes tres formas de agregar universidades a tu lista:

1. **Electrónicamente:** Una vez que recibas el SAR, puedes agregar universidades y correcciones actualizando o corrigiendo tu información electrónicamente con tu PIN en Internet en www.fafsa.gov.
2. **Corrección de formulario de información:** Una vez que recibas el SAR, puedes agregar universidades en el formulario de información del SAR y devolverlo a la dirección que aparece en el SAR.

3. Corrección telefónica: Puedes llamar al 319-337-5665 y con tu Data Relase Number, DRN (Número de divulgación de información) que aparece en el SAR, el procesador agregará la(s) universidad(es) que desees. Asegúrate de tener a mano los códigos federales de tus nuevas universidades para darle esta información al operador.

Si usted es el estudiante, al firmar esta solicitud, usted certifica que: (1) utilizará la ayuda económica federal o estatal estudiantil solamente para pagar el costo de asistir a una institución educativa postsecundaria, (2) no se encuentra en estado de incumplimiento de pago de un préstamo federal para estudiantes o que ha convenido en reembolsar dicho préstamo de manera satisfactoria, (3) no debe un pago de una beca federal estudiantil o que ha convenido en reembolsarla de manera satisfactoria, (4) le informará a su institución educativa si usted incurre en el incumplimiento de un préstamo federal para estudiantes.

Si usted es el padre, la madre o el estudiante, al firmar esta solicitud, usted accede, si solicitado, a proporcionar información que acredite los datos suministrados en este formulario. Esta información puede incluir su declaración del impuesto sobre la renta, ya sea federal o estatal. Asimismo, usted certifica que entiende que la **Secretaría de Educación tiene la autoridad de comprobar la información contenida en este formulario con el Servicio de Impuestos Internos (IRS) y con otras agencias federales.** Si usted intencionalmente proporciona información falsa o fraudulenta, podrán imponerle una multa de $20.000, podrán enviarlo a la cárcel o ambas penas.

100. Fecha en que se completó este formulario.

MES / DÍA / 2003 ○ ó 2004 ○

101. Firma del **estudiante** (Firme en la casilla)

Firma del **padre** o de la **madre** (cuya información aparezca en el Cuarto Paso) (Firme en la casilla)

Líneas 100 a 101: Fecha y firma este documento. Como hemos mencionado, asegúrate de firmar todos los documentos para no demorar el proceso de ayuda.

Consejos finales

NO envíes la FAFSA al procesador antes del 1º de enero del año para el cual estás solicitando.

NO incluyas o anexes ningún otro documento a la FAFSA.

NO envíes nada por mensajería especial pues esto retardará el procesamiento.

NO esperes para presentar tus formularios de impuestos de años anteriores ante el IRS.

NO esperes ser admitido en una universidad antes de presentar la FAFSA.

NO incumplas las fechas límites.

Capítulo 3

Cómo funciona el proceso de ayuda financiera

Una vez que hayas llenado la FAFSA, PROFILE, y los demás documentos de ayuda institucional complementaria, se inicia el proceso real de ayuda financiera. A continuación encontrarás una descripción del proceso, de principio a fin.

1. Envía la FAFSA al Central Processing System, CPS, del Departamento de Educación de Estados Unidos, bien sea electrónicamente o por correo postal.

2. La información FAFSA se ingresa a un sistema computarizado y se analiza. El análisis consta de una evaluación de tus ingresos y activos, y los de tu hijo. Se aplica la fórmula de evaluación conocida como Metodología federal, FM (por sus siglas en inglés), que analizaremos en detalle más adelante en este capítulo.

3. El resultado del análisis determina el Expected Family Contribution, EFC, y es igual a la suma que tendrías que pagar para un año de estudios universitarios.

4. El CPS evalúa tu EFC y envía esta información electrónicamente a cada uno de los organismos y universidades de ayuda financiera indicados en la FAFSA. Esto se conoce como el Institutional Student Information Record, ISIR (Registro Institucional de Información Estudiantil).

5. Tu hijo recibe un Student Aid Report, SAR o un formulario de Confirmación de Información SAR, y al mismo tiempo se envía la información de FAFSA a cada universidad enumerada en la FAFSA, de acuerdo al medio que utilizaste para llenarla. Si la enviaste electrónicamente a través de una universidad, recibirás

un formulario de Confirmación de Información SAR de una página; si enviaste la información vía Internet, vía FAFSA Express o en medio impreso, recibirás un SAR de dos páginas.

6. Revisa el SAR tan pronto como lo recibas para identificar errores o hacer cambios.

7. Revisa la FAFSA para asegurarte de haber incluido todas las universidades seleccionadas, como se menciona en el Paso seis. Puedes agregar universidades al SAR impreso vía telefónica llamando al centro de información del Departamento de Educación de EE.UU., 800-433-3243 (para usuarios de teléfonos por tonos, 800-730-8913). También puedes agregar universidades electrónicamente en la página www.fafsa.ed.gov.

8. Una vez que hayas llenado los formularios de impuesto federal sobre la renta del último año, tuyo y de tu hijo, debes actualizar el SAR con la nueva información sobre declaración de impuestos. Ambos deben firmar el SAR y regresarlo a la dirección que aparece registrada.

9. Si devuelves el SAR para actualizar información, recibirás un nuevo SAR por correo, que incluirá los cambios realizados. Si devolviste el SAR para agregar más de seis universidades a tu lista, el nuevo SAR incluirá dichas universidades. Fíjate que en el nuevo SAR no encontrarás las seis universidades que habías registrado en la FAFSA. Esto se debe a que el SAR, al igual que la FAFSA, sólo puede registrar seis universidades a la vez; sin embargo, las seis universidades registradas anteriormente siguen teniendo acceso a tu información. El procesador no las ha borrado.

10. Una vez que recibas el SAR actualizado, te recomendamos llamar a las oficinas de ayuda financiera para verificar si requieren documentos adicionales. Así, podrás asegurarte de estar cumpliendo con todos los requisitos y fechas límite.

11. Luego de que las universidades reciben el ISIR, la oficina de ayuda financiera de la universidad revisa la carpeta de tu hijo para verificar que no falten documentos. Es posible que la oficina tenga que solicitar información adicional. Los documentos adicionales varían de una universidad a otra, lo cual depende del tipo de ayuda que ofrece la institución y si tu hijo ha sido seleccionado

o no para el llamado proceso de verificación con el fin de comprobar la precisión de la información FAFSA. Asegúrate de enviar los documentos requeridos a las universidades dentro del plazo límite. Como hemos señalado anteriormente, es muy importante enviar documentos completos, firmados y en las fechas estipuladas para evitar retrasos en el procesamiento o en la notificación de otorgamiento. Estos contratiempos pueden disminuir considerablemente la ayuda ofrecida.

12. Luego de recibir los documentos mencionados arriba, la oficina de ayuda federal, FAO (por sus siglas en inglés) evalúa la elegibilidad de cada estudiante para obtener ayuda y envía una notificación de otorgamiento, llamada también carta de otorgamiento. En terminología de ayuda financiera se denomina "paquete de ayuda financiera". Volveremos a tratar este tema más adelante en este capítulo.

> **La verificación es un proceso de aseguramiento de calidad desarrollado por el Departamento de Educación de EE.UU., por el cual cada universidad debe comprobar la información de un porcentaje asignado de beneficiarios de ayuda financiera seleccionados al azar. Si tu hijo ha sido seleccionado, recibirás una Verification Worksheet (Hoja de trabajo de verificación), que debes llenar y devolver con una copia firmada de la declaración federal de renta tuya y de tu hijo, junto con copias de los formularios W-2. Cabe señalar que esto no es una auditoría.**

13. Después de recibir la carta de otorgamiento, fírmala y devuélvela inmediatamente a la oficina de ayuda financiera. No esperes que lleguen otras cartas de otorgamiento de otras universidades, ni información sobre admisiones o de otro tipo. Sólo firma la carta de otorgamiento y devuélvela, ya que no te conviene que se pierda, se estropee o se olvide. Además, todo dinero que ofrezca la universidad es mejor que cualquier otra ayuda que vayas a encontrar fuera de la misma o incluso en la cuenta de ahorros de uno de tus padres.

14. Una vez que recibas las cartas de otorgamiento de las universidades seleccionadas, tu hijo debe escoger una y enviar una atenta carta de renuncia a cada una de las universidades a las que no

> **Recuerda, la principal razón para perder la ayuda financiera es no cumplir con las fechas límites.**

asistirá. Se deben enviar estas cartas lo antes posible, de manera que las universidades puedan disponer de los fondos para otros estudiantes. Asegúrate de que las cartas sean amables y estén bien redactadas, puesto que es probable que tu hijo quiera volver a una de esas universidades para solicitarles que reconsideren la ayuda financiera en caso de que no resulten bien las cosas con la universidad escogida.

15. Si un préstamo estudiantil forma parte del paquete de otorgamiento, será necesario que tu hijo suscriba un pagaré de préstamo estudiantil para recibir los fondos. Fíjate que todas las universidades participan en los programas de préstamo estudiantil federal.

16. Una vez que la universidad haya confirmado la inscripción de tu hijo, y haya recibido la carta de otorgamiento de ayuda financiera firmada, la oficina de ayuda financiera procederá a notificar dicho otorgamiento a su Oficina comercial o a la Oficina de Cuentas Estudiantiles.

17. La Oficina comercial acredita la cuenta de tu hijo con la ayuda financiera otorgada. Toda ayuda otorgada se envía siempre a la Oficina comercial para el desembolso correspondiente.

18. Cuando tu hijo se inscriba en las clases, recibirá una factura estudiantil que indica la matrícula, las cuotas, otros cargos y los abonos de la ayuda financiera. Deberás pagar el saldo después de consignada la ayuda. Fíjate que sólo debes pagar el período al que asistes. En una universidad tradicional de estudios de dos o cuatro años, pagas sólo por un período a la vez; sin embargo, algunas universidades privadas con fines de lucro, pueden solicitarte que pagues la totalidad del costo del programa desde el principio.

19. Si tu hijo tiene abonos de ayuda financiera, el desembolso de fondos normalmente se efectúa una vez transcurrido el período de reembolso del ciclo de estudios al que asiste, que normalmente es la tercera semana de estudios. Por ejemplo, si tu hijo vive en el campus y el costo de matrícula, cuotas, alojamiento y alimentación suman $7,500, entonces la ayuda financiera para el período es $8,000. Tu hijo recibirá un reembolso al finalizar la tercera semana por $500. Normalmente, esto ocurre cuando se asignan

ayudas para costos de alojamiento fuera del campus, además de la matrícula y las cuotas. Si la matrícula y las cuotas suman $4,500 y se le ha adjudicado una ayuda de $8,000, tu hijo recibirá un cheque de reembolso para cubrir el alojamiento y comida fuera del campus por $3,500.

20. El último paso en el proceso es verificar con la oficina de ayuda financiera las fechas y documentos para renovar la ayuda el próximo año lectivo.

CÓMO SE DETERMINA CUÁNTO DEBES PAGAR

Aquí, es importante hacer una distinción entre necesidad y análisis de necesidad. Se define necesidad como la diferencia entre los Gastos de asistencia, COA (por sus siglas en inglés) y el Expected Family Contribution (EFC). Según la universidad, tu necesidad representa la cantidad de dinero que se requiere para que tu hijo asista a una universidad en particular. El análisis de necesidad, por otro lado, se centra en determinar el monto razonable que podrías pagar para los gastos educativos de tu hijo en un año académico determinado.

Principios de análisis de necesidad

Ya que la cantidad de dinero disponible a través de los programas estudiantiles de ayuda financiera federal es limitada, el proceso de distribución de fondos debe ser justo y equitativo. Para entender cómo se hace el análisis de necesidad, es importante comprender los siguientes principios básicos:

$ Todos los estudiantes tienen la responsabilidad de pagar sus estudios en la medida de sus capacidades.

$ La situación financiera actual de cada estudiante debe tenerse en cuenta al determinar la necesidad.

$ El análisis de necesidad debe evaluar equitativamente a todos los postulantes de manera justa y adecuada.

En general, la fórmula de análisis de necesidad considera varios factores al determinar la cantidad razonable que una familia puede aportar para los gastos educativos en un año lectivo. Los dos factores más importantes son:

1. Ingreso familiar (padres y estudiante)

2. Patrimonio familiar en activos (padres y estudiante)

Otros elementos que pueden afectar la capacidad familiar de pago son:

$ El número de miembros de la familia

$ El número de miembros de la familia que dependen económicamente de un ingreso fijo (este factor afectará el monto de ingreso discrecional para gastos universitarios)

$ El número de hermanos que asisten a la universidad durante el mismo año lectivo (si más de un miembro de la familia asiste a la universidad, el EFC debe dividirse entre dicho número en lugar de dividirlo por uno)

Proceso de análisis de necesidad

El proceso para determinar el nivel de elegibilidad para recibir cualquier tipo de ayuda financiera en base a la necesidad se define mediante métodos adicionales que permiten analizar tu capacidad de pago para estudios universitarios. Básicamente sólo se aceptan dos métodos de análisis de necesidad:

1. Metodología federal, FM que usa la solicitud FAFSA

2. Metodología institucional, IM (por sus siglas en inglés) que usa el documento de CSS Profile

Visión general de la Metodología federal, FM

La Metodología federal, FM se usa para determinar el EFC para ayuda financiera de fondos federales con base en la necesidad, tales como el programa Federal Pell Grant (Beca Federal Pell), programas con sede en el campus (Federal College Work Study (Becas federales de trabajo y estudio), Supplemental Grant Program (Programa de Becas Suplementarias), Perkins Loan Program (Programas de Préstamos Perkins), y Federal Subsidized Stafford/Direct Subsidized Loan (Programas de Préstamos Federales Stafford Subsidiados/Directos Subsidiados)). El

EFC no se utiliza para determinar la elegibilidad para el Federal Unsubsidized Stafford Loan (Préstamo Federal Stafford No Subsidiado) y los Direct Unsubsidized Loans (Préstamos Directos No Subsidiados), por lo que se usa una variación de la fórmula.

Aunque sólo existe una metodología federal, son tres los modelos computacionales que contempla la metodología.

1. La fórmula regular

La fórmula regular de análisis de necesidad es la que se usa para la mayoría de los estudiantes. Permite evaluar tu situación patrimonial y determina una contribución a partir de dicho patrimonio. Esta cantidad se combina con el ingreso disponible a fin de ver claramente tu solvencia financiera.

> **Puesto que las variables de la fórmula utilizada al determinar la capacidad de cada familia para costear los gastos educativos fueron definidas por ley del Congreso de Estados Unidos, la fórmula se ha denominado correctamente Metodología federal o FM.**

La fórmula funciona así:

$ Primero, se calcula tu patrimonio neto agregando los activos registrados en la FAFSA (las cantidades negativas se convierten a cero para este cálculo). El patrimonio neto comercial/agrario se ajusta para proteger una porción del patrimonio neto de dichos activos.

$ Segundo, el patrimonio neto discrecional se calcula sustrayendo un otorgamiento de protección de activos y ahorros para educación de su patrimonio neto. Esto se hace para proteger parte de los activos (patrimonio neto). El patrimonio neto discrecional puede ser menor a cero.

$ Finalmente, el patrimonio neto discrecional se multiplica por una tasa de conversión al 12 por ciento para obtener su contribución a partir de los activos, lo que representa la porción del valor de tus activos que pueden considerarse disponibles para ayudar a pagar los costos universitarios de tu hijo. Si la contribución en base a tus activos es menor a cero, se aproxima a cero.

El aporte de la familia en base a los activos se agrega al ingreso disponible; este valor se denomina ingreso disponible ajustado. El ingreso disponible ajustado se multiplica por una tasa de evaluación, porcentaje que aumenta a medida que se incrementa el ingreso disponible ajustado.

Esto finalmente nos da el monto anual previsto en un año determinado que una familia puede pagar para los gastos educativos del estudiante.

Si más de un miembro del grupo familiar asiste a la universidad, al menos a tiempo parcial durante el mismo año lectivo, el EFC se divide en partes iguales entre ellos. Por ejemplo, si se calcula que tu EFC es $5,000 y tu hijo e hija piensan asistir a la universidad durante el mismo año, este monto se dividiría por dos. En otras palabras, se esperaría que el aporte de tu familia fuera $2,500 para cada uno de ellos.

2. Fórmula simplificada o prueba simplificada de necesidades

En situaciones específicas, la información sobre los activos de los padres no se tiene en cuenta en la fórmula de análisis de necesidades. El EFC se calcula sólo en base a tu ingreso, sin evaluar la contribución a partir de los activos. Esta fórmula se denomina prueba simplificada de necesidades y puede aplicarse a un estudiante dependiente si se cumplen todos los siguientes requisitos:

$ Presentaste o eres elegible para presentar el formulario IRS 1040A ó 1040EZ, o si no es necesario que presentes ninguna declaración de renta.

$ Tu hijo presentó o es elegible para presentar el formulario IRS 1040A ó 1040EZ, o si no es necesario que presentes ninguna declaración de renta

$ Tu ingreso proveniente de las dos fuentes abajo mencionadas es $49,999 o menos (sin incluir el ingreso de tu hijo).

$ Si declaras impuestos y tu ingreso bruto ajustado en el formulario 1040A ó 1040EZ es $49,999 o menos.

$ Si no declaras impuestos y el ingreso reportado en los formularios W-2, tanto tuyo como de tu cónyuge, (más cualquier otro ingreso laboral que no se incluya en los formularios W-2) es $49,999 o menos.

Es importante destacar que la clave para calificar para la fórmula simplificada de necesidades no es si has presentado o no un formulario 1040A ó 1040EZ, sino si eres elegible para presentar uno de estos tipos de declaraciones de impuesto sobre la renta. En otras palabras, si tu ingreso combinado es menos de $50,000 y presentaste un formulario 1040, pero eras elegible para presentar un formulario 1040A ó 1040EZ, aún calificarías para la fórmula simplificada de análisis de necesidades.

3. EFC cero automático

Este tercer método para determinar un EFC no involucra ningún cálculo, sino que automáticamente se determina que tu EFC corresponde a cero dólares. Por esta razón, se denomina adecuadamente EFC cero automático.

Ciertos estudiantes son elegibles automáticamente para EFC cero. Si tu hijo se considera dependiente, automáticamente califica para un EFC cero para el año de otorgamiento si cumple con las dos siguientes condiciones:

1. Tanto tú como tu hijo presentaron o son elegibles para presentar un formulario IRS 1040A ó 1040EZ (no tienes que presentar un formulario 1040), o si tú y tu hijo no tienen que presentar una declaración de impuestos sobre la renta.

2. La suma del ingreso bruto ajustado tuyo y de tu cónyuge es de $13,000 o menos, o si tú y tu cónyuge no declaran y la suma de tus ingresos percibidos es $13,000 o menos.

Visión general de metodología institucional (IM)

La solicitud College Scholarship Service, CSS, Profile se utiliza en muchas universidades y programas de becas que prefieren no usar la metodología federal para otorgar sus ayudas institucionales o fondos privados de becas. Estas universidades ofrecen más ayuda por donación (dinero gratis) a través de la información de Profile en lugar de la información de FAFSA. Si la universidad donde se presenta tu hijo solicita el Profile, asegúrate de presentarlo dentro de las fechas límite establecidas para asegurar que se le considere para ayuda por donación.

El CSS se usa para evaluar la necesidad demostrada de tu familia mediante el uso de información adicional que no se requiere en el cálculo FM. Esta información puede incluir datos de las siguientes fuentes, según lo exija la institución:

- $ Patrimonio en la residencia principal

- $ Contribución mínima prevista de los ahorros de verano de tu hijo

- $ Presentación de una declaración no custodial de activos e ingresos

- $ Valor de las cuentas de jubilación tuya y de tu cónyuge

- $ Valor de activos de las cuentas de hermanos

- $ Presentación de información sobre padre sin custodia

Opinión profesional

La opinión profesional se solicita para apelar a la oficina de ayuda financiera de una universidad escogida respecto de circunstancias especiales y para explicar por qué los métodos de evaluación de necesidades (FM o IM) no son justos para la familia del estudiante. En ciertos casos, el ingreso de año base no refleja con precisión la solidez financiera u otros aspectos de la fórmula no muestran razonablemente la capacidad familiar para pagar los gastos universitarios. Según la Metodología federal, el administrador de ayudas puede cambiar los elementos de información FM para casos individuales de manera que arrojen una medición más precisa de tu capacidad familiar para asumir gastos educativos.

Los ajustes por opinión profesional tienen lugar sólo cuando existan circunstancias inusuales y atenuantes y sólo una vez que tú y tu hijo hayan presentado la documentación relevante. Un ejemplo común de una circunstancia atenuante que llevaría al administrador de ayudas a buscar la opinión profesional es cuando tu familia sufre una pérdida significativa de ingresos en el período transcurrido entre el año base y el actual. Este infortunio puede ocurrir por la pérdida de trabajo de un miembro de la familia o por una reducción en las horas de trabajo. Si te ocurre esta situación, o una similar, el administrador de ayuda financiera puede usar tu ingreso proyectado o del año en curso para calcular la fórmula de análisis de necesidad, en lugar de usar el año base, siempre que suministres la documentación correspondiente.

Los funcionarios de ayuda financiera universitaria agradecen cualquier información adicional que el estudiante o la familia suministre para ayudarles a hacer mejores evaluaciones.

Puedes enviar una carta a cada universidad escogida por tu hijo y explicar la necesidad de la opinión profesional. Algunas universidades tienen su propio formulario de opinión profesional y prefieren que lo llenes para la oficina de ayuda financiera.

A continuación, describimos algunas situaciones a las que quisieras que el funcionario de ayuda financiera pusiera especial atención.

Pérdida de empleo: Si tú o tu cónyuge estuvieron desempleados el año pasado, detalla la situación al funcionario universitario para ayuda financiera: en qué fecha quedaste desempleado, cuánto tiempo llevas sin empleo, nota la indemnización por desempleo recibida, si esta situación de desempleo continuará en el futuro. Es conveniente presentar una carta de solicitud con carta adjunta de tu antiguo empleador (con membrete de la empresa) para documentar la solicitud del estudiante/familia.

Gastos por enfermedad, de salud o médicos: Si tu familia ha tenido gastos extraordinarios de salud, infórmale al funcionario de ayuda financiera sobre este gasto adicional de dinero y susténtalo con documentación expedida por tu médico, como cuentas pagadas o declaraciones de seguros que deberán entregarse a la universidad para reforzar tu carta de solicitud.

Divorcio o separación: Si tu matrimonio está en crisis y en el momento tu hijo sólo cuenta con un ingreso para sus gastos universitarios, infórmalo al funcionario de ayuda financiera. Incluso si aún tienes una declaración conjunta de impuesto sobre la renta, el funcionario puede considerar que tu grupo familiar tiene sólo una fuente de ingresos, puesto que uno de los padres ya no reside en la misma dirección.

Pérdida de pago de manutención de hijos: La manutención de hijos normalmente se recibe hasta los 18 años. Puesto que la información de los documentos de ayuda financiera incluye ingresos sujetos a impuestos y exentos de impuestos recibidos en el año base, es muy probable que un padre reporte en la documentación para análisis de necesidad, el la manutención de hijos recibida durante todo el año. Sin embargo, puesto que tu hijo cumplirá los 18 años el próximo año, hazle saber a la universidad cual será la diferencia en pagos de subsidio familiar para el año en que tu hijo asistirá a la institución. Esto aumentará la elegibilidad de tu hijo.

Pérdida de beneficios de seguro social: Ver pérdida de manutención de hijos.

Pérdida de ingresos de inversión: Debido a la drástica reducción en el valor de acciones, bonos y otras inversiones, no es lógico calcular grandes ingresos de intereses y dividendos con base en la declaración de impuesto sobre la renta de un año para tropezar con pérdidas al año siguiente. La oficina de ayuda financiera necesita copias de informes que reflejen dichas pérdidas para tomar una decisión de opinión profesional que disminuya el ingreso bruto ajustado.

Capítulo 4

Cómo crear un paquete de subvenciones

Una vez establecida la elegibilidad de tu hijo para recibir ayuda financiera, el siguiente paso es acudir a la oficina financiera para planificar la forma de subvención. El *empaque* es el proceso de combinar diferentes tipos de ayuda proveniente de variadas fuentes para satisfacer tus necesidades. Este proceso cubre la diferencia entre el costo de asistir a una universidad determinada y la cantidad que puedes pagar. El empaque es también la manera cómo los administradores de ayuda financiera distribuyen equitativamente los limitados recursos entre estudiantes. Es importante entender que el procesador de las FAFSA no determina la ayuda financiera para un estudiante ni su paquete de ayuda financiera. Cada universidad toma estas decisiones considerando los gastos de asistencia, el EFC, otros recursos, la cantidad de fondos de ayuda financiera disponibles, el número de estudiantes que solicitan ayuda y los objetivos definidos por la universidad.

Cronograma del paquete

La ayuda financiera puede ser un factor de suma importancia en el proceso de selección de la universidad de tu hijo. Bien lo saben las universidades, por lo que tratan de suministrar lo más pronto posible información a los aspirantes para que hagan una selección informada sobre la institución a la que decidan asistir. Algunas universidades brindan un paquete preliminar de ayuda, aun antes de que el estudiante sea admitido, pero la mayoría espera hasta la admisión formal. La oferta de ayuda financiera generalmente se entrega con la notificación de admisión o posteriormente con un cronograma separado.

Las universidades que ofrecen paquetes de ayuda financiera basados en fechas límite de solicitud, por lo general determinan una fecha límite más cercana para estudiantes de primer año que para estudiantes más antiguos. Los solicitantes para ingresar al primer año deben conocer el cronograma de notificaciones de admisión y cuándo pueden recibir notificación de la ayuda financiera. Estas dos informaciones son de gran importancia y en muchos casos, la decisión de asistir a una determinada universidad no puede hacerse hasta que tu hijo sepa el monto de la ayuda financiera que recibirá. Por ejemplo, si la fecha límite de solicitud de ayuda es el 15 de marzo, las notificaciones de otorgamiento podrían enviarse hacia el 1° de abril. Así, la universidad podría establecer el 1° de mayo como fecha límite para responder, fecha en la cual deberás haber notificado a la universidad si tu hijo piensa matricularse (y quizás hacer un depósito para apartar cupo en los cursos correspondientes). Es posible que a tu hijo se le haya notificado su admisión en enero, pero sólo haya recibido una oferta financiera hasta abril, y dado que puedes estar analizando ofertas de admisión de varias universidades, el tipo de paquete puede inclinar la balanza en favor de algunas de ellas.

Es probable que una universidad que generalmente no ofrece ayuda hasta una fecha específica, o hasta que hayas completado la documentación de ayuda financiera, aún esté dispuesta a brindarte un estimado preliminar de la ayuda que puedes recibir. Si no has recibido una oferta de ayuda de una universidad en la que tu hijo esté realmente interesado, no dudes en contactarla de todas maneras, para que te den información.

Antes de empezar el proceso de empaque, el administrador de ayuda debe tener los resultados de su solicitud FAFSA provenientes del CPS. Es responsabilidad de ustedes (padres y estudiante) asegurarse de que la FAFSA se entregue oportunamente al procesador, para cumplir con las fechas límite de las universidades. Debes también averiguar si la universidad exige formularios de solicitud o documentos de soporte adicionales. No es inusual que las universidades tengan sus propias solicitudes de ayuda institucional, o que exijan declaraciones de renta u otros documentos para verificar o explicar la información proporcionada en la FAFSA. El gobierno federal también exige a algunos solicitantes, declaraciones de renta para confirmar la información sobre ingresos contenida en la FAFSA, que se deben entregar a la oficina de ayuda financiera de la universidad.

Si no te exigieron presentar una declaración de renta, te pueden solicitar otras formas de documentación. Debes tener disponible todo tipo de resumen de ingresos, como formularios W-2, declaraciones de Seguro Social, y comprobantes de asistencia social, en caso que la oficina de ayuda financiera de la universidad los solicite.

> **Es conveniente completar las declaraciones de impuestos sobre la renta tan pronto como sea posible; así, si la universidad o el gobierno las exigen, podrás enviarlas rápidamente. Es muy importante evitar demoras innecesarias en la notificación de otorgamiento.**

Gastos de asistencia

Es importante comprender los conceptos de un proceso de empaque. Ya hemos definido el concepto necesidad y has visto en detalle uno de los componentes de la ecuación de necesidad: el EFC. El componente restante corresponde a los Gastos de asistencia, COA (por sus siglas en inglés).

Por lo general, los gastos de asistencia se refieren al presupuesto del estudiante. Este monto en dólares incluye todos los gastos relacionados con los costos de un año de educación universitaria para tu hijo. Dichos costos educativos incluyen:

$ Matrícula y cuotas

$ Alojamiento y comida

$ Libros y materiales

$ Transporte

$ Gastos personales varios

Los gastos incluyen también otro tipo de gastos, como cuotas de préstamo, gastos relacionados a discapacidades (si estos gastos son necesarios para asistir y no han sido cubiertos por otros organismos de asistencia financiera), gastos relacionados con un programa de estudios en el extranjero y gastos relacionados con una experiencia laboral en educación cooperativa. Si tu hijo incurre en otros gastos durante el año lectivo, consulta al administrador de ayuda financiera de la universidad tan pronto como te sea posible durante el proceso de solicitud de ayuda.

Se espera que mientras tu hijo asista a la universidad viva con un presupuesto razonable, pero modesto. La mayoría de las universidades tienen presupuestos estándar que reflejan la cantidad promedio que gasta un estudiante en cada categoría del presupuesto. Por ejemplo, en lugar de calcular presupuestos individuales para cada estudiante basado en los estudios que desea seguir, las universidades generalmente determinan un monto promedio para una amplia categoría de estudiantes. Es posible que los gastos reales de tu hijo difieran levemente, pero por lo general la ayuda se basa en los promedios establecidos. Si existe alguna razón documentada de que tu hijo incurrirá en gastos superiores a los promediados, asegúrate de informar al administrador las circunstancias para que ajuste el paquete de ayuda.

Si tu hijo piensa asistir a la universidad menos de medio tiempo, tendrás un gasto de asistencia modificado. Los gastos sujetos a subvención se limitan a matrícula y cuotas, libros y materiales y transporte. Si tu hijo se inscribe en un programa por correspondencia, sólo se considerará ayuda para matrícula y cuotas. Los libros y materiales, gastos de viaje y alojamiento y comida, son gastos que sólo se incluyen en los gastos de asistencia si se requieren para un período de capacitación como residente.

Los gastos de asistencia varían según el tipo de institución y los gastos asociados para asistir a la universidad. Por ejemplo, las universidades independientes (o privadas) no reciben subsidios operativos gubernamentales, por lo que deben cobrar matrículas y cuotas más altas que un instituto de enseñanza para la comunidad subvencionado por el estado u otro tipo de institución pública de educación superior. Generalmente, esto hace que el costo de asistencia a una universidad privada sea más alto que a una universidad pública. Los gastos de asistencia pueden variar también con cada estudiante. Si tu hijo no vive en el campus, puede tener mayores gastos de alojamiento y comida que un estudiante que vive en las residencias universitarias.

Aunque los gastos de asistencia varían según la universidad y el estudiante, el EFC debe permanecer relativamente constante sin importar la universidad que escoja tu hijo. En otras palabras, la necesidad varía porque los costos varían. Este concepto es importante cuando ayudes a tu hijo a decidir en que universidad estudiar. A continuación, se detallan los componentes de los costos educativos universitarios.

Matrícula y cuotas

Corresponde a la cantidad real que debes pagar y no un promedio basado en un grupo de estudiantes. Esta categoría puede incluir otros gastos como costos de laboratorio y equipos según el tipo de programa en que se inscriba tu hijo.

Alojamiento

Incluye los costos de vivienda de cada estudiante. La naturaleza de los gastos de alojamiento varía considerablemente según tu hijo viva en el campus, en un sitio diferente o en casa contigo. Es necesario recordar que sin importar si tu hijo reside fuera del campus o viaja para asistir a clases, tendrá derecho a asignación para vivienda en el presupuesto para gastos de asistencia.

Comida

Al igual que con los gastos de alojamiento, la asignación para alimentación varía según el lugar de residencia de tu hijo. Normalmente, esta asignación se provee para gastos razonables en comidas nutritivas y, como los gastos de alojamiento, tu hijo tiene derecho a esta asignación, ya sea si reside en el campus, fuera del mismo o si debe viajar para asistir a clases.

Transporte

Si tu hijo viaja para asistir a clases, la asignación de transporte incluye el costo diario de transporte hacia y desde la universidad. Esta asignación no cubre la compra de un auto, pero es suficiente para el aparcamiento y manutención general sin incluir el seguro. Si tu hijo asiste a una universidad con buen servicio de transporte público, la asignación se hará generalmente en base al uso de tal servicio.

Gastos personales

Los presupuestos estudiantiles también proveen gastos personales varios. Necesidades diarias, como las de higiene personal y lavandería, también se incluyen en esta categoría al igual que una modesta ayuda para vestuario. Son muchas las universidades que asignan una pequeña suma para una película u otro tipo de entretenimiento ocasional.

El proceso de empaque

El proceso de empaque puede iniciarse una vez que la universidad haya establecido presupuestos estándar razonables de ayuda estudiantil y que se haya seleccionado el más adecuado para un estudiante en particular. El principio básico es que el estudiante tiene como obligación prioritaria el pago de los costos educativos.

Como se dijo anteriormente, la diferencia entre los gastos de asistencia a una universidad específica y la capacidad de tu familia para pagar estos gastos es lo que determina la necesidad de ciertos tipos de asistencia financiera, generalmente conocidos como ayuda basada en la necesidad. Esta es la fórmula para este tipo de ayuda:

Gastos de asistencia (COA)

– Expected Family Contribution, EFC

= Necesidad

Si tu hijo ha recibido otro tipo de ayuda, (por ejemplo, beca académica de alguna organización comunitaria), este recurso debe tenerse en cuenta para conformar tu paquete de asistencia basada en necesidades. Con esto en mente, la siguiente fórmula es la que se utiliza cuando se deben considerar recursos adicionales:

Gastos de asistencia (COA)

– Expected Family Contribution, EFC y otros recursos

= Necesidad

El EFC es el primer recurso que se considera en el proceso de empaque. Si el EFC es igual o mayor que el COA, una universidad puede conceder a tu hijo ayuda basada en sus propios méritos o tendrás la opción de solicitar un Federal Unsubsidized Stafford Loan o un Direct Unsubsidized Loan.

Antes de otorgar cualquier forma de ayuda estudiantil, la universidad debe determinar si tu hijo es elegible para una Federal Pell Grant. Se considera que esta es la base de todo el paquete, puesto que cualquier otro auxilio se centra en ella. El administrador de ayuda debe calcular el monto real de la Federal Pell Grant requerida con base en tu EFC, el COA para un año académico, el tiempo de asistencia comprendido en la inscripción de tu hijo y su estatus de inscripción.

Luego de establecer la elegibilidad de tu hijo para una Federal Pell Grant, la universidad decide si debe además recibir auxilio de fuentes externas que incluyen cualquier subvención estatal, beca privada (por ejemplo, auxilios de clubes de servicios y becas por méritos), y todo auxilio educativo estudiantil, como los beneficios educativos para veteranos. Una vez que todos los recursos educativos se han sustraído del COA junto con el EFC, toda necesidad que persista deberá cubrirse combinando fuentes controladas por la institución, de acuerdo a sus políticas de empaque y filosofía.

Cómo se determina la necesidad para programas federales que no se no basan en las necesidades

La cantidad que puedes recibir de programas federales que no se basan en las necesidades (por ejemplo, Federal Unsubsidized Stafford Loan y Direct Unsubsidized Loan) se determina un poco diferente a la de los otros programas federales. Como sabes, el EFC no se tiene en cuenta cuando se determina tu elegibilidad para auxilio no basado en las necesidades. Sin embargo, el monto que se puede pedir en préstamo se limita a la diferencia entre el costo de asistencia a una universidad y la cantidad estimada de otra ayuda que recibas. La siguiente es la fórmula para ayuda financiera federal que no se basa en las necesidades:

Gastos de asistencia

– Estimated Financial Assistance (Asistencia financiera estimada)

= Necesidad

No olvides entonces que el monto de ayuda que recibas estará directamente relacionado con los gastos de asistencia a las universidades. El EFC debe ser constante entre una universidad y otra, a menos que la tuya sea ajustada de acuerdo a circunstancias individuales inusuales por el administrador de ayuda de una universidad, mas no por el de otra.

Si tu hijo presenta una solicitud en una universidad costosa y en otra económica, es muy posible que la cantidad de ayuda ofrecida por la primera sea suficiente para cubrir la diferencia en costos entre las dos instituciones. Al ofrecer más

> **El Federal Unsubsidized Stafford Loan y el Direct Unsubsidized Loan pueden reemplazar toda o parte del EFC. Además, también puedes pedir préstamos dentro de estos programas para satisfacer alguna necesidad. Si eres beneficiario de préstamos no subsidiados, debes solicitar primero cualquier estatus de elegibilidad para préstamo con subsidio.**

ayuda, el costo real para tu hijo será el mismo, sin importar la universidad que escoja. En este caso, se logra uno de los objetivos fundamentales de la ayuda estudiantil, es decir, suministrar acceso y oportunidad de elegir. Puedes entonces contraer una deuda mayor o tu hijo tendrá que dedicar más horas al trabajo en una universidad que en otra. Entonces, quizás decidas que vale la pena asumir esta responsabilidad adicional para que tu hijo asista a la universidad que prefiere. Los métodos para comparar paquetes de ayuda se analizan con más detalle más adelante en este capítulo.

EJEMPLOS DE PAQUETES DE AYUDA FINANCIERA

Los tres siguientes ejemplos de paquetes de ayuda financiera muestran cómo la ayuda se puede combinar de diferentes maneras y según diversas filosofías de empaque para satisfacer la necesidad específica de tu hijo. No olvides que éstos son sólo ejemplos y que los paquetes reales de ayuda financiera ofrecidos por cualquier institución serán diferentes. Al analizar paquetes de muestras, es importante asegurarte de los siguientes puntos clave en su contenido:

1. **Los gastos de asistencia varían considerablemente según el tipo de institución (por ejemplo, universidades públicas o privadas, estudios de 2 años o estudios de 4 años).**

2. **Los montos y fuentes de ayuda varían según la institución.**

3. **La única constante en los diferentes paquetes de ayuda es el EFC.**

Paquete de ayuda de instituto de enseñanza para la comunidad (estudiante de primer año, tiempo completo)

Presupuesto	$ 7,500
Expected Family Contribution	– 2,000
Necesidad	$ 5,500
Federal Pell Grant	2,100
Federal Supplemental Educational Opportunity Grant, FSEOG	1,000
Beca estatal	500
Federal Perkins Loan	500
Federal Stafford Loan	– 1,400
Necesidad no satisfecha	$ 0

En este ejemplo, los gastos de asistencia a un instituto de enseñanza para la comunidad son relativamente bajos. La necesidad financiera del estudiante queda totalmente cubierta gracias a auxilios y préstamos.

Paquete de ayuda de universidad pública (estudiante de primer año, tiempo completo)

Presupuesto	$ 12,000
Expected Family Contribution	– 2,000
Necesidad	$ 10,000
Federal Pell Grant	2,100
Federal Supplemental Educational Opportunity Grant (FSEOG)	1,500
Beca estatal	1,500
Federal Perkins Loan	1,000
Federal Work-Study	875
Federal Stafford Loan	– 2,625
Necesidad no satisfecha	$ 400

En este ejemplo los gastos de asistencia a una universidad pública estatal son mayores que para un instituto de enseñanza para la comunidad. Esto se debe básicamente a que las cuotas son mayores. Fíjate que el EFC es el mismo en el caso del instituto de enseñanza para la comunidad.

Aunque los gastos de asistencia se tienen en cuenta al calcular las Federal Pell Grants, el monto que recibe el estudiante sigue siendo el mismo. Puesto que la matrícula y las cuotas son más altas en una universidad estatal que en un instituto de enseñanza para la comunidad, el estudiante es elegible para una beca estatal más completa. En este ejemplo, la universidad estatal incluyó en el paquete un Federal Stafford Loan de $2,625 para brindar una mayor cobertura a la necesidad del estudiante. Si él decide aceptarlo, se debe llenar una solicitud para el Federal Stafford Loan para presentarla directamente a la universidad. Si el estudiante declina este préstamo, quizás la universidad no esté dispuesta o en capacidad de remplazarlo por otra forma de ayuda, y posiblemente tenga que reunir el dinero por su cuenta, de fuentes como un salario o ahorros personales.

Paquete de ayuda de universidad privada (estudiante de tiempo completo y primer año)	
Presupuesto	$ 26,000
Expected Family Contribution	− 2,000
Necesidad	$ 24,000
Federal Pell Grant	2,100
Federal Supplemental Educational Opportunity Grant (FSEOG)	1,700
Beca estatal	2,700
Beca externa	3,200
Beca institucional	8,000
Federal Perkins Loan	1,800
Direct Stafford Loan	2,625
Federal Work-Study	−1,875
Necesidad no satisfecha	$0

En este ejemplo, los gastos de asistencia son mucho más altos que en los dos ejemplos anteriores. Como la matrícula y las cuotas son más elevadas, el estudiante es también elegible para una beca estatal mejor que las ofrecidas por el instituto de enseñanza para la comunidad o la universidad estatal. La ayuda ofrecida también incluye un Direct Stafford Loan por $2,625 y, para recibirlo, el estudiante debe firmar un pagaré de Direct Loan (Préstamo Directo). Además, la mayoría de las universidades privadas tienen sus propios programas de ayuda financiera institucionalmente patrocinados. La ayuda institucional suministra auxilio financiero además del proporcionado por programas de ayuda financiera federal y estatal. Dado que este estudiante tiene una gran necesidad, se le ofreció una subvención institucional de $8,000.

CAMBIOS EN EL PAQUETE DE AYUDA

Las políticas de empaque no sólo afectan los montos y tipos de ayuda ofrecida inicialmente; también afectan las maneras de hacer ajustes a tu asignación cuando cambian las circunstancias. En la mayoría de los casos, los ajustes a un paquete de ayuda se realizan porque cambian tus recursos disponibles. Por ejemplo, si después de haber recibido una oferta y conformado un paquete, tu hijo recibe ayuda adicional de fondos privados de subvención de una organización externa, el administrador de ayuda financiera deberá revisar el paquete para verificar si aún es válido. Dado que las normas federales restringen la ayuda que un estudiante puede recibir y puesto que la ayuda institucional es limitada, los administradores de ayuda financiera generalmente deben revisar nuevamente tu elegibilidad cuando se enteran de que tienes recursos adicionales disponibles.

Las universidades determinan la manera de ajuste para un paquete de ayuda financiera. Si la financiación externa de ayuda se hace en forma de subvención, la política de la universidad puede ser reducir la subvención ya ofrecida. Otra universidad puede tener la política de reemplazar préstamos con recursos externos, para reducir la totalidad de tu deuda. Si tu necesidad no fue previamente cubierta, la universidad puede tener una política que permita el uso de recursos externos para necesidades no satisfechas antes de modificar la ayuda ofrecida. Lo que finalmente influye sobre el ajuste de los paquetes, es la necesidad que presenten otros estudiantes y la cantidad de fondos disponibles para cada tipo de programa de ayuda.

Tienes la obligación de notificar a la universidad donde asiste tu hijo cualquier recurso adicional que recibas, incluso después de que la universidad haya hecho una oferta de ayuda. A fin de cumplir con los requisitos federales, las universidades deben asegurarse de que los solicitantes de ayuda financiera no reciban más ayuda federal de la permitida. Si recibes asistencia no basada en las necesidades (como un Federal Stafford Loan o Direct Unsubsidized Loan o una beca), la ayuda total recibida no puede superar los gastos de asistencia.

Si el administrador de ayuda financiera se entera de que hay un gasto educativo que no cubre el presupuesto estándar del estudiante, se puede aumentar los gastos de asistencia para pagar dicho gasto con los recursos adicionales, en lugar de reducir la ayuda ofrecida. El EFC también puede ajustarse para evitar una subvención excesiva en caso que existan circunstancias atenuantes.

EVALUAR LOS PAQUETES DE AYUDA

El proceso de toma de decisión comienza desde que se admite a tu hijo en una universidad y recibe ofertas de ayuda financiera. Si tiene una fuerte preferencia por una universidad en especial, probablemente aceptarás cualquier oferta de ayuda que le permita asistir a esta institución. Sin embargo, es posible que tu hijo tenga más de una preferencia y entonces la elección ya no sería tan fácil. En estos casos, la ayuda financiera es un factor importante en el proceso de toma de decisión.

> Cuando estudies ofertas de ayuda financiera de diferentes universidades, debes considerar tanto los objetivos educativos como tu necesidad financiera. Las aspiraciones educativas de tu hijo deben ser, en lo posible, lo más importante al escoger la universidad.

Después de considerar los aspectos educativos, debes tener en cuenta otros aspectos para evaluar las ofertas de ayuda financiera y tomar una buena decisión. En primer lugar, debes saber que el paquete de ayuda más grande no siempre es el mejor. Debido a las diferencias en los gastos de asistencia entre varios tipos de universidades, es posible que la mayor oferta en términos de dólares sea la que presente un mayor desajuste entre gastos y recursos disponibles; si esto no se puede solucionar con otro recurso, la oferta más grande puede ser insuficiente para que tu hijo asista a esa universidad.

Aunque dos ofertas cubran todas tus necesidades, es probable que no sean iguales. Si el presupuesto estimado de gastos usado para calcular la necesidad es realmente bajo, puedes llegar a tener más necesidades reales sin satisfacer de las que sugiere la carta de otorgamiento. No dejes de comparar los costos establecidos con los de universidades parecidas para asegurarte de que los gastos de asistencia a una universidad estimados sean adecuados.

Los paquetes que contienen igual cantidad de dólares y similar necesidad no satisfecha no siempre son lo mismo. Es posible que tengas una mayor ayuda por donación y por consiguiente, un préstamo y una obligación laboral más reducidos. O bien, puede que un paquete ofrezca una mayor proporción en auto-ayuda y menos ayuda de otorgamiento. De un modo similar, no todas las becas son iguales. Algunas se renuevan automáticamente, otras son renovables sólo bajo ciertas condiciones, como tener siempre un buen rendimiento académico. Algunas becas no son renovables y son válidas solamente para el primer año. Entonces, una beca renovable de $500 puede resultar mejor que una beca de $1,000 que tenga muchas condiciones, o que una beca no renovable de $1,500.

Para algunos estudiantes, ciertos paquetes son mejores que otros. Si tu hijo tiene planeado estudiar una profesión de bajos ingresos o cursa un entrenamiento profesional o de posgrado antes de ingresar al mercado laboral, debes considerar cuidadosamente las obligaciones substanciales del préstamo. Montos iguales no implican necesariamente el mismo nivel de obligación. Por otro lado, aunque los términos y condiciones de los programas específicos de préstamo federal son los mismos en las diferentes universidades, existen variaciones entre los tipos de programas de préstamo federal ofrecidos. Incluso si se presta el mismo monto, un préstamo puede resultar más costoso que otro debido a tasas de interés más altas, menos opciones de aplazamiento, requisitos de reembolso más pronto y pagos mínimos más altos.

Si decides solicitar un préstamo, haz cálculos bajos pero realistas del monto que realmente necesitas. El mejor consejo es solicitar sólo la cantidad que necesitas. Además, debes mantener un registro de los préstamos, quién los otorga y cuándo debes pagarlos. Esta información es esencial para evitar el incumplimiento en el pago del préstamo, ya que si incumples, esto puede tener efectos negativos en tus referencias crediticias y afecta tu capacidad para solicitar préstamos en el futuro.

Al evaluar los préstamos, debes entender los términos y condiciones de cada programa. Mientras que los programas de los Federal Perkins Loans, Federal Stafford y Direct Loans tienen tasas de interés relativamente bajas, el Federal Perkins Loan tiene diferentes opciones de aplazamiento y más opciones de cancelación que los Federal Stafford y Direct Loans. Teniendo en cuenta que estos préstamos pueden tener un gran impacto sobre las actividades de tu hijo y su calidad de vida al terminar sus estudios, bien vale la pena dedicar especial atención al proceso de evaluación de préstamos.

Al evaluar los paquetes de ayuda, recuerda que tu hijo es quien debe pagar los préstamos sin importar si ha completado un programa de estudios o no. El abandono de la universidad o el no poder encontrar empleo en la profesión escogida no libera a tu hijo de su obligación.

NOTIFICACIÓN DE OTORGAMIENTO: ¿QUÉ SON TODOS ESOS PAPELES?

Hay dos componentes del proceso de ayuda financiera que debemos analizar:

1. **Notificación de ayuda ofrecida a un estudiante**

2. **Entrega de dicha ayuda**

Para comprender el proceso de ayuda financiera, debes tener claro qué puedes esperar como respuesta a tus solicitudes de ayuda y el tipo de seguimiento necesario después de recibir una oferta. Puesto que existen muchas fuentes posibles de ayuda financiera, debes llenar y presentar numerosos formularios para asegurarte de recibir el máximo de ayuda. No te sorprendas si recibes gran cantidad de papeles, entre los cuales puedes recibir algunos o todos los siguientes de parte de procesadores y universidades:

$ SAR o Confirmación de información del SAR del CPS

$ Notificación de ayuda por parte de una agencia estatal respecto a tu elegibilidad para una beca estatal, subvención o alguna otra forma de ayuda estatal

$ Notificación de ayuda de fuentes privadas, si corresponde

$ Estimado preliminar efectuado por la universidad de las cantidades y tipos de ayuda para los que tu hijo puede ser elegible

$ Si es necesario, una carta de la universidad pidiendo documentos adicionales, por ejemplo, una solicitud institucional, declaraciones de renta, y otros documentos para verificación

$ Notificación de ayuda financiera (carta de otorgamiento) dada por la universidad

$ Solicitudes de préstamo o pagarés

Student Aid Report, SAR

Como respuesta a la presentación de la FAFSA, el CPS envía un SAR o una Confirmación de información SAR. Recibirás un SAR de dos páginas, si entregaste una FAFSA impresa directamente al procesador FAFSA, completaste FAFSA Express, o la FAFSA en la web. Si la enviaste directamente a la universidad para su posterior envío en forma electrónica al CPS, recibirás una Confirmación de Información SAR de una página que no se podrá corregir.

En el SAR encuentras un resumen de la información de FAFSA, el monto que debes pagar para los gastos educativos de tu hijo en el próximo año académico y además, instrucciones sobre lo que debes hacer luego. Por ejemplo, si tienes un problema con tu número de seguro social, el SAR te da instrucciones sobre los pasos que debes seguir para corregir el problema.

En la mayoría de los casos, no tienes que presentar el SAR a la universidad donde tu hijo quiere asistir. Es importante entender que para poder dar ayudas, las universidades deben tener un EFC oficial del Central Processing System, CPS. Generalmente, las universidades pueden obtener tu EFC electrónicamente. Este documento de información electrónico se llama Institutional Student Information Record, ISIR (Registro Institucional de Información Estudiantil).

Notificación de ayuda estatal

Algunos estados pueden solicitarte que presentes documentos adicionales a la FAFSA para considerarte candidato a un otorgamiento estatal. La información que reciben las agencias estatales contiene tu información financiera, así como un cálculo de tu EFC. Por lo general, las agencias estatales determinan tu elegibilidad para ayuda estatal basadas en dicha información; otras adjudican la ayuda a través del administrador de ayudas de la universidad según las regulaciones estatales.

Muchos estados informan a la universidad que te han asignado una ayuda estatal; sin embargo, como no siempre es así, es bueno que lo notifiques directamente a las universidades donde tu hijo desea estudiar. Así, las universidades podrán tener en cuenta el otorgamiento estatal al crear tu paquete de ayuda financiera. De otra forma, es probable que te enteres del impacto de la ayuda estatal en el paquete total, sólo después que tu hijo se haya inscrito.

Esta ayuda por lo general se entrega directamente a la universidad de tu hijo y se considera como un recurso siempre disponible a partir del momento que se crea tu paquete. Mira cuidadosamente los términos y condiciones de la ayuda estatal, puesto que puede estar restringida a su uso en el estado, a componentes específicos de los gastos de asistencia (por ejemplo, sólo matrícula y cuotas), o en casos de otorgamientos especiales, estar restringidos a programas de especialización específicos. Si tu hijo ha recibido una oferta de ayuda estatal, debe entregar la aceptación firmada antes de la fecha límite estipulada. Nuevamente insistimos, debes ser muy estricto con las fechas límites publicadas; de no hacerlo, generalmente pierdes el otorgamiento y, salvo en circunstancias extraordinarias, no se restablece la ayuda estatal.

Notificación de ayuda de fuentes privadas

Tanto el estilo como la fecha pueden variar en la notificación de ayuda privada. En algunos casos recibes cierto tipo de notificación, independientemente de si tu hijo realmente recibe o no algún dinero. En otros casos, sólo se notifica a los candidatos aprobados. Algunas organizaciones te notifican en la primavera, otras en el verano y otras a principios del otoño.

Si tu hijo recibe fondos de una fuente externa a la universidad, es importante informar inmediatamente a la oficina de ayuda financiera. Si no lo haces, es probable que tengas que reembolsar toda o parte de la ayuda recibida y arriesgar tu futura elegibilidad para ayuda estudiantil.

Lo bueno de las becas privadas es que se trata de dinero "gratis" para la universidad y se entrega a los estudiantes a manera de "donación". Lo malo es que los estudiantes se enteran de este tipo de ayuda demasiado tarde como para tenerlo en cuenta a la hora de seleccionar una universidad. Lo mismo sucede con el tiempo que cubre el otorgamiento. Muchas veces, es válida solamente durante un año. Te sugerimos que solicites cualquier ayuda disponible, pues sólo sabrás de dónde vendrá la ayuda cuando te la otorguen.

Cartas de otorgamiento de ayuda financiera institucional

Una vez que el administrador de ayuda financiera tenga toda la información y formularios necesarios, puede diseñar un paquete de ayuda para satisfacer las necesidades demostradas del estudiante. Una vez creado este paquete, la mayoría de universidades te envían una Carta de otorgamiento, también conocida como Notificación de ayuda financiera o Carta de oferta. Cualquier tipo de notificación de ayuda financiera se denomina Carta de otorgamiento.

La Carta de otorgamiento describe las fuentes, tipos y montos de la ayuda financiera ofrecida y es una especie de compromiso o contrato entre tu hijo y la universidad. Recuerda los términos y condiciones del otorgamiento y preocúpate de no hacer nada que arriesgue la ayuda a recibir. Es decir, lee cuidadosa y completamente la información que acompaña la Carta de otorgamiento, y cumple con todas las fechas límite estipuladas. Dado que los recursos son limitados, las universidades con frecuencia cancelan las ayudas a los estudiantes que no devuelven los formularios a tiempo, y la ofrecen a otros estudiantes elegibles que requieren ayuda. Aunque los administradores de ayudas tratan de asegurarse de que los estudiantes que merezcan ayuda la reciban, no pueden prolongarla indefinidamente. Es tu responsabilidad mantenerte en contacto con el funcionario de ayuda financiera de la institución, de lo contrario te arriesgas a perder la ayuda ofrecida.

Las Cartas de otorgamiento de cada universidad difieren en estilo y formato, pero generalmente tienen la misma información. Idealmente, tanto la Carta de otorgamiento como cualquier documento adjunto, contiene información específica y fácil de entender sobre:

$ Los COA

$ Cómo se determinó la necesidad de ayuda para tu hijo

$ Una lista de tipos de ayuda financiera ofrecida

$ Momento y frecuencia de desembolso: antes, durante o después del comienzo de clases; regularmente durante el período académico; trimestral o semestralmente, o con otra frecuencia según el calendario académico de la universidad

$ Forma de desembolso de la ayuda (acreditación de la cuenta estudiantil de tu hijo o por pagos directos a ti o a tu hijo)

$ Todas las condiciones de la oferta (requisitos académicos, carga académica mínima o avance académico satisfactorio)

Con frecuencia, las universidades te piden aceptar o desistir de las ayudas mediante la firma y devolución de la Carta de otorgamiento a la oficina de ayuda financiera. En caso de oferta de un préstamo, debes firmar formularios adicionales, tales como un pagaré. Si se trata de un Federal Family Education Loan, FFEL (Programa Federal de Préstamo Educativo Familiar), es necesario que completes la solicitud y el pagaré antes de que se desembolse dinero.

A continuación, encontrarás dos tipos de Cartas de otorgamiento, una de Princeton University y la otra de Rutgers University, donde podrás familiarizarte con la información que generalmente contienen.

THE STATE UNIVERSITY OF NEW JERSEY

RUTGERS

FINANCIAL AID AWARD LETTER

2003-2004

Date: 03/25/03
ID#:
College: Rutgers College

Award Information

Your awards are based on the information you reported on your Free Application for Federal Student Aid. Your eligibility for these awards may change if new information is received, including information we may receive with regard to your Satisfactory Academic Progress. Rutgers University reserves the right to adjust your awards.

Please read the Award Letter Guide, enclosed with your initial Award Letter. The Guide explains how to complete the financial aid process. Award information, the Guide, and terms and conditions for receiving aid at Rutgers are online at studentaid.rutgers.edu. You are responsible for understanding these terms and eligibility requirements.

Awards

We are pleased to offer you the following assistance for the 2003-2004 academic year.

	Fall	Spring	Summer	Total
FEDERAL PELL GRANT	$1,000	$1,000	$0	$2,000
NJ EDUC OPPORTUNITY FUND (EOF)	$500	$500	$0	$1,000
FEDERAL PERKINS LOAN	$350	$350	$0	$700
FEDERAL WORK STUDY PROGRAM	$500	$500	$0	$1,000
DIRECT LOAN SUBSIDIZED	$1,250	$1,250	$0	$2,500
DIRECT LOAN UNSUBSIDIZED	$500	$500	$0	$1,000
Total:	$4,100	$4,100	$0	$8,200
Term Bill Credit	$3,575	$3,575	$0	$7,150
(see Award Letter Guide)				

What To Do Next:

● Verify that accurate assumptions (see next page) have been used to determine your awards.
● Carefully review and follow the instructions on the enclosed Data Change Form.
● To reduce or decline all or part of your loans, you must complete and return the Data Change Form.
● We will assume you fully accept the awards above unless you submit changes to us immediately.
● Return corrections and required documents promptly.
● Retain this letter for your records.

REQUIRED DOCUMENTS

DOCUMENTS NECESSARY TO COMPLETE YOUR AWARD: Please submit the following documents to the Office of Financial Aid as soon as possible. Failure to respond will result in the delay or loss of your aid.

-The verification worksheet
-A signed copy of your parent(s) 2002 Federal income tax return
-Two signed copies of the Perkins Loan Promissory Note*
-A Job Placement Form for work-study

Promissory Note(s) not required if you decline the loan. The Job Placement Form not required if Federal Work Study declined. To decline either, promptly complete and return the Data Change Form.

THE STATE UNIVERSITY OF NEW JERSEY

03/25/03

DATA CHANGE FORM

Return this form only if you change or update the information listed below. REMINDER: When all required documents are received, your Direct Loans automatically disburse to your student account unless you indicate otherwise. Once disbursed, you are responsible for repayment of these loans under the terms of the promissory note.

I.   ENROLLMENT ASSUMPTIONS

You will be a full-time student registered for 12 or more credits per term for the 2003-04 academic year.

This is incorrect. I will be enrolled for:
- ☐ 9 to 11.5 credits
- ☐ 6 to 8.5 credits
- ☐ 5.5 or fewer credits

You will be residing off-campus (not in parents' home).

This is incorrect. I will live:
- ☐ On-Campus
- ☐ With my Parents

II.   ALL GRADUATE STUDENTS

You are required to report any financial support you will be receiving from your academic department during the 2003-04 academic year. If you are awarded departmental assistance after the receipt of this letter you are required to notify the Office of Financial Aid immediately. Depending upon the amount of your departmental assistance it may be necessary to reduce the amount of federal financial aid shown on this letter. If so, you will be notified.

I will be receiving a:
☐ Teaching Assistantship   ☐ Graduate Assistantship   ☐ Fellowship   ☐ Other _____

III.   OPTIONAL: Change Loan or Federal Work-Study Awards

I wish to decline or reduce the amount of my loan(s) or work-study as indicated below.

REMINDER: Once we have all your required documents, your Direct Loans disburse to your student account unless you indicate otherwise and return this document to the address below immediately.

FEDERAL PERKINS LOAN	From: $700	To: _____	Comments: _____
FEDERAL WORK STUDY PROGRAM	From: $1,000	To: _____	Comments: _____
DIRECT LOAN SUBSIDIZED	From: $2,500	To: _____	Comments: _____
DIRECT LOAN UNSUBSIDIZED	From: $1,000	To: _____	Comments: _____

If you have made changes to any of the information above, promptly mail to:

Rutgers University
Office of Financial Aid
620 George Street
New Brunswick, NJ 08901-1175
(732) 932-7057
FAX: (732) 932-7385

Student Signature: _____   Date: _____

Princeton University   **Undergraduate Financial Aid**
Box 591, 220 West College
Princeton, New Jersey 08544-0591
Telephone: (609) 258-3330
Fax: (609) 258-0336

DATE

NAME
ADDRESS

Dear FIRST NAME:

Congratulations on your admission to Princeton's Class of 2007.

We have carefully reviewed your application for financial aid and have determined that
you are eligible for assistance to help with your expenses at Princeton. Your financial
need for the 2003-04 academic year is $30870, the difference between the student budget
and total family contribution listed below. The combination of financial aid and your
family's resources should enable you to cover your costs for the coming year.

PRINCETON GRANT	$28480
STUDENT SELF-HELP AID Princeton Job (non-Federal Work-Study)	$2390
TOTAL FINANCIAL AID	**$30870**

As you can see, your total financial aid equals your need. You and your parents are also
expected to pay a portion of your cost of attendance. Our estimate of your family's
resources is:

Contribution from Parents	$6850
Your Summer Savings	1590
Share of Your Own Assets	330
Other Resources	0
TOTAL FAMILY CONTRIBUTION	**$8770**

Together, your financial aid and family contribution add up to your Princeton expenses.
The student budget we have used for you is:

Basic Charges:		**Other Costs:**	
Tuition	$28540	Books & Personal Expenses	$2991
Room	4109		
Board	4000		
TOTAL STUDENT BUDGET			**$39640**

Please keep in mind that financial aid from Princeton is awarded on the basis of need. No University aid is granted for academic, athletic, or other special talents and achievements.

In August you will receive a bill from the Student Accounts Office for the basic charges listed in your student budget, as well as for the student government fee, class dues, and the residential college fee which we have included under 'Books and Personal Expenses.' Your grants will be credited to your account, reducing the amount due the University. The total charges on your bill will be less than the student budget, because it includes out-of-pocket expenses such as books and personal items. If a job is part of your award, you will be paid directly. We assume you will use your earnings to help cover these expenses. The Student Employment Office will send you a job assignment in the summer.

Your aid award will not be made final until you submit a signed copy of your parents' 2002 federal income tax return including W-2 forms (or the equivalent if they worked outside the U.S.) by May 16, 2003. We will compare this information to the data submitted on the Princeton Financial Aid Application. It is possible that your aid award will be revised based on our review of actual income figures. If your parents are not required to file an income tax return, they should request a 'Parent Non-Filer Statement' from this office. In addition, U. S. citizens and permanent residents must file the Free Application for Federal Student Aid (FAFSA) by April 15, 2003 (or sooner if 2002 federal income tax information is available).

A 'Financial Aid Award Acceptance and Limited Power of Attorney' form is enclosed for you to sign and return. Also included is a pamphlet, 'Terms of Your Award,' which provides information about how we determined your eligibility for aid and the basic rules of our financial aid program. In addition, it describes both yearly and longer term options for paying the University bill.

If you have questions about any aspect of your aid award, you are encouraged to get in touch with a member of our staff.

Sincerely,

Don M. Betterton, Director
Undergraduate Financial Aid

DMB\ejv
Enclosures

Respuesta a la Carta de otorgamiento

Puedes aceptar, desistir o pedir aclaración cuando recibes una Carta de otorgamiento. Para aceptar el otorgamiento, por lo general, simplemente debes firmar la Carta de otorgamiento, aunque con frecuencia tienes que llenar formularios adicionales de solicitud de fondos específicos o firmar pagarés sobre préstamos. Desistir de un otorgamiento casi siempre es tan importante como aceptarlo; así, las universidades pueden redireccionar los fondos a otros estudiantes elegibles. Los fondos son limitados. Es necesario que desistas de la ayuda por escrito, y generalmente es un procedimiento que simplemente implica marcar una casilla en la Carta de otorgamiento, firmarla y devolverla a la oficina de ayuda financiera de la universidad. Recuerda que algunas universidades podrían redireccionar los fondos si no has contestado para una fecha específica.

Igualmente, puedes rechazar o declinar ciertos tipos de ayuda financiera. Por ejemplo, aceptar un otorgamiento federal de trabajo y estudio, pero desistir del préstamo. O es posible que quieras aceptar sólo una parte de un otorgamiento específico. Por ejemplo, si te han ofrecido un Federal Stafford Loan de $2,625 para tu hijo y después de analizar cuidadosamente tu presupuesto y recursos, decides que puedes satisfacer tu necesidad con menos, puedes solicitar en préstamo sólo $2,000. Es importante que pienses bien antes de desistir de una subvención, pues se trata de dinero "gratis" que no requiere de reembolso. Sin importar la situación, debes responder a todas las ayudas que te ofrezcan y, si es posible, explica brevemente la razón para desistir de una ayuda.

Una vez recibida la Carta de otorgamiento, es posible que la ayuda ofrecida te parezca insuficiente o que la quieras cambiar (por ejemplo, reemplazar un préstamo por trabajo); o que quieras analizar los términos de una beca privada o notificarle al administrador de ayuda financiera circunstancias familiares especiales, que pueden afectar el otorgamiento. En cualquiera de estos casos, debes consultar con el administrador de ayuda financiera. Si no te sientes contento o satisfecho, o sencillamente estás confundido sobre la ayuda que se le ofrece a tu hijo, ponte en contacto con el

Es importante que tú y tu hijo analicen y entiendan completamente todos los tipos de ayuda ofrecida, junto con las estipulaciones del otorgamiento. Si tienes preguntas o dudas sobre el contenido de la Carta de otorgamiento, comunícate sin demora con el funcionario de ayuda financiera.

funcionario de ayuda financiera de la universidad. Si te ves en una situación delicada o complicada, has una cita con el administrador de ayuda, y en lo posible, lleva toda la documentación o información del caso.

Nunca rechaces una de las universidades que preferías; peor aún, no interrumpas la educación de tu hijo afirmando que la ayuda financiera es insuficiente. En lugar de ello, consulta y estudia otras alternativas con un administrador de ayuda. Ellos tratan de asegurar que los estudiantes que merezcan ayuda no sean rechazados por razones económicas y son solidarios en circunstancias especiales, si tienen claridad de que realmente son circunstancias especiales.

AYUDA FINANCIERA DESPUÉS DEL PRIMER AÑO

Nunca asumas que el otorgamiento concedido a tu hijo será igual para cada año siguiente, incluso si pretende asistir a la misma universidad. Las políticas de otorgamiento varían de una universidad a otra. Algunas ofrecen diferentes tipos de paquetes de ayuda en función del nivel de estudios de tu hijo. Otras asignan mayor subvención y menos auto-ayuda para el primer año. A medida que tu hijo adquiera experiencia y disminuya el riesgo de fracasar en sus estudios, puede aumentar el monto del préstamo o trabajo ofrecido para los años siguientes. Las universidades con fondos institucionales discrecionales pueden premiar a los estudiantes con alto rendimiento, ofreciéndoles mayor subvención o becas de ayuda por mérito para el futuro. Otras universidades tratan de mantener el nivel de ayuda ofrecido a los estudiantes de primer año durante todo el programa de estudios. No dudes en consultar las políticas universitarias de otorgamiento con el administrador de ayuda financiera.

CÓMO Y CUÁNDO SE RECIBE LA AYUDA FINANCIERA

Parte del proceso de notificación de otorgamiento es explicar cómo y cuándo se recibe la ayuda financiera. Puede pagarse por diferentes métodos. La universidad puede acreditar directamente la cuenta estudiantil de tu hijo con los fondos de ayuda financiera, puede pagarle a tu hijo en efectivo por cheque o puede desembolsar los fondos combinando estos dos métodos.

Normalmente, las universidades acreditan los fondos de ayuda financiera a la cuenta universitaria de tu hijo para pagar gastos como matrícula y cuotas. Si sobran fondos de la ayuda financiera, la institución gira un cheque a nombre de tu hijo por el saldo. Este dinero puede utilizarse para otros gastos educativos como libros y materiales, transporte, alojamiento y alimentación fuera del campus (incluso si vive en su casa) y gastos personales misceláneos. Tu hijo no debe presentar recibos para demostrar cómo utiliza este dinero.

Generalmente, la Carta de otorgamiento indica el monto de ayuda que puedes recibir para todo el año académico. Sin embargo, la ayuda se entrega en cuotas y no de una sola vez. Si el sistema de la universidad de tu hijo es trimestral, generalmente se deposita una tercera parte del otorgamiento al principio del trimestre de otoño, otra tercera parte al principio del trimestre de invierno y la última tercera parte al inicio del trimestre de primavera. Si el sistema de la universidad es semestral, se deposita la mitad del otorgamiento al principio del semestre de otoño y la otra mitad al inicio del semestre de primavera.

> **La mayoría de universidades depositarán todos los fondos estudiantiles de tu hijo para un período de estudios determinado al inicio del mismo período. Sin embargo, para ayudar a los estudiantes a presupuestar sus fondos, algunas universidades hacen pagos menores a lo largo de cada período académico.**

Por lo general, las universidades no acreditan los fondos otorgados por medio de un otorgamiento federal universitario de trabajo y estudio. Tu hijo debe ganar ese dinero antes de que se deposite en su cuenta estudiantil.

¿QUÉ SIGUE?

Luego de aceptar la oferta de ayuda financiera de una universidad, debes estar pendiente de ciertos aspectos relacionados con la forma en como la recibirás:

$ El monto de la ayuda que recibe tu hijo como excedente de los gastos de matrícula, cuotas, y otros gastos relacionados con los cursos, tales como libros y materiales, generalmente se considera ingreso sujeto a impuestos; como tal, debe reportarse en la declaración de impuestos sobre la renta de Estados Unidos que presente tu hijo.

$ Un otorgamiento de trabajo y estudio se refiere básicamente a que tu hijo es elegible para ganar esa cantidad de dinero durante el año del otorgamiento. Tu hijo debe conseguir un empleo que le permita estudiar antes de recibir el pago, e igualmente trabajar el número de horas necesarias, de manera que gane suficiente para cubrir la totalidad del otorgamiento. El otorgamiento trabajo y estudio no significa que le pagarán a tu hijo por estudiar.

$ Se requiere una solicitud de préstamo separada para solicitar y recibir dinero del Federal Stafford Loan Program (Programa Federal de Préstamo Stafford) o PLUS Loan Program (Programa de Préstamo PLUS). La oficina de ayuda financiera de la universidad te puede facilitar los formularios y la información sobre los prestamistas participantes. Aunque otros programas de préstamo federal no requieren solicitudes por separado, debes firmar pagarés para cualquier desembolso de fondos.

Capítulo 5

Recursos para ayuda
basada en las necesidades

Comencemos por lo básico.

Anualmente, el gobierno federal suministra más de $80 mil millones en subvenciones, préstamos y programas de trabajo que facilitan el ingreso a la universidad a millones de estudiantes elegibles. La clave es saber cómo hacerse elegible. Este capítulo describe los diferentes programas federales de ayuda financiera estudiantil, con énfasis en las ayudas disponibles basadas en las necesidades que ofrece el Departamento de Educación de Estados Unidos, el Departamento de Salud y Servicios Humanos de Estados Unidos y el Departamento del Interior de Estados Unidos. También hay disponible información sobre fuentes de ayuda estatales, institucionales y privadas.

La ayuda basada en las necesidades conforma la mayor parte de las ayudas disponibles para educación superior. Se considera que tienes necesidad financiera si no cuentas con suficientes recursos para seguir pagando la educación de tu hijo cuando termina la secundaria. Aunque la necesidad financiera es el principal requisito para lograr ayuda basada en las necesidades, tienes que cumplir con otras condiciones de elegibilidad. Debes dar tu información financiera para analizarla con fórmulas definidas que determinan si tienes suficientes recursos financieros para cubrir gastos universitarios. Esta evaluación de necesidad, también llamada análisis de necesidad, da como origen a un EFC, que se refiere a la cantidad en dólares que pueden aportar un estudiante y su familia para gastos educativos durante un año determinado.

La ecuación de necesidades

Para fines de ayuda financiera estudiantil, la necesidad se expresa como una ecuación con dos componentes:

Gastos de asistencia, COA

–   Expected Family Contribution, EFC

=   Necesidad financiera

El EFC se calcula por un proceso llamado análisis de necesidad. Cada universidad determina su COA, de modo que varía de una universidad a otra. Por lo general, los siguientes gastos se incluyen en los gastos de asistencia de cualquier universidad:

$ Matrícula y cuotas

$ Alojamiento

$ Comida

$ Libros y materiales

$ Transporte

$ Gastos personales

Las universidades también pueden incluir los costos asociados con solicitud de préstamos educativos, estudios en el exterior, compra de computadora personal, participación en un programa de educación cooperativa y alguna discapacidad, si corresponde.

Los gastos estimados de asistencia a una universidad son un ejemplo del tipo de información del consumidor estudiantil que la universidad debe dar a la familia.

Las universidades que participan en programas federales de ayuda estudiantil deben tener disponible cierto tipo de información para los aspirantes. Debes examinar cuidadosamente los gastos publicados a fin de asegurarte de que sean reales y razonables para ti en cuanto a las metas profesionales de tu hijo.

El tipo de universidad que escoja tu hijo (pública, privada, vocacional, de oficios o técnica, con estudios a dos o a cuatro años, universidad de posgrado/profesional, instituto de enseñanza para la comunidad local, universidad distante con residencias, en el estado, fuera del estado, o en el exterior) puede tener gran influencia sobre los gastos de asistencia, al igual que sobre los tipos y fuentes de ayuda disponibles para los gastos COA. Los gastos pueden variar de una universidad a otra, pero por lo general, el EFC no varía. En términos generales, la necesidad financiera aumenta cuando aumentan los gastos de asistencia.

PROGRAMAS ADMINISTRADOS POR EL DEPARTAMENTO DE EDUCACIÓN DE ESTADOS UNIDOS

La mayoría de los programas de ayuda federal se iniciaron o consolidaron mediante la Higher Education Act, HEA (Ley de Educación Superior) de 1965 y los administra el Departamento de Educación de Estados Unidos. Los programas más comunes son:

$ Federal Pell Grant

$ Federal Supplemental Educational Opportunity Grant, FSEOG

$ Federal Perkins Loan

$ Federal Work-Study, FWS

$ Federal Family Education Loan Program, FFEL

$ Federal Stafford Loan (subsidiado y no subsidiado)

$ Parent Loans for Undergraduate Student, PLUS (Préstamos para Padres de Estudiantes Universitarios)

$ William D. Ford Federal Direct Loan Program (Programa de Préstamo Federal Directo Willam D. Ford)

$ Direct Subsidized and Direct Unsubsidized Loans

Los programas Federal Pell Grant, FSEOG, Federal Perkins Loan, Federal Work-Study, Federal Subsidized Stafford y Direct Subsidized Loan se basan en las necesidades. Esto quiere decir que al determinar la elegibilidad para recibir fondos de estos programas, se considera el EFC. El William D. Ford Federal Direct Loan Program, conocido como el Direct Loan Program, es relativamente nuevo dentro del escenario de la ayuda financiera. Según el programa adoptado por cada universidad (algunas aplican ambos), podrás solicitar un préstamo al Federal Family Education Loan Program o al Direct Loan Program por un período determinado de inscripciones. Sin embargo, no puedes pedir préstamo a ambos programas al mismo tiempo porque cada universidad sólo puede participar en uno de los dos.

> **Estos se conocen como programas del Título IV porque están autorizados conforme al Título IV de la Higher Education Act de 1965, según enmienda.**

Información general y criterios de elegibilidad

Además de la necesidad, hay otros criterios de elegibilidad para recibir dinero de programas de ayuda estudiantil Título IV. Éstos incluyen:

1. **El estudiante debe ser ciudadano de Estados Unidos o no-ciudadano elegible.**

   Ciudadano de Estados Unidos es un ciudadano de alguno de los cincuenta estados, el distrito de Columbia, Puerto Rico, las Islas Vírgenes, Guam o las Islas Marianas del Norte. Los no-ciudadanos elegibles incluyen ciudadanos naturalizados de Estados Unidos, residentes permanentes de Estados Unidos que tengan tarjeta I-151, I-551 ó I-551C (Alien Registration Receipt Card (Tarjeta de recepción de registro de extranjería)); o personas que tengan un registro de entrada y salida al país (I-94) del Bureau of Citizenship and Immigration Services, BCIS (Oficina de Ciudadanía y Servicios de Inmigración), (anteriormente llamada Immigration and Naturalization Service, INS (Servicio de Inmigración y Naturalización)) bajo una de las siguientes designaciones: refugiado, asilado, libertad indefinida bajo palabra, libertad humanitaria bajo palabra, inmigrante cubano-haitiano o inmigrante condicional (válido sólo si se expide antes del 1° de abril de 1980).

2. **El estudiante debe estar inscrito o aceptado en un programa elegible conducente a título o certificado, u otro programa conducente a una credencial educativa reconocida en una institución superior elegible.**

   No todas las universidades están aprobadas por el Departamento de Educación para participar en programas de ayuda financiera estudiantil, sea por selección o por exclusión.

   Además, tu hijo debe ser admitido a la universidad para obtener un título u otra credencial educativa reconocida. Los estudiantes inscritos en estos programas también pueden recibir Federal Pell Grants, FWS, Federal Perkins o Direct Loans.

3. **El estudiante no puede estar simultáneamente inscrito en una escuela secundaria.**

   Este criterio afecta a estudiantes que están terminando todo o parte de su último año de secundaria en una universidad local.

4. **El estudiante debe tener un diploma de secundaria, su equivalente reconocido o tener la capacidad de beneficiarse del programa de estudios.**

Si tu hijo no tiene un diploma de secundaria o su equivalente reconocido (generalmente, un diploma con equivalencia del grado de secundaria o un certificado estatal), debe demostrar que puede beneficiarse de la capacitación o educación. Esto lo demuestra si aprueba un examen administrado independientemente y acreditado por el Departamento de Educación de Estados Unidos.

Tu hijo puede ser elegible para ayuda conforme al Título IV si tuvo excelentes resultados académicos, no terminó la secundaria y quiere ahora inscribirse en un programa educativo para obtener al menos un título asociado o su equivalente. Para la admisión de este tipo de estudiantes, se debe cumplir con la política formalizada y escrita de la universidad y se debe presentar documentación que acredite excelencia académica en secundaria.

Si tu hijo terminó la secundaria en el marco de una escuela domiciliaria, es posible que obtenga la elegibilidad para ayuda a cosecuencia del Título IV, si la ley estatal considera esta escuela como domiciliaria o privada.

5. **El estudiante debe presentar un número de seguro social válido y verificable.**

Una parte del proceso de solicitud que hace la Administración del Seguro Social es la verificación por medio de una base de datos de los números de Seguro Social de todos los solicitantes de ayuda financiera federal. Este número, el nombre y apellido, y la fecha de nacimiento de tu hijo se comparan con los archivos de la Administración del Seguro Social. Si la comparación no coincide, tu hijo deberá presentar a la universidad verificación de su número de seguro social para recibir cualquier tipo de ayuda federal estudiantil.

Para evitar demoras y confusiones innecesarias, si tu hijo usa un nombre diferente al registrado en los archivos del Seguro Social, debes informar el cambio de nombre a la Administración del Seguro Social con bastante anticipación para solicitar ayuda federal estudiantil.

6. **El estudiante debe preguntar en la oficina de ayuda financiera de la universidad si debe presentar un Financial Aid Transcript, FAT (Certificado de ayuda financiera).**

Anteriormente, los solicitantes de ayuda federal estudiantil debían presentar un FAT impreso de cada universidad a la que habían asistido. Los FAT contienen información sobre el historial de ayuda financiera recibida y se usan para verificar ciertos aspectos de elegibilidad para ayuda federal. En la mayoría de los casos, las universidades pueden hoy obtener electrónicamente la información FAT necesaria desde una base de datos del Departamento de Educación, llamada National Student Loan Data System, NSLDS (Sistema Nacional de Información sobre Préstamos Estudiantiles). La universidad debe recibir la información que requiera sobre ayuda financiera y si te solicita la información FAT en papel, debes cumplir con la petición.

Muchas universidades extranjeras, aprobadas para participar en los programas a consecuencia del Título IV, no están registradas en el centro de intercambio de información federal; por lo tanto, pueden pedir el perfil FAT a estudiantes que hayan asistido anteriormente a una universidad.

7. **El estudiante debe firmar una Statement of Educational Purpose (Declaración de Propósito Educativo) que confirme que todos los dineros federales que reciba los utilizará solamente para gastos educativos.**

Todos los beneficiarios de ayuda federal financiera deben firmar una declaración en la que se comprometen a usar todo dinero recibido del programa federal para pagar gastos educativos en las universidades donde estudian. No olvides que cualquier dinero recibido como ayuda federal financiera debes usarlo para pagar matrículas y cuotas, libros y materiales, gastos razonables de manutención y personales, así como otros gastos directamente relacionados con estudios superiores. Este requisito se cumple simplemente al completar y firmar la FAFSA, que contiene la Statement of Educational Purpose en la sección de firmas.

8. **Si es necesario, el estudiante debe registrarse en el Servicio Selectivo.**

   Al cumplir 18 años, todos los varones deben registrarse en el Servicio Selectivo, incluidos ciudadanos de Estados Unidos, residentes permanentes y otros no ciudadanos elegibles.

   Nota: Este registro debe hacerse entre los 18 y 26 años de edad, ya que tu hijo no se puede registrar luego de este límite de edad. No registrarse en el Servicio Selectivo constituye una violación federal y puede traducirse en una multa o encarcelamiento.

9. **Los beneficios federales del estudiante no se pueden haber suspendido o terminado como resultado de una condena por un delito relacionado con drogas.**

   La Reauthorization Act (Ley de Reautorización) de 1998 estipula que se suspenda la elegibilidad para ayuda federal estudiantil en el caso de estudiantes que hayan sido condenados por violar cualquier ley federal o estatal sobre posesión o venta de drogas.

10. **El estudiante debe mantener un avance académico satisfactorio en su programa de estudios.**

    Las normas de avance académico satisfactorio varían de una universidad a otra. Sin embargo, para ser beneficiario de ayuda federal, tu hijo debe mantener un promedio mínimo de calificaciones y cumplir una cantidad mínima de unidades o de horas-reloj en cada período académico.

11. **El estudiante no debe estar en una situación de incumplimiento en el pago de un préstamo federal educativo anterior, ni deber un pago excesivo de una subvención o préstamo educativo federal anterior, ni solicitar préstamos por encima de los límites federales establecidos para préstamos estudiantiles.**

    Si tu hijo se encuentra en una situación de incumplimiento de pago o debe un pago excesivo, puede recobrar su elegibilidad al pagar la deuda o establecer condiciones de pago satisfactorias para el acreedor.

12. El estudiante debe cumplir con los requisitos adicionales específicos al programa.

Las siguientes secciones describen en detalle los programas de ayuda estudiantil administrados por el Departamento de Educación de Estados Unidos. Las páginas 89 y 90 muestran un cuadro que resume tales programas.

Federal Pell Grant Program

En términos de cobertura, el Federal Pell Grant es el segundo programa federal más grande de ayuda estudiantil y proporciona ayuda en subvenciones a estudiantes que aún no han obtenido su diploma universitario, ni un primer título profesional. El objetivo del programa es ayudar a los estudiantes más necesitados. Las Federal Pell Grants pueden obtenerse cuando se está inscrito para tiempo completo, medio tiempo o aún menos de medio tiempo. La Federal Pell Grant tiene características exclusivas y una de ellas es su calidad portátil, lo cual quiere decir que puede usarse en cualquier universidad a la que asista tu hijo. Además, dicha beca no depende de la disponibilidad de fondos en una universidad en particular.

El administrador de ayuda financiera calcula la asignación real con base en tu EFC, los gastos de asistencia y el estatus de inscripción, y puesto que éstos varían de una universidad a otra, también varía la subvención otorgada por la Federal Pell Grant.

Veamos a continuación algunas características notables de la Federal Pell Grant:

$ Es una donación (dinero gratis). Es decir, no tienes que reembolsarla ni trabajar para pagarla.

$ La elegibilidad no depende de la disponibilidad de fondos de alguna universidad en particular. Podrás recibir ayuda del programa Federal Pell Grant si la solicitas dentro de las fechas establecidas, demuestras el nivel exigido de necesidades y cumples con todas las condiciones generales y de elegibilidad.

$ Es portátil, lo cual hace que, si eres elegible para una Federal Pell Grant, puedes usarla para estudiar en cualquier programa elegible de cualquier universidad elegible.

$ El monto anual concedido por la Federal Pell Grant depende, en parte, del monto que asigne el Congreso para el programa. Para el año 2003-2004, la máxima subvención basada en las asignaciones fijadas por el Congreso es de $4,050.

Programas con base en el campus

Los programas con base en el campus son tres:

1. **Federal Supplemental Educational Opportunity Grants**
2. **Federal Work-Study**
3. **Federal Perkins Loans**

El Departamento de Educación asigna estos fondos a universidades participantes a fin de que los concedan a solicitantes elegibles para ayuda financiera. Al contrario del programa de la Federal Pell Grant, ser beneficiario de estos programas con base en el campus depende de la disponibilidad de fondos de una universidad en particular. Esto significa que las subvenciones basadas en el campus no pueden trasladarse de una universidad a otra. Los tipos y montos de los fondos que concede este programa pueden variar entre universidades, aunque no cambie el EFC y los gastos de asistencia continúen siendo similares.

Al igual que con la Federal Pell Grant, tu hijo es elegible para fondos con base en el campus si está inscrito como estudiante de tiempo completo, de tiempo parcial o aún de menos de tiempo parcial, aunque, por lo general, el monto disponible para estudiantes inscritos menos de tiempo parcial es más limitada. No olvides que la cantidad de fondos con base en el campus puede variar, aun después de que tu hijo empiece a asistir a la universidad, especialmente si recibe fondos adicionales externos, como una beca privada.

Federal Supplemental Educational Opportunity Grant (FSEOG) Program

Este programa suministra fondos a estudiantes universitarios con una necesidad excepcional, que no han obtenido un diploma universitario ni un primer título profesional. Se da prioridad a los estudiantes elegibles para una Federal Pell Grant y con un EFC más bajo, según lo determine la universidad. La subvención FSEOG mínima que una universidad puede dar por año es $100 y la máxima es $4,000. La subvención mínima puede prorratearse si tu hijo está inscrito por menos de un año académico completo; si está inscrito en un programa aprobado de estudio en el extranjero, podrá recibir hasta $4,400 al año. Al igual que la Federal Pell Grant, la FSEOG es una donación, lo que significa que no tiene que ganarse trabajando ni ser reembolsada. Sin embargo, al contrario de la Federal Pell Grant, el monto real concedido está sujeto a la disponibilidad de fondos en la universidad escogida por tu hijo.

Federal Work-Study Program, FWS

Este programa proporciona trabajo a estudiantes que necesitan ganar dinero para pagar parte de sus gastos educativos. Tanto los estudiantes universitarios como de posgrado son elegibles para recibir ayuda FWS. El gobierno federal provee los fondos para cubrir hasta el 75 por ciento del salario de los estudiantes; la universidad u otro empleador paga el resto.

El número de horas que tu hijo debe trabajar cada semana varía de una universidad a otra y de un estudiante a otro. Esto depende de la cantidad asignada en la beca de estudio y trabajo, la tarifa de pago por hora o la cantidad de tiempo que tu hijo pueda trabajar.

A diferencia de otros programas de ayuda federal estudiantil, no existen límites sobre el monto que la universidad puede asignar, siempre y cuando la cantidad asignada y tus otros recursos no excedan la necesidad demostrada. Generalmente, las universidades tienen una política que establece montos de asignación razonables en las becas de estudio y trabajo, para asegurarse de que el número de horas trabajado no interfiera con los estudios académicos de tu hijo. Aunque normalmente los estudiantes pueden ganar sus becas FWS trabajando durante el año académico, algunas universidades permiten que obtengas parte del dinero trabajando durante el verano o en los recesos universitarios.

El empleo puede ser en el campus o fuera de él; el empleador puede ser la universidad, el estado, un organismo público local o federal (excepto el Departamento de Educación), o una organización privada sin o con fines de lucro. Los empleados de Federal Work-Study deben recibir un pago por lo menos igual al actual salario mínimo federal. El tipo de trabajo varía. Es común que se ofrezcan empleos en el servicio de comidas o como asistente de oficinas, especialmente para estudiantes sin experiencia previa. También se encuentran disponibles empleos como asistentes de laboratorios, auxiliares de bibliotecas y otros más especializados. Algunas universidades asignan trabajos específicos a los estudiantes FWS, mientras que otras simplemente les permiten participar competitivamente en las ofertas disponibles.

Si tu hijo recibe una beca FWS, debes tener en cuenta lo siguiente:

$ Las becas FWS deben pagarse con trabajo y el salario depende del número de horas reales de trabajo.

$ Debes comunicarte con la oficina de ayuda financiera o con la oficina de empleo estudiantil para obtener un trabajo.

Federal Perkins Loan Program

Éste es el programa de préstamo más antiguo que administra el Departamento de Educación y es una fuente de préstamos a bajo interés (actualmente 5 por ciento) para estudiantes universitarios, de posgrado y profesionales. Si tu hijo está inscrito en una universidad al menos a tiempo parcial, no se cobran intereses. Las universidades deben dar prioridad a los estudiantes que demuestren una gran necesidad financiera, para asignar los Federal Perkins Loans. Los estudiantes universitarios pueden solicitar un préstamo de hasta $4,000 cada año, hasta una suma máxima acumulada de $20,000. Los estudiantes que participen en programas aprobados de estudios en el exterior, pueden también recibir estos préstamos. De hecho, tu hijo puede ser elegible para pedir en préstamo montos anuales y acumulados mayores a los mencionados anteriormente, hasta un 20 por ciento.

El reembolso de estos préstamos comienza nueve meses después de la graduación o cuando tu hijo deje de ser estudiante mínimo a tiempo parcial. Esto se conoce como período de gracia. El plazo máximo de reembolso es 10 años, según el monto prestado. Los beneficiarios que califican por bajos ingresos, pueden tener hasta diez años adicionales para reembolsar la deuda. No hay sanción por pago anticipado de la totalidad o parte de un Federal Perkins Loan.

Además de cumplir con las condiciones generales de elegibilidad, los beneficiarios deben:

$ Recibir un aviso de elegibilidad o no elegibilidad para la Federal Pell Grant

$ Estar dispuesto a reembolsar el préstamo

$ Suministrar un número de licencia de conducir (si tu hijo posee una)

El reembolso puede posponerse o interrumpirse por períodos específicos bajo ciertas condiciones, lo que se conoce como aplazamiento. Todos los préstamos se aplazan mientras tu hijo se encuentre inscrito en una universidad elegible, como mínimo medio tiempo. Algunos aplazamientos tienen condiciones muy específicas, mientras que otros tienen duración limitada. El interés no se acumula durante los períodos de aplazamiento y, al final de cada período, los beneficiarios tienen derecho a otros seis meses de gracia antes de reiniciar el reembolso. En condiciones más limitadas, puedes ser elegible para que se te condone la totalidad o parte del Perkins Loan. Puedes obtener mayor información sobre aplazamientos y condonaciones del administrador universitario de ayuda financiera.

Federal Family Education Loan Program, FFEL

Este programa es una serie de programas de préstamo estudiantil con respaldo federal que incluyen el Federal Subsidized Stafford Loan y Federal Unsubsidized Stafford Loan, a largo plazo y con bajo interés para estudiantes que asisten a universidades elegibles. En circunstancias especiales, estos préstamos pueden utilizarse para asistir a universidades extranjeras elegibles. Este programa incluye también el PLUS Loan, disponible para que puedas pagar la matrícula de tu hijo.

La fuente de fondos para este programa es capital privado de bancos, corporaciones de ahorro y préstamo, cooperativas de crédito y otras instituciones de préstamo. En ciertos casos, las universidades, organismos estatales y agencias privadas sin fines de lucro, también pueden ser prestamistas. El programa FFEL es administrado por agencias de garantía que aseguran contra pérdida a los prestamistas con el respaldo del gobierno federal, en caso de que el beneficiario no reembolse el préstamo o no pueda hacerlo. Puedes obtener información detallada sobre préstamos en la mayoría de centros de consejería de escuelas secundarias, bancos, universidades locales, Internet y en www.petersons.com.

El Federal Stafford Loan Program es la mayor fuente de préstamos estudiantiles de bajo interés, administrado por el Departamento de Educación de Estados Unidos y está disponible para estudiantes universitarios y de posgrado. Los préstamos realizados por este programa pueden ser subsidiados, no subsidiados, o una combinación de ambos. A continuación, describimos en mayor detalle los préstamos con y sin subsidio, conceptos que pueden ser nuevos para ti.

PLUS Loans

Los Parent Loans for Undergraduate Students están destinados a padres de estudiantes dependientes para ayudar a las familias con problemas de flujo de efectivo. No es necesario pasar una prueba para medir tu necesidad y, son otorgados por prestamistas de FFEL o directamente por el Departamento de Educación. El préstamo tiene una tasa de interés variable que no puede exceder el 9 por ciento y no tiene límite específico anual. Puedes pedir prestado un monto que cubra los gastos de asistencia a la universidad, pero debes restarle cualquier monto que recibas de otra ayuda financiera. El reembolso comienza 60 días después de recibir el dinero. De los fondos del préstamo, se sustrae una cuota del 4 por ciento. Generalmente, los padres beneficiarios deben tener un buen historial crediticio para calificar para los préstamos PLUS. Según el tipo de programas de préstamo de cada universidad, el préstamo PLUS se asigna a través del sistema FFEL o del sistema de Direct Loan.

Federal Subsidized Stafford Loans

Un préstamo subsidiado es cuando el gobierno federal paga el interés al prestamista, mientras tu hijo esté estudiando y durante otros períodos en los que no esté obligado a hacer pagos. Como el gobierno paga los intereses mientras él esté asistiendo a la universidad, tu hijo no es responsable de estos intereses y por lo tanto, no se acumulan hasta el momento de reembolso. Sin embargo, cuando se inicia el período de reembolso, tu hijo responde por el pago del préstamo y por los intereses que se originen de ahí en adelante.

Para recibir un Federal Subsidized Stafford Loan, es necesario demostrar necesidad según la fórmula federal de necesidades. Es decir, para que seas elegible para un Federal Subsidized Stafford Loan, se resta tu EFC de los COA y el resultado debe ser mayor a cero. El préstamo también se reduce de acuerdo al monto recibido por otra ayuda otorgada y, por los límites máximos de préstamo anual aplicable al programa. Más adelante, describiremos brevemente estos conceptos.

Federal Unsubsidized Stafford Loans

Los préstamos no subsidiados se asignan a estudiantes que no demuestran necesidad según la fórmula antes mencionada, pero que se beneficiarían al tener acceso a un programa federal de préstamo estudiantil con bajo interés. En un préstamo no subsidiado, el gobierno federal no asume el pago de los intereses por el préstamo efectuado a tu hijo; por lo tanto, todos los intereses acumulados deben pagarse durante el período de duración del préstamo, incluidos los intereses acumulados mientras tu hijo estudia.

Los intereses acumulados mientras tu hijo estudia, se pueden pagar de dos formas:

1. **A medida que se liquidan (cuando se vencen o se acumulan)**

2. **Capitalizándolos (se suman al capital prestado y se deben reembolsar cuando tu hijo deje la universidad)**

La otra gran diferencia con un préstamo no subsidiado es que el EFC no se considera para determinar tu elegibilidad. Por esta razón, se conocen como préstamos no basados en la necesidad. La elegibilidad para un préstamo no subsidiado se determina con una fórmula alterna de necesidad, donde la universidad descuenta de los gastos de asistencia cualquier ayuda financiera estimada, incluso la elegibilidad para un Federal Subsidized Stafford Loan. El resultado de esta fórmula es el monto máximo que puedes solicitar del Federal Unsubsidized Stafford Loan Program. Sin embargo, dicho monto no puede, en ningún caso, exceder la cantidad máxima anual para préstamos, que analizaremos más adelante.

> Lo que debes tener en cuenta es que, en este proceso, el interés acumulado se vuelve capital. Si escoges esta opción, terminarás pagando interés sobre interés (es decir, el interés acumulado que se ha capitalizado).

Esta diferencia en la definición de necesidad significa que, al contrario del Federal Subsidized Stafford Loan, el Federal Unsubsidized Stafford Loan se puede usar para remplazar el EFC, siempre que no haya sido reemplazado con otra forma de ayuda.

Son muchos los estudiantes elegibles para solicitar una combinación de Federal Stafford Loans subsidiados y no subsidiados. La elegibilidad para un Federal Subsidized Stafford Loan debe siempre determinarse antes de pedir un Federal Unsubsidized Stafford Loan; así, se asegura que los préstamos menos costosos, por esto los más deseables, se otorguen primero. Si continúas siendo elegible para un Federal Unsubsidized Stafford Loan, puedes solicitarlo, bajo condición de que no excedas tus límites anuales como beneficiario de préstamos.

Además de las condiciones generales de elegibilidad señaladas al comienzo de este capítulo, para que tu hijo sea elegible para un Federal Stafford Loan, debe:

$ Estar inscrito o aceptado para inscripción al menos medio tiempo

$ Obtener un aviso de elegibilidad o no elegibilidad para una Federal Pell Grant

$ Estar inscrito en una universidad que tenga un promedio de incumplimiento de reembolsos aceptable entre los solicitantes anteriores

Muchas universidades incluyen automáticamente un Federal Stafford Loan como parte de su paquete de ayuda financiera y te notifican el monto exacto que puedes solicitar con este programa. No olvides que, al contrario de la Federal Pell Grant y de los programas con base en el campus, para ser beneficiario de un Federal Stafford Loan debes llenar el Federal Stafford Loan Master Promissory (Pagaré Maestro), además de la FAFSA. Verifica en la oficina de ayuda financiera de la universidad si es necesario presentar documentos adicionales. Si se aprueba un Federal Stafford Loan, la universidad envía usualmente el pagaré correspondiente, junto con la notificación oficial de asistencia financiera. El Federal Stafford Loan Promissory Note puede también conseguirse con prestamistas participantes en este programa.

> **Recuerda que si la diferencia entre los gastos de asistencia y la ayuda financiera estimada es inferior a los límites anuales establecidos para el Stafford Loan, solamente puedes solicitar el monto que necesitas.**

En la mayoría de los casos, debes llenar este pagaré y devolverlo a la universidad. Aunque algunas universidades te devuelven la solicitud, de manera que puedas entregarla a un prestamista en particular, la mayoría de ellas envía directamente la solicitud al prestamista indicado en el pagaré.

Límites anuales para el Federal Stafford Loan

Los montos combinados totales que pueden solicitarse en Stafford Loans subsidiados y no subsidiados, no pueden exceder los límites anuales para préstamos establecidos en la ley y los reglamentos. Los montos máximos que se pueden solicitar son:

$2,625 al año para estudiantes universitarios de primer año

$3,500 al año para estudiantes universitarios de segundo año

$5,500 al año para los años restantes de estudios universitarios

$8,500 al año para estudios de posgrado y profesionales

Nota: Estos montos pueden cambiarse con re-autorización de las Enmiendas de Educación Superior para el 2003.

Límites acumulados del Stafford Loan

Todos los estudiantes pueden solicitar un monto total limitado en el Federal Stafford Loan Program durante sus estudios universitarios y de posgrado. Estos límites de préstamo se conocen como máximos acumulados de préstamo y varían dependiendo si tu hijo es un estudiante universitario o de posgrado.

Los estudiantes dependientes universitarios pueden pedir prestado $23,000 en préstamos subsidiados y no subsidiados y, si sus padres no califican para un PLUS Loan, pueden pedir en préstamo $23,000 con el Federal Subsidized Stafford Program y, $46,000 con el Federal Unsubsidized Stafford Loan Program, restando cualquier monto solicitado a través del Federal Subsidized Stafford Loan Program.

Tasa de interés

La tasa de interés para el período de reembolso sobre Federal Subsidized Stafford Loans es variable, se determina el 1° de junio de cada año y no puede exceder del 8.25 por ciento. Los mismos términos y condiciones aplican para los Federal Unsubsidized Stafford Loans, pero tu hijo asume los intereses mientras está estudiando y durante el período de reembolso.

Otros gastos asociados al préstamo

Los prestamistas están autorizados para cobrar cuotas de hasta el 3 por ciento del capital, por sus servicios; adicionalmente, se debe pagar una prima de seguros, que por ley no puede exceder el 1 por ciento del capital. El prestamista puede restar estos cargos de los fondos del préstamo. Se recomienda comparar las tasas y cargos antes de seleccionar un prestamista.

Además de las restricciones antes mencionadas para el Federal Stafford Loan, los estudiantes dependientes con padres que aplicaron y no pudieron conseguir un PLUS Loan, pueden solicitar un préstamo de hasta:

$ **$6,625 por año, si eres estudiante de primer año en un programa de estudios que cubra, como mínimo, todo el año académico (por lo menos, $4,000 de este monto debe provenir de préstamos no subsidiados).**

$ **$7,500 por año si has terminado tu primer año y el resto del programa de estudios ocupa, como mínimo, todo el año académico (por lo menos, $4,000 de este monto debe provenir de préstamos no subsidiados).**

$ **$10,500 por año si has terminado tu segundo año y el resto del programa de estudios ocupa, como mínimo, todo el año académico (por lo menos, $5,000 de este monto debe provenir de préstamos no subsidiados).**

Requisito de consejería sobre préstamos

Antes de recibir fondos de un Federal Stafford Loan, es necesario que tu hijo pase por una consejería sobre préstamos para garantizar que se familiarice con los términos y responsabilidades del préstamo y que entienda perfectamente que debe reembolsar el préstamo. Una vez que se haya cumplido este requisito, la universidad utiliza los fondos del préstamo para gastos de matrícula y cuotas, alojamiento y alimentación, o bien, le entrega el dinero directamente a tu hijo. El dinero puede usarse en libros o para pagar gastos secundarios de asistencia a la universidad.

Reembolso

Pago del capital de un préstamo y, para préstamos subsidiados, de los intereses que se originen después de seis meses de que tu hijo termine estudios o, después de dejar de ser estudiante, como mínimo, de medio tiempo. Los préstamos deben reembolsarse dentro de un período de diez años a partir de la fecha de reembolso, sin incluir los períodos de aplazamiento o por indulgencia de morosidad.

Aplazamiento

Los aplazamientos permiten que los beneficiarios que cumplen con ciertas condiciones pospongan o interrumpan el reembolso. Los aplazamientos disponibles para el Federal Stafford Loan son similares a los del Federal Perkins Loan Program, pero estos tienen un solo período de gracia.

Si deseas mayor información sobre aplazamientos, comunícate con el administrador de ayuda financiera o prestamista. Visita también www.petersons.com en Internet y consulta la sección de ayuda financiera para entrar en la página de Sallie Mae Wired Scholar (disponible en español o inglés).

Además, el Departamento de Educación ofrece opciones de cancelación de préstamo para maestros elegibles:

$ Hasta $5,000 en Stafford Loans para maestros que enseñen en escuelas con bajos ingresos y que hayan recibido su primer Stafford Loan después del 1º de octubre de 1998. Para ser elegible, un maestro debe trabajar cinco años consecutivos en una escuela que haya sido designada como institución de "bajos ingresos".

$ Hasta 100 por ciento de los Perkins Loans para un maestro que haya recibido su primer préstamo después del 1º de julio de 1987 y que cumpla con cualquiera de las siguientes condiciones:

$ Enseñar en un sistema escolar para niños con bajos ingresos

$ Enseñar en un sistema escolar con escasez de profesores para una materia en particular

$ Enseñar a estudiantes discapacitados en una escuela pública o en alguna otra institución primaria o secundaria sin fines de lucro

$ Los Perkins Loans se cancelan sobre la base del número de años de enseñanza:

$ Cancelación del 15 por ciento anual durante el primer y segundo año

$ Cancelación del 20 por ciento durante el tercer y cuarto año

$ Cancelación del 30 por ciento durante el quinto año

Para obtener mayor información, visita al administrador de ayuda financiera de la universidad.

Cancelación o condonación del préstamo

Tu Federal Stafford Loan queda cancelado en caso de muerte o de discapacidad permanente y total de tu hijo. Además, la participación de tu hijo en algunos programas de servicio nacional o comunitario puede hacer que se le condone parte del préstamo. Solicita mayores detalles sobre opciones de cancelación o condonación de préstamo al administrador de ayuda financiera o prestamista.

Resumen de información sobre programas de ayuda estudiantil universitaria bajo la administración del Departamento de Educación de Estados Unidos

Programa	Descripción	Anual/Total	Eligibilidad	Reembolso
Federal Pell Grant	Programa de subvenciones	Varían el mínimo y máximo anual; para 2003–2004, máximo $4,000; sin acumulado	Estudiantes sin primer grado universitario o profesional	No
Federal Supplemental Educational Opportunity Grant, FSEOG	Programa de subvenciones con sede en el campus; fondos otorgados por la institución	$100 mínimo anual; $4,000 máximo anual; sin acumulado (estudiantes de programas aprobados de estudio en el exterior pueden recibir hasta $4,400)	Estudiantes sin primer grado universitario o profesional; primero, estudiantes con gran necesidad financiera; prioridad a beneficiarios del Federal Pell Grant	No
Federal Work-Study, FWS	Programa de empleo con sede en el campus; fondos otorgados por la institución	N/A	Estudiantes universitarios	No
Federal Perkins Loan	Programa de préstamo con sede en el campus; fondos otorgados por la institución	$4,000/año para un máximo de $20,000; otorgados por la institución; estudiantes en el exterior: 5% de interés; pueden ser elegibles para solicitar montos máximos anuales y acumulados que excedan las sumas antes mencionadas hasta un 20%.	Primero, estudiantes con gran necesidad financiera; deben tener aviso de elegibilidad/no elegibilidad para Federal Pell Grant	Sí; comienza 9 meses después de dejar de ser estudiante como mínimo a tiempo parcial; posible aplazamiento, cláusulas de cancelación
Federal Stafford Loan	Federal Family Education Loan; fondos de capital privado con un 8.25% de interés máximo	$2,625/1er año; $3,500/2do año; $5,500/cada año restante a nivel universitario; máximos anuales prorrateados para programas y períodos restantes de estudios; total máximo para estudiante universitario $23,000	Estudiantes inscritos como mínimo a tiempo parcial, deben tener aviso de elegibilidad para Federal Subsidized Stafford, antes de solicitar la Federal Unsubsidized Stafford	Sí; comienza 6 meses después de dejar de ser estudiante como mínimo a tiempo parcial; posible aplazamiento, sin subsidio de interés en préstamos no subsidiados
Additional Unsubsidized Federal Stafford Loan (Préstamo Adicional Federal Stafford No Subsidiado): elegibilidad adicional para estudiantes universitarios independientes y cierto tipo de estudiantes universitarios dependientes	Federal Family Education Loan; fondos de capital privado con un 8.25% de interés máximo	$6625/1er ó 2do año de estudios universitarios; $7,500/cada año restante a nivel universitario; máximos anuales prorrateados para programas o períodos restantes de estudios; total máximo para estudios universitarios $46,000 acumulado en universitario menos los montos concedidos en Subsidized Stafford Loan	Estudiantes independientes y dependientes con padres que no pueden pedir un Federal PLUS Loan; deben tener aviso de elegibilidad para Federal Pell Grant y para el programa Federal Subsidized Stafford antes de aplicar al programa Federal Unsubsidized Stafford	Sí; igual que el Federal Stafford Loan

Programa	Descripción	Anual/Total	Eligibilidad	Reembolso
Federal PLUS Loan	Federal Family Education Loan; fondos de capital privado con un 9% de interés máximo	Sin montos anuales o acumulados, excepto que los padres no pueden pedir prestado más de la diferencia entre los gastos de asistencia y la ayuda financiera estimada	Padres de estudiantes universitarios dependientes elegibles, inscritos como mínimo a tiempo parcial con buen historial crediticio	Sí; comienza 60 días después del último desembolso; posible aplazamiento
Direct Subsidized/Direct Unsubsidized Loan	William D. Ford Federal Direct Loan; fondos otorgados por la institución en las universidades que participan con un 8.25% de interés máximo	$2,625/1er año; $3,500/2do año; $5,500/cada año restante a nivel universitario; máximos anuales prorrateados para programas y períodos restantes de estudios; total máximo para estudiantes universitarios, $23,000	Estudiantes universitarios; inscritos al menos a tiempo parcial; deben tener aviso de elegibilidad para Federal Pell Grant; deben tener aviso de elegibilidad para Direct Subsidized Loan antes de solicitar un Direct Unsubsidized Loan y deben asistir a una institución participante	Sí; comienza 6 meses después de dejar de ser estudiante como mínimo a tiempo parcial; posible aplazamiento, sin subsidio de interés en préstamos no subsidiados
Additional Unsubsidized Loan (Préstamo Adicional No Subsidiado): elegibilidad adicional para estudiantes universitarios independientes y cierto tipo de estudiantes universitarios dependientes	William D. Ford Federal Direct Loan; fondos otorgados por la institución en las universidades que participan con un 8.25% de interés máximo	$6,625/1er ó 2do año para estudios universitarios; $7,500/cada año restante a nivel de universitario; máximos anuales prorrateados para programas o períodos restantes de estudios; total máximo para estudiantes universitarios $46,000, menos montos prestados a través de Direct Loans subsidiados	Estudiantes independientes y dependientes con padres que no pueden pedir un Federal PLUS Loan y deben estar asistiendo a una institución participante	Sí; igual al anterior
Direct Plus Loan (Préstamo Directo PLUS)	William D. Ford Federal Direct Loan; fondos otorgados por la institución en las universidades que participan con un 9% de interés máximo	Sin montos anuales o acumulados, excepto que los padres no pueden pedir prestado más de la diferencia entre los gastos de asistencia y la ayuda financiera estimada	Padres de estudiantes universitarios dependientes, inscritos como mínimo a tiempo parcial, con buen historial crediticio; el estudiante debe asistir a una institución participante	Sí; comienza 60 días después del último desembolso; posible aplazamiento

William D. Ford Federal Direct Loan Program

Este programa incluye préstamos Direct Subsidized y Direct Unsubsidized. Es posible que también los conozcas como Direct Subsidized Stafford Loan o Direct Unsubsidized Stafford Loan. En 1994, el gobierno federal lanzó el William D. Ford Federal Direct Loan Program. Los plazos y condiciones del Direct Loan Program son casi idénticos a los del programa FFEL, excepto por la fuente de fondos, algunos aspectos del proceso de solicitud y los detalles administrativos del proceso de reembolso. La mayoría de las universidades participan en uno u otro de estos programas.

> **Aunque los programas Federal Stafford y Direct Loan son muy parecidos, vale la pena resaltar una diferencia: al contrario del programa Federal Stafford Loan, no hay solicitud adicional separada; sin embargo, debes llenar y firmar un pagaré antes de que puedas recibir fondos de un Direct Subsidized o Unsubsidized Loan.**

Federal Direct Subsidized and Direct Unsubsidized Loan Program

Al igual que el Federal Stafford Loan Program, el Direct Loan Program ofrece también préstamos estudiantiles subsidiados y no subsidiados. Técnicamente, los Direct Subsidized y Direct Unsubsidized Loans son exactamente iguales a los Federal Stafford Loans subsidiados y no subsidiados. Por ejemplo, para ser beneficiario de un Direct Subsidized o Direct Unsubsidized Loan, debes completar y presentar la FAFSA, y los beneficiarios por primera vez deben asistir a una sesión de consejería sobre préstamos antes de recibir fondos.

PROGRAMAS ADMINISTRADOS POR EL DEPARTAMENTO DE SALUD Y SERVICIOS HUMANOS DE ESTADOS UNIDOS

Además de los programas de ayuda estudiantil administrados por el Departamento de Educación de Estados Unidos, son varios los programas de ayuda estudiantil administrados por el Departamento de Salud y Servicios Humanos, HHS (por sus siglas en inglés) para profesiones de la salud y enfermería:

$ Nursing Student Loan, NSL (Préstamo para estudiantes de enfermería)

$ Health Professions Student Loan, HPSL (Préstamo para estudiantes de profesiones de la salud)

$ Scholarships for Disadvantaged Students, SDS (Becas para Estudiantes Desfavorecidos)

$ National Health Service Corps (NHSC) Scholarship (Beca para el Cuerpo de Servicio de Salud Nacional)

A excepción de las NHSC, estos programas son similares a los programas con base en el campus administrados por el Departamento de Educación; por lo tanto, los fondos se asignan a las universidades para que los distribuyan a sus estudiantes elegibles en áreas específicas de cuidados de salud. Las universidades son responsables por la administración y el otorgamiento de fondos de programas según condiciones establecidas por el Departamento de Salud y Servicios Humanos.

Nursing Student Loan Program, NSL

Este programa otorga préstamos de bajo interés a estudiantes que asisten a escuelas aprobadas de enfermería, donde les ofrecen lo siguiente:

$ Diploma

$ Título asociado

$ Grado universitario o equivalente

$ Posgrado en enfermería

Los préstamos se pueden pedir para inscripción a tiempo completo o a tiempo parcial y los beneficiarios deben ser ciudadanos, nativos de Estados Unidos o residentes permanentes. Las universidades determinan los procedimientos de solicitud y selección. En la mayoría de los casos, los estudiantes de enfermería que llenan la FAFSA y cualquier otra documentación de solicitud, se considerarán automáticamente para este programa siempre que demuestren necesidad.

Las escuelas de enfermería pueden asignar hasta $2,500 por año académico, según la necesidad. Este límite anual aumenta hasta $4,000 durante los dos últimos años de un programa de enfermería. El máximo NSL acumulado es $13,000. El interés NSL es 5 por ciento y el reembolso del capital y de intereses comienza nueve meses después de que tu hijo se gradúe o deje de ser estudiante como mínimo medio tiempo. Los pagos pueden hacerse en forma mensual o trimestral y los prestatarios tienen hasta diez años para reembolsar su NSL.

Health Professions Student Loan Program

El programa Health Professions Student Loan (HPSL) otorga ayuda financiera a estudiantes inscritos en profesiones de áreas específicas de la salud. La ayuda se suministra en forma de préstamos a largo plazo y de bajos intereses. La tasa de interés HPSL es del 5 por ciento durante todo el préstamo. Los préstamos se pueden hacer a estudiantes de tiempo completo que busquen un título universitario o doctorado en ciencias farmacéuticas, odontología, podiatría, optometría o medicina veterinaria.

Las universidades usan tu información como padre para determinar la elegibilidad de tu hijo al programa HPSL, aunque él sea considerado independiente. El máximo HPSL anual que se puede solicitar es igual al costo de matrícula más $2,500. No hay máximo acumulado. El reembolso de capital e intereses comienza un año después de que tu hijo deje de ser estudiante de tiempo completo. Los préstamos deben reembolsarse en un plazo de 10 años en pagos iguales o pagos parciales graduados.

Scholarships for Disadvantaged Students

El programa SDS se desarrolló para ayudar estudiantes desfavorecidos que demuestran interés para seguir una carrera en áreas de la salud. Las universidades participantes reciben fondos anualmente.

Los fondos de SDS pueden usarse para pagar matrículas, otros gastos educativos razonables y gastos razonables de manutención mientras eres estudiante de tiempo completo. La beca no puede exceder el total exigido para estos gastos en un año específico.

National Health Service Corps Scholarships

Este programa está diseñado con el propósito de atraer profesionales de la salud para que trabajen con el National Health Service Corps (NHSC) en

La universidad otorga la Scholarship for Disadvantaged Students a estudiantes elegibles en los siguientes programas: doctor en medicina alopática y osteopática, odontología, medicina veterinaria, optometría, y medicina podiátrica; programas de posgrado en psicología clínica o salud pública; programas de pregrado o posgrado en farmacia, higiene dental, tecnología de laboratorio médico, terapia física u ocupacional y tecnología radiológica; y, programas en enfermería conducentes a título asociado, diploma universitario o de posgrado.

áreas donde existe escasez de profesionales médicos de cuidados primarios. Los estudiantes a tiempo completo en las siguientes áreas son elegibles: medicina alopática y osteopática, enfermería obstétrica o enfermería profesional reconocida nacionalmente, y como asistente médico en cuidados primarios. La beca cubre la matrícula y cuotas necesarias y provee un estipendio durante 12 meses. Los beneficiarios de NHSC deben prestar sus servicios, a razón de un año por cada año de beca recibida; mínimo dos años de servicio.

Para mayor información visita la Health and Human Services Bureau of Health Professions (Oficina de servicios de salud y humanitarios de profesiones de la salud), nhsc.bhpr.hrsa.gov.

AYUDA ESTATAL BASADA EN LAS NECESIDADES

La mayoría de programas estatales de ayuda financiera estudiantil se basan en las necesidades y son sólo para estudiantes residentes de cada estado o que asistan a una universidad de dicho estado. En algunos estados, hay tratados de reciprocidad que permiten a los estudiantes usar las subvenciones estatales para asistir a una universidad en uno de los estados del acuerdo. En algunos casos, la ayuda estatal se da en forma de apoyo financiero o subvenciones directas a las universidades, pero no se asignan a un estudiante específico.

Las condiciones de la ayuda estudiantil basada en las necesidades varían de un estado a otro, al igual que el tipo y forma de ayuda ofrecida. Un estado puede ofrecer subvenciones, préstamos o programas de trabajo con requisitos únicos de elegibilidad. Para información actualizada sobre estos programas, montos ofrecidos, requisitos de elegibilidad, fechas límite y procedimientos de solicitud, comunícate con el organismo estatal correspondiente.

Leveraging Educational Assistance Partnership Program, LEAP (Programa para la Promoción de Asociaciones de Ayuda Educativa)

En este programa, los fondos federales se asignan a los estados para promover la creación y ampliación de ayuda por subvención o becas estatales para estudios superiores. El estado debe asignar los fondos correspondientes.

Las condiciones específicas de elegibilidad para los programas LEAP se establecen a nivel estatal; las leyes federales autorizan a los organismos estatales para que extiendan la elegibilidad a estudiantes universitarios y, si se desea, a estudiantes de posgrado y de menos de medio tiempo. Sin embargo, los beneficiarios deben cumplir condiciones federales de elegibilidad estudiantil y demostrar una gran necesidad financiera según lo determina el estado.

Tu hijo debe hacer su solicitud en el organismo estatal que le corresponde, ya sea directamente o a través de la universidad. La máxima subvención anual LEAP es de $5,000. Los organismos estatales pueden estipular menores montos máximos de ayuda. Los estados que asignan sus propios fondos al programa pueden ofrecer una subvención máxima mayor.

AYUDA BASADA EN LAS NECESIDADES PROVISTA POR FUENTES INSTITUCIONALES Y PRIVADAS

El dinero para la mayoría de programas de ayuda estudiantil basada en las necesidades viene de fuentes federales o estatales, o de una combinación de las dos, pero también son muchas las universidades que destinan parte de sus propios recursos para ayuda estudiantil. Esta ayuda puede basarse en el mérito o las necesidades, o en una combinación de ambas, y puede otorgarse en forma de subvenciones, préstamos o empleo. Es frecuente que las universidades reciban contribuciones de

Las organizaciones privadas también tienen fondos disponibles para estudiantes y pueden aplicar criterios de necesidad, estándares por méritos, o una combinación de ambos. Las fuentes potenciales de subvenciones o préstamos privados incluyen clubes comunitarios de servicios, fundaciones privadas, empleadores, grupos de iglesia y asociaciones étnicas.

donantes privados o empresariales bajo restricciones específicas de uso. Puede haber una gran variedad de pequeños programas con condiciones variables o un gran paquete de fondos discrecionales que el administrador de ayudas u otros miembros del equipo administrativo o docente de la institución pueden otorgar.

Los fondos discrecionales pueden tener condiciones estrictas de necesidad o pueden reservase para situaciones de emergencia inesperadas cuando el estudiante ya es beneficiario de la ayuda original. En algunas universidades, la ayuda institucional puede otorgarse con los mismos criterios de la ayuda federal con base en el campus. No dejes de considerar este tipo de fondos de la universidad o de sus departamentos académicos individuales.

Capítulo 6

Recursos de ayuda no basada en las necesidades

La ayuda no basada en las necesidades también se conoce como ayuda basada en el mérito. Las condiciones varían dependiendo del programa y por lo general, son competitivas. Los beneficiarios se escogen de acuerdo a su talento en habilidades particulares. La ayuda basada en el mérito también puede conseguirse con base en la participación en el servicio comunitario, aptitudes de liderazgo y en campos de estudio.

A diferencia de la ayuda basada en las necesidades, donde el gobierno federal proporciona la mayoría de fondos, existen muchas fuentes y medios que puedes utilizar para obtener ayuda no basada en las necesidades. Esta ayuda puede ser federal, estatal e institucional y se encuentra en forma de becas privadas, subvenciones y préstamos.

> Los programas de ayuda para profesionales de la salud se basan técnicamente en las necesidades y aplican el concepto del uso de ayuda financiera para motivar a los estudiantes a capacitarse en carreras en áreas de alta demanda. Algunos programas federales y estatales están dirigidos a estudiantes en áreas específicas de estudio.

Cualquiera que sea el medio que escojas, la mejor fuente de información sobre cómo solicitar ayuda no basada en las necesidades es la propia fuente. Por ejemplo:

$ Visita, escribe o llama por teléfono a la universidad a la cual tu hijo pretende asistir para conocer más acerca de los diferentes programas disponibles basados en el mérito.

$ Busca en Internet y en la sección de referencias de la biblioteca local de páginas Web y libros que ofrezcan listas de programas de becas y subvenciones.

$ Solicita información acerca de becas al consejero vocacional de la escuela de secundaria de tu hijo.

$ Pregúntale al consejero vocacional sobre solicitudes para becas privadas.

Sin importar la fuente, la ayuda no basada en las necesidades con frecuencia afecta tu elegibilidad para ayuda basada en las necesidades. No obstante, la forma como influye en otra ayuda es diferente según la universidad. Por ejemplo, puede reducir el monto de los préstamos que puedes pedir o se puede emplear para cubrir la diferencia, si existe, entre la cantidad de ayuda basada en las necesidades que se te ofrece y tu necesidad real. Aunque algunas universidades podrían reducir subvenciones basadas en las necesidades si recibes otras subvenciones no basadas en las necesidades, la Federal Pell Grant nunca se reduce.

No importa la fuente o tipo de ayuda obtenida, se debe informar a la oficina de ayuda financiera sobre cualquier asistencia externa que tu hijo reciba. Esta obligación se aplica incluso si resultas beneficiario de una beca adicional después de recibir notificación formal de la universidad sobre la ayuda que desea ofrecerte. El administrador de ayuda financiera debe tener en cuenta esta asistencia al otorgar ayuda federal.

BECAS

Con frecuencia la palabra beca causa confusión. La definición de beca es "dinero gratuito donado a un estudiante para que cubra los gastos educativos". La beca puede basarse en el historial académico de tu hijo o en otros méritos, tales como sus habilidades deportivas, su talento en artes, música, liderazgo, servicio a la comunidad o escritura, o sus buenas cualidades ciudadanas. No obstante, mucha gente, incluso los funcionarios de entidades de ayuda financiera universitaria y los patrocinadores de programas, emplean la palabra para referirse a todas las formas de ayuda donada a los estudiantes, incluso becas para profesionales y subvenciones. A continuación, encontrarás algunas definiciones para que entiendas las diferencias de significado cuando encuentres otros términos:

$ *Becas y subvenciones:* Donación que se emplea para pagar los gastos educativos.

$ *Becas basadas en las necesidades:* Donación basada en las necesidades demostradas. La necesidad, según la definen las universidades y el gobierno federal, es la diferencia entre el costo de asistir a la universidad y el EFC.

$ *Becas basadas en el mérito:* Ayuda financiera basada en criterios diferentes a la necesidad financiera, tal como especialidad académica, objetivos profesionales, notas, puntajes de pruebas, habilidades deportivas, pasatiempos, talentos, lugar de residencia o de nacimiento, identidad étnica, vinculación religiosa, servicio de seguridad militar o pública de un estudiante o un padre, discapacidad, membresía sindical, historia laboral, servicio comunal o afiliaciones a clubes.

$ *Premios:* Dinero otorgado en reconocimiento de un logro sobresaliente. Con frecuencia los premios se entregan a ganadores de competencias.

> **Entre las fuentes de ayuda financiera están los organismos privados, fundaciones, corporaciones, clubes, organizaciones fraternales y de servicio, asociaciones cívicas, sindicatos y grupos religiosos. Estos patrocinadores ofrecen subvenciones, becas y préstamos a bajo interés. Algunos empleadores también proporcionan beneficios de reembolso de matrícula para los empleados y sus dependientes.**

$ *Pasantías:* Período de tiempo definido durante el cual se trabaja en el campo de interés del estudiante en práctica bajo la supervisión del personal profesional de una organización anfitriona. Con frecuencia, los estudiantes en práctica trabajan tiempo parcial o durante el verano. Algunas pasantías ofrecen estipendios en forma de un salario por hora o una asignación fija.

Consulta la siguiente lista sobre becas por méritos:

$ Aprovecha cualquier beca para la cual tu hijo sea automáticamente elegible basado en beneficios del empleador, servicio militar, asociación o membresía a una iglesia, otras afiliaciones o atributos del estudiante o sus padres (tales como antecedentes étnicos o nacionalidad). Las exenciones de matrícula por sindicatos o empresas son los ejemplos más comunes de este tipo de otorgamiento.

$ Solicita otras ayudas con proceso de selección, en las que tu hijo podría ser elegible con base en las características y afiliaciones antes indicadas.

$ Averigua si el estado donde vives tiene un programa de becas por méritos.

$ Infórmate sobre competencias nacionales de becas. Por lo general, los consejeros vocacionales de tu escuela te pueden dar información sobre estas becas. Los siguientes son ejemplos de estas becas: National Merit Scholarship (Beca Nacional al Mérito), Coca-Cola Scholarship (Beca Coca-Cola), Aid Association for Lutherans (Asociación de Ayuda para Luteranos), Intel Science Talent Search (Búsqueda Intel de Talentos Científicos) y U.S. Senate Youth Program (Programa del Senado de Estados Unidos para la Juventud).

$ Comunícate con un sitio de reclutamiento de servicio militar o un consejero de una escuela de secundaria para obtener información sobre las becas del Reserve Officers' Training Corps, ROTC (Cuerpo de Entrenamiento de Oficiales de Reserva) ofrecidas por el Ejército, la Armada, la Infantería de Marina y la Fuerza Aérea. Las becas ROTC completas cubren todos los gastos de matrícula, cuotas y textos. La aceptación de una beca ROTC implica el compromiso de tomar un curso de ciencia militar y servir como oficial en la sede de servicio patrocinadora. La competencia es dura y se puede dar preferencia a estudiantes de ciertos campos de estudio, tales como las ciencias de ingeniería. Los procedimientos de solicitud varían de acuerdo con el servicio.

$ Infórmate sobre becas comunitarias. Por lo general, los consejeros vocacionales de las escuelas de secundaria tienen una lista de estas becas y es común que se anuncien en los periódicos locales. Las más comunes son asignadas por organizaciones de servicio tales como American Legion, Rotary International y el club femenino local.

$ Ten en cuenta las universidades que ofrecen sus propias becas por méritos a estudiantes talentosos para que se inscriban en ellas. Esta es una buena opción si tu hijo tiene un buen nivel académico (por ejemplo, un National Merit Commended Scholar (Estudiante Reconocido por su Mérito a Nivel Nacional) u otro reconocimiento mayor) o es muy talentoso en el área deportiva o de las artes del espectáculo/creativas.

Existen muchas becas disponibles para estudiantes hispanos. En el Apéndice al final de este libro, se encuentra una lista de becas para estudiantes hispanos y su información de contacto.

AYUDA UNIVERSITARIA POR DONACIÓN

Las becas universitarias basadas en las necesidades, con frecuencia forman parte de un paquete de ayuda financiera estudiantil. La mayoría de universidades otorgan tanto becas basadas en las necesidades como en el mérito, aunque un pequeño número de universidades (entre las que se destacan las de la Ivy League) ofrecen exclusivamente becas basadas en las necesidades. Las universidades pueden ofrecer becas basadas en los méritos a estudiantes de primer año con talentos académicos específicos, talentos en las artes creativas o del espectáculo, logros o actividades especiales y una amplia variedad de circunstancias particulares. Algunas incluyen: padres con profesiones específicas, residentes de áreas geográficas particulares, cónyuges, hijos y hermanos de otros estudiantes y estudiantes con discapacidades.

En las oficinas de ayuda financiera de las universidades puedes informarte acerca de las becas basadas en las necesidades que te pueden ofrecer. Por lo general, la oficina de admisiones es la principal fuente de información sobre cualquier beca basada en los méritos que la universidad ofrece. Algunas universidades, cuentan con información sobre becas en sus sitios Web. Por lo general, las universidades privadas cuentan con programas de ayuda financiera más grandes, mientras que las universidades públicas usualmente son menos costosas, en especial para estudiantes del mismo estado.

Becas deportivas

Si tu hijo está interesado en el béisbol, baloncesto, navegación a remos, deportes a campo traviesa, esgrima, hockey sobre césped, fútbol americano, golf, gimnasia, lacrosse, navegación a vela, esquí, fútbol, softball, natación y buceo, tenis, atletismo, voleibol o lucha, hay muchos dólares en becas disponibles. Pero tú y tu hijo deben planificar con anticipación si deseas obtener el pago de tu matrícula a cambio de sus habilidades competitivas.

Al inicio del penúltimo año de la secundaria de tu hijo, pídele al consejero vocacional que te indique el número y combinación necesaria de cursos académicos que se deben tomar y, que te informe de los puntajes mínimos del SAT y del ACT que se deben conseguir para practicar deportes en la universidad. Pregunta también sobre los

> **Las universidades tienen diferentes requisitos en cuanto a formatos de solicitud de ayuda financiera necesarios. Todas las universidades exigen la FAFSA para los estudiantes que soliciten ayuda federal. El otro formato que se requiere con mayor frecuencia es el PROFILE, formato de ayuda financiera del College Scholarship Service. Verifica con las universidades en las que está interesado tu hijo sobre los formatos necesarios.**

requisitos académicos, ya que tu hijo debe tener la certificación del NCAA Initial-Eligibity Clearinghouse (Centro de Intercambio de Información sobre Elegibilidad Inicial de la NCAA). Este proceso debe comenzar al final del undécimo año de la secundaria, cuando se debe presentar un Student Release Form (Formulario de Autorización del Estudiante) (disponible en las oficinas de consejería). Puedes informarte sobre los requisitos con el consejero o en Internet, www.ncaa.org.

Pero antes de todo, piensa si deseas y necesitas una beca deportiva para tu hijo. A decir verdad, recibir una beca de éstas da prestigio pero algunos deportistas comparan la beca deportiva con un trabajo en el que se espera que se rinda. Las reuniones, entrenamiento, las prácticas, los partidos y (no debes olvidar) el estudio, restan tiempo que se puede dedicar a la vida social y al ocio. Por otro lado, como las becas completas disponibles son muy pocas, lo más probable es que tu hijo reciba una beca parcial o un contrato renovable de un año. Si la beca no se renueva, puede que tengas que solicitar ayuda financiera. Pregúntate, como unidad familiar, si estás listo para las exigencias y funciones asociadas a una beca deportiva.

Tipos de becas deportivas

Las universidades ofrecen dos tipos básicos de becas deportivas:

1. **Subvención institucional, que es un acuerdo entre el deportista y la universidad**

2. **Subvención de liga, que también liga a la universidad con el deportista**

La diferencia es que el deportista que firma una subvención institucional puede cambiar de parecer y firmar con otro equipo. El deportista que firma un contrato con una liga no puede renegociar otro contrato con una universidad que ofrezca subvenciones de liga. A continuación, encontrarás las diferentes formas en que se ofrece una beca:

$ Cuatro años completos. También se conocen como becas completas y pagan alojamiento, comida, matrícula y libros. Debido al alto costo que implica otorgar becas, las ligas están descartándolas por todo el país y las sustituyen con el contrato renovable de un año o la beca parcial.

$ Contrato renovable de un año completo. Este tipo de beca, que básicamente ha reemplazado la subvención de cuatro años, se renueva en forma automática al final de cada año académico por cuatro años, si se cumple con las condiciones del contrato. El seleccionador probablemente le dirá a tu hijo, de buena fe, que la intención es ofrecer una beca de cuatro años, pero que legalmente sólo está autorizado a ofrecer una subvención de un año. Deben preguntarle a él y, a otros jugadores, cuál ha sido el récord de renovación de becas para deportistas que cumplen con los requerimientos deportivos, académicos y sociales.

$ Subvención de prueba de un año (completa o parcial). Acuerdo verbal entre tu hijo y la universidad. La renovación depende del rendimiento académico y deportivo.

$ Beca parcial. La subvención parcial cubre parte de los gastos universitarios. Ofrece alojamiento y comida, pero no matrícula y libros, o sólo la matrícula; pero existe la probabilidad de que negocies una beca completa después de terminar el primer año de universidad.

$ Exención de cuotas para estudiantes fuera del estado. Se otorga a estudiantes fuera del estado para que asistan a la universidad al mismo costo que un estudiante que vive dentro del estado.

Cómo encontrar y obtener becas deportivas

A continuación, se señalan cuatro pasos a seguir para que tu hijo obtenga esta beca:

1. **Comunícate formalmente con la universidad.** Una vez tu hijo tenga una lista de las universidades donde quiere estudiar, consigue el nombre del entrenador jefe y haz que tu hijo escriba una carta a las veinte mejores universidades de la lista. Luego, haz un currículum vitae verificable de los logros deportivos y

académicos de tu hijo. Recopila en video, 10 a 15 minutos de momentos destacados de su desempeño deportivo (con su número de camiseta anotado), consigue cartas de recomendación del entrenador de secundaria y del entrenador fuera de temporada e incluye el calendario de la temporada.

2. **Haz de la entrevista un éxito total.** Recuérdale a tu hijo la importancia de mostrar confianza en si mismo con un firme apretón de manos. Asimismo, destaca la importancia de mantener un contacto visual y de una buena presentación personal cuando se reúna con el seleccionador o entrenador. Según afirman los seleccionadores, la actitud más efectiva es la confianza calmada, el respeto, la sinceridad y el entusiasmo.

3. **Haz buenas preguntas.** No temas hacer preguntas al entrevistador para obtener respuestas a las siguientes preguntas: ¿Califica mi hijo deportiva y académicamente? Si lo aceptan, ¿cuáles serían los parámetros de la beca? ¿Para qué puesto se considera a mi hijo elegible? Está bien hacer preguntas al seleccionador para aclarar el interés que tiene en tu hijo.

4. **Seguimiento.** La persistencia vale la pena al buscar una beca deportiva y escoger el momento oportuno puede significarlo todo. Existen cuatro buenos momentos cuando sirve mucho una carta de seguimiento de un entrenador o de tu hijo. Éstos pueden ser antes de la temporada de mayores, durante o justo después de la temporada de mayores, justo antes o después de las fechas de inscripción (asociaciones nacionales o afiliadas a la liga), y al finalizar el verano en caso de ofertas de becas que se hayan retirado o rechazado.

Pídele recomendaciones al entrenador o entrenadores asistentes de tu hijo, o infórmate sobre la liga o institución a través del periódico o la televisión, pregúntale al consejero de tu hijo, revisa libros guía, libros de referencia e Internet; pregúntale a los ex-alumnos, o asiste a una prueba o visita de campus. Escríbele a la NCAA y solicita una guía de reclutamiento para el deporte elegido por tu hijo.

Para resumir, observa objetivamente las aptitudes deportivas y académicas de tu hijo. Evalúa las aptitudes que necesita para mejorar y haz que mantenga vivo el deseo de mejorar. Desarrolla en tu hijo las habilidades de liderazgo y haz que se esfuerce por conseguir la excelencia con sus logros individuales.

BECAS ESTATALES Y LOCALES

Cada gobierno estatal ha establecido uno o más programas de ayuda financiera para estudiantes calificados. Por lo general, sólo los residentes legales del estado son elegibles para dichos programas. Sin embargo, algunos están disponibles para estudiantes que vienen de otro estado y que asisten a universidades dentro del estado. Los estados pueden ofrecer además programas de pasantías o de trabajo y estudio, becas y subvenciones para posgrados o préstamos a bajo interés, además de programas de subvenciones y préstamos condonables.

Muchos estados están intentando incentivar a los estudiantes para que ingresen en áreas ocupacionales específicas porque presentan escasez de personal capacitado, como por ejemplo, educación, cumplimiento de la ley, terapia ocupacional, terapia física, ciencia, enfermería y medicina. Para atraer estudiantes hacia estas áreas, cada vez más estados proporcionan ayuda a través de préstamos especiales comprometiendo a los estudiantes a trabajar en estas áreas después de graduados. Si tu hijo acepta dicha ayuda financiera, es importante confirmar si existe una obligación de servicio como parte de la beca.

Si estás interesado en saber más sobre los programas patrocinados por el estado, la oficina de educación superior estatal puede suministrarte información. Por lo general, en la oficina de orientación de la secundaria de tu hijo o en una oficina de ayuda financiera universitaria de tu estado encontrarás disponibles catálogos y formularios de solicitud para programas de becas estatales. Cada día con mayor frecuencia, los organismos gubernamentales estatales colocan la información de becas estatales en sus sitios Web. La página de ayuda financiera de sitios universitarios administrados por el estado casi siempre tiene una lista de becas patrocinadas por el estado y programas de ayuda financiera.

A menudo las empresas, clubes de servicio comunitario y organizaciones locales patrocinan programas de becas para residentes de una ciudad o condado específico. Estos pueden ser atractivos para quien busca una beca, puesto que tienen más probabilidades de ganar que con las becas otorgadas entre un grupo más amplio de solicitantes. Sin embargo, como la red de información a nivel local es irregular, con frecuencia resulta difícil enterarse de estas opciones. Algunas de las mejores fuentes de información sobre estos programas locales son las oficinas de orientación de la secundaria, las oficinas de ayuda financiera universitaria comunitaria, las oficinas administrativas de distrito de escuelas secundarias y las bibliotecas públicas.

AYUDA PRIVADA

Cada año, donantes privados entregan miles de millones de dólares a los estudiantes y sus familias para ayudarles con los gastos de educación universitaria. El año pasado, los patrocinadores no-institucionales y no-gubernamentales aportaron más de $3,000 millones en asistencia financiera para ayudar a estudiantes universitarios a pagar sus gastos. Las fundaciones, organizaciones fraternales y étnicas, clubes de servicio comunitario, iglesias y grupos religiosos, filántropos, empresas y grupos industriales, sindicatos y asociaciones de empleados públicos, grupos de veteranos, consorcios y legados conforman, en conjunto, una gran red de posibles fuentes financieras.

> También puedes averiguar en las oficinas locales de organizaciones que tradicionalmente patrocinan becas, tales como el International Kiwanis Club (Club Kiwanis Internacional), Benevolent and Protective Order of Elks (Orden Benevolente y Protectora de Elks), Lions Club International (Club Internacional de Leones) o National Association of American Business Clubs, AMBUCS (Asociación Nacional de Clubes de Negocios Estadounidenses).

Siempre vale la pena que cualquier estudiante potencial averigüe sobre estas becas; lo cual, es especialmente importante para estudiantes que no califican para ayuda financiera basada en las necesidades y para estudiantes y familias que deseen complementar la ayuda que reciben de fuentes gubernamentales o universitarias. Es bueno que los estudiantes con habilidades, logros o clasificaciones especiales, (por ejemplo, membresías a la iglesia u organizaciones cívicas, antecedentes étnicos específicos, padres que han servido a las fuerzas armadas), que cumplan con los criterios de uno o más patrocinadores de becas privadas, soliciten también ayuda privada.

Algunos factores que pueden afectar la elegibilidad para dichas becas están fuera de tu control, tales como la herencia étnica y el estatus de tus padres. Otros factores, tales como el mérito académico, científico, tecnológico, deportivo, artístico o creativo no se consiguen fácil o rápidamente, a menos que tu hijo haya estado comprometido previamente con un esfuerzo particular. Sin embargo, la elegibilidad para muchos programas está bajo tu control si planeas con anticipación. Por ejemplo, tu hijo puede iniciar o mantener la membresía actual en una iglesia u organización cívica, participar en esfuerzos de servicio voluntario o avanzar en un área de interés, como la radio-afición, el golf, la cría de animales, la escritura, etc. Cualquiera de éstas podría brindarle a tu hijo una ventaja para una beca u oportunidad de subvención, en particular.

Los criterios de elegibilidad para becas, subvenciones y premios privados varían ampliamente e incluyen tanto la necesidad financiera, como las características personales y méritos. El número y los montos de las becas disponibles de patrocinadores individuales puede variar cada año, dependiendo del número de beneficiarios, contribuciones de fondos y otros factores. Sin embargo, prácticamente cualquier persona puede encontrar una beca que se ajuste a sus circunstancias individuales.

Becas: Un enfoque estratégico

Antes de entrar en la odisea de las becas, ten en mente estas perspectivas, estrategias y observaciones generales sobre las becas:

$ **Comienza temprano.** Te recomendamos especialmente que empieces a participar en los concursos de becas desde la escuela secundaria. Existen incluso varios programas que incluyen competencias separadas para los grados 7 a 9. Varias de las competencias de becas más grandes permiten que los estudiantes que no han ganado un gran premio, participen cada año mientras sean elegibles. La sola experiencia resulta valiosa para que tu hijo participe como estudiante de noveno o de décimo año.

$ **Haz un análisis de las becas.** Debes iniciar tu búsqueda de becas privadas antes de la primavera del undécimo año de secundaria de tu hijo. Un buen punto de partida es contar con una base de datos confiable sobre becas, como la del muy respetado sitio Web www.petersons.com. Entre abril y septiembre recomendamos que realices la búsqueda y averigües dónde se ofrecen becas. Es bueno reunir las solicitudes de becas entre septiembre y noviembre. Entre diciembre y comienzos de marzo deberías preparar y entregar las solicitudes a los patrocinadores de las becas.

$ **Comienza a prepararte por anticipado.** Te aconsejamos empezar a prepararte con bastante anticipación para que tengas éxito en los concursos nacionales de becas, antes de las fechas límite. Es posible que en áreas como la redacción y las artes, debas presentar grandes carpetas de trabajo. Varios programas de matemáticas y ciencias involucran proyectos complejos, que requieren de mucho tiempo. Los estudiantes que esperan obtener honores en concursos de oratoria pública, por lo general, se benefician de la práctica repetida. La preparación temprana es definitiva para un solicitante competitivo.

$ **Enfoque "siempre listos".** Prepárate para cualquier oportunidad que pueda presentarse. Si tu hijo está en el duodécimo año, es buena idea mantener un archivo de documentos que se requieren con frecuencia. Si tienes copias de papeles y documentos, puedes duplicarlos con facilidad y enviarlos como parte de formularios de solicitud de beca, sin perder tiempo valioso. Guarda copias, por lo menos, de tres recomendaciones (el rector o vice rector, el consejero vocacional y uno o más maestros) sobre los logros académicos y no-académicos de tu hijo, como también de sus cualidades personales. Guarda copia de todo ensayo general escrito para solicitud de ingreso a la universidad, que pueda volver a utilizarse para la solicitud de una beca. Si tu hijo tiene numerosos logros sobresalientes en un área específica (tales como, victorias en debates, premios deportivos o artículos publicados en periódicos), enuméralos y descríbelos en una página, que puedes adicionar a los formularios de becas. Si tu hijo está interesado en participar en competencias de redacción, ten copias impresas a la mano de su mejor trabajo. Las fechas límites de los programas no siempre caen en momentos convenientes. El tiempo es dinero, dinero en becas.

$ **Consigue y estudia registros de ganadores en el pasado.** Los ganadores de becas en redacción u oratoria pública, con frecuencia sacan provecho al estudiar los trabajos de anteriores de ganadores de concursos. Por lo general, se pueden obtener ejemplos al escribir directamente a los administradores del concurso.

$ **Hazte amigo del consejero vocacional.** Haz que tu hijo converse con su consejero desde el comienzo del año escolar y solicítale colaboración en sus esfuerzos para participar y ganar competencias. Ten copias de toda la información que la escuela reciba sobre oportunidades de becas en las áreas académicas y de estudios universitarios que desea tu hijo.

$ **Efecto de "utilidad múltiple".** Participar en competencias por becas, no requiere de tanto trabajo como parece. Los estudiantes pueden hacer que sus esfuerzos intelectuales y creativos les sirvan para otras cosas. Puede resultar que varios concursos de un área específica, como ciencias, oratoria, artes o composición escrita, tengan requisitos similares y el trabajo de preparación para un concurso puede adaptarse para otros.

$ **El síndrome "éxito tras éxito".** Existe un efecto acumulativo definitivo al ganar premios en competencias. El éxito en competencias de desempeño constituye un excelente trampolín para una nueva competencia.

$ **Utiliza sólo material original.** El plagio es la forma más rápida de ser eliminado de un programa. Asegúrate de que tu hijo entregue un trabajo de autoría propia y que informe los créditos en caso de haber recurrido a otras fuentes.

$ **Lee con cuidado todo el material del concurso.** Aunque parezca obvio, numerosos funcionarios han señalado que muchos estudiantes no ponen atención a las reglas del concurso. Asegúrate de obtener una copia del folleto más reciente para tener información de primera mano sobre las fechas límite, procedimientos correctos de registro y criterios para becas. No creas todo lo que te digan sobre las reglas del concurso, incluso si se trata de un amigo bien intencionado o un consejero escolar.

BENEFICIOS EDUCATIVOS PARA VETERANOS

El Departamento de Asuntos de los Veteranos y el Departamento de Defensa administran varios programas de ayuda para los veteranos y sus dependientes.

El Survivors and Dependents Educational Assistance Program, DEAP (Programa de Ayuda Educativa para Sobrevivientes y sus Dependientes), ofrece beneficios a los hijos y esposas de veteranos que murieron o quedaron discapacitados permanentemente, como consecuencia de una lesión sufrida en cumplimiento del servicio militar. Bajo el DEAP, las personas dependientes entre los 18 y 26 años pueden recibir un estipendio (dividida proporcionalmente para inscripciones de menos de tiempo completo) al finalizar cada mes de estudio. Este estipendio mensual del Departamento de Asuntos de los Veteranos ayuda a cubrir los gastos educativos y personales de tu hijo mientras esté inscrito en una escuela de estudios superiores. No olvides que el administrador de ayuda financiera debe considerar estos beneficios como un recurso, cuando se determina la elegibilidad de tu hijo para ayuda federal, estatal e institucional.

Los beneficios para los veteranos se pagan a los estudiantes en los siguientes tipos de programas de educación:

$ Programas de estudios universitarios y de posgrado

$ Programas de capacitación cooperativa

$ Programas de estudio independiente acreditado que llevan a un título universitario

$ Cursos que llevan a un certificado o diploma de escuelas empresariales, técnicas o vocacionales

$ Programas de prácticas o capacitación laborales ofrecidos por una empresa o un sindicato

$ Cursos de cooperativas agrarias

$ Programas de estudio en el exterior que llevan a título universitario

Puedes obtener información adicional en cuanto a éstos y otros beneficios para veteranos en la oficina más cercana del Departamento de Asuntos de los Veteranos, VA (por sus siglas en inglés) o en si sitio Web, www.va.gov. También puedes llamar o escribir a la oficina VA más cercana y solicitar panfletos y folletos.

REHABILITACIÓN VOCACIONAL PARA DISCAPACITADOS

El acceso a oportunidades educativas para individuos con discapacidades se garantiza a través de leyes federales que rigen la rehabilitación vocacional. A cada estado se le otorga una asignación federal sobre una base de igualdad, para ayudar a las personas con discapacidad que tengan potencial de empleo, pero cuyas limitaciones crean barreras.

Los programas de rehabilitación vocacional también proporcionan servicios globales bajo un plan escrito de rehabilitación individualizado. El plan puede incluir evaluación, capacitación vocacional, dispositivos especiales requeridos para el empleo, ubicación laboral y servicios de seguimiento. Algunos estados ofrecen programas de asistencia educativa a estudiantes discapacitados por medio de organismos que, a menudo, se conocen como Offices of Vocational Rehabilitation, OVR (Oficinas de Rehabilitación Vocacional). Los estudiantes con discapacidad pueden participar en cualquiera de los programas de ayuda financiera federal, y cuentan además, con ayuda por medio de programas de rehabilitación vocacional para pagar gastos únicos causados por la discapacidad. Los estudiantes elegibles también pueden recibir fondos para matrícula, cuotas, libros y materiales y becas para manutención y transporte.

Si tu hijo es discapacitado, comunícate con tu departamento estatal de rehabilitación vocacional para obtener mayor información. Igualmente, puedes obtener información sobre la ayuda y procesos de adjudicación por medio de HEATH, un centro de intercambio de información financiado por el Departamento de Educación de Estados Unidos y administrado por el American Council on Education, ACE (Consejo de Educación de Estados Unidos). Información de contacto:

HEATH
One Dupont Circle, NW, Suite 800,
Washington, D.C. 20036-1193
Teléfono: 202-939-9320 ó 800-544-3284 (llamada gratuita)

BECAS FRAUDULENTAS: QUÉ SON Y DE QUÉ TE DEBES CUIDAR

La ayuda privada puede incidir en la capacidad de tu hijo para asistir a una universidad durante un año en particular. Desafortunadamente, para los que buscan becas, la ayuda del sector privado existe prácticamente sin patrones o reglas. Se trata de una mezcla de programas individuales con sus propios criterios de otorgamiento, cronogramas, procedimientos de solicitud y procesos de toma de decisiones. Todo esto hace que no sea nada fácil comprender el funcionamiento y beneficiarse efectivamente de las becas privadas.

La combinación de una gran urgencia de dinero, tiempo limitado y este sistema complejo ha creado oportunidad para el fraude. De cada diez estudiantes que reciben una beca legítima, uno es víctima de un plan fraudulento o estafa cometidos por medio de supuestas fundaciones, patrocinadores de becas o servicios de búsqueda de becas que aparentan ser legítimos.

Estos negocios fraudulentos colocan su publicidad en periódicos de los campus, distribuyen volantes, envían cartas y postales, entregan números telefónicos gratuitos e incluso tienen sitios Web en Internet. Los fraudes más obvios operan como servicios de búsqueda de becas o centros de intercambio de información de becas. Otro fraude menos obvio, es una empresa establecida como patrocinador de becas. Se llena los bolsillos con el dinero que recibe de cuotas y gastos varios que pagan miles de esperanzados estudiantes en busca de becas y devuelve poco a cambio, si es que devuelve algo, en proporción con el monto que recolecta. Algunos de estos fraudes son altamente perjudiciales, puesto que se logra acceso a crédito o cuentas corrientes personales con la intención de usurpar fondos.

Un fraude típico, es cuando una firma envía cantidades extraordinarias de correo (en algunos casos, más de un millón de postales al año) a estudiantes de secundaria y universitarios, ofreciéndoles una beca o lista de becas estudiantiles. Igualmente, ofrecen líneas telefónicas gratuitas y cuando los 'beneficiarios' llaman, telemercadistas de gran poder de convencimiento, les informan que la compañía ya no está ofreciendo dichas becas pero que por una suma, que oscila entre $10 y $400, podrán obtener una subvención de por lo menos $1,000 o, se les devolverá su dinero. Quienes pagan, normalmente no reciben nada, y en ocasiones reciben una lista de fuentes de ayuda financiera más o menos igual a la que puedes encontrar en bibliotecas, librerías o en Internet. Los 'afortunados' beneficiarios deben, entonces, solicitar la ayuda por su propia cuenta. Muchos de los programas son concursos, préstamos o programas de trabajo y estudio en lugar de donaciones. Algunos ya no existen, ya han cumplido sus fechas límite o tienen exigencias de elegibilidad que los estudiantes no pueden cumplir. Quienes solicitan la devolución de su dinero, deben demostrar que solicitaron la ayuda por escrito a cada una de las fuentes del listado, y que recibieron una carta de rechazo de cada una de ellas. Con frecuencia, incluso quienes pueden conseguir este tipo de pruebas 'casi imposibles de reunir', no reciben la devolución de su dinero. En el peor de los casos, les solicitan a los estudiantes su número de cuenta corriente o tarjeta de crédito para sustraer los fondos sin autorización.

Sin embargo, existen servicios legítimos de búsqueda de becas, pero no pueden garantizar que un estudiante recibirá una beca. Es mejor que te encargues personalmente de tus trámites, recurriendo a una fuente confiable de información de becas, en lugar de desperdiciar tiempo y dinero con un servicio de búsqueda que promete becas. La Federal Trade Commission, FTC (Comisión Federal de Comercio) advierte que tienes que estar alerta para detectar cualquiera de estos seis signos que indican fraude:

1. **"Te garantizamos la beca o devolvemos tu dinero"**. Ningún servicio puede garantizar que obtendrás una subvención o beca, y las garantías de reembolso de dinero a menudo tienen condiciones imposibles de cumplir. Revisa las políticas escritas de reembolso de tal servicio antes de pagar una cuota. Generalmente, los servicios fraudulentos de búsqueda de becas piden a los solicitantes cartas de rechazo de cada patrocinador de la lista que suministran. Si ya no existe un patrocinador, si no ofrece becas o si tiene una fecha límite de inscripción, resulta casi imposible obtener las cartas de rechazo.

2. **"El servicio de beca se encargará de todo"**. Lamentablemente, sólo tu hijo y tú pueden llenar los formularios de información personal, escribir ensayos y entregar las referencias que muchas becas requieren.

3. **"La solicitud de beca costará algo de dinero"**. Sé cauteloso con respecto a cualquier cargo relacionado con servicios de información de beca o solicitudes de becas individuales, en especial por montos significativos. Algunos patrocinadores legítimos de becas cobran para cubrir gastos de tramitación. Sin

La FTC advierte a estudiantes y padres que estén alertas para detectar servicios fraudulentos de búsqueda que prometen hacer todo por ti. Como afirma Jodie Bernstein, director de Bureau of Consumer Protection (Oficina de protección al consumidor) de la FTC, "Los servicios fraudulentos de búsqueda de becas son una variación más del fraude promocional 'acabas de ganar un premio de . . .', dirigido a un público en particular: estudiantes y padres con ganas de poder pagar una educación universitaria. Los pícaros garantizan a los estudiantes y a sus familias dinero gratis . . . afirmándoles que todo lo que tienen que hacer para reclamarlo es pagar una módica cuota".

embargo, los verdaderos patrocinadores de becas deben ofrecer dinero y no obtenerlo por cuotas de solicitud. Antes de que envíes dinero para solicitar una beca, investiga al patrocinador.

4. **"No podrás obtener esta información en ninguna otra parte"**. Se encuentran disponibles directorios de becas de otros editores en cualquier librería grande, biblioteca pública u oficina de orientación de escuela secundaria. Además, hay muchos servicios buenos y gratuitos en Internet con bases de datos sobre becas.

5. **"Eres finalista en un concurso en el que no te has inscrito"** o "Has sido seleccionado por una fundación nacional para recibir una beca". La mayoría de los programas de beca legítimos casi nunca buscan solicitantes en particular, y gran parte de los patrocinadores te contactará sólo en respuesta a una solicitud, porque generalmente no tienen el presupuesto ni están autorizados para hacer algo más que esto. Si piensas que hay alguna posibilidad de que puedas haber sido seleccionado para recibir una beca, antes de enviar el dinero investiga primero para asegurarte de que el patrocinador o programa sea legítimo.

6. **"El servicio de becas te pide tu número de tarjeta de crédito o cuenta corriente por adelantado"**. Nunca entregues tu número de tarjeta de crédito o cuenta corriente por teléfono al representante de una organización que no conozcas. Un programa legítimo de becas basado en las necesidades no pide tu número de cuenta corriente. Busca primero información por escrito. No es necesario contar con tu firma en un cheque para realizar una operación inescrupulosa. Es una treta para organizar situaciones en las que se vacía la cuenta de la víctima con giros no autorizados.

Además de los seis signos de la FTC, te damos otras guías que debes tener en cuenta cuando consideres un programa de becas:

$ A menudo, las operaciones de becas fraudulentas usan nombres que parecen oficiales, con palabras como federal, nacional, administración, división, federación y fundación. Sus nombres son por lo general, ligeramente distintos a los de una organización legítima, sea gubernamental o privada. No te dejes engañar por un nombre que parece prestigioso u oficial, por un sello que parece oficial o por una dirección de Pennsylvania Avenue, Washington, D.C.

$ Si te ganas una beca, recibirás una notificación oficial por escrito y a través del correo, no por teléfono. Si el patrocinador llama para informarte, la llamada vendrá seguida de una carta por correo. Si te piden dinero por teléfono, probablemente la operación es fraudulenta.

$ Desconfía si la dirección de alguna organización es una casilla de correos o una dirección residencial. Si un programa de becas de buena fe usa un número de casilla de oficina postal, generalmente, éste incluirá una dirección y un número telefónico en su membrete.

$ Desconfía de los números telefónicos con código de área 900. Estos pueden cobrarte varios dólares por minuto por una llamada que podría ser una larga grabación que sólo entrega una lista de direcciones o nombres.

$ Una operación deshonesta puede presionar a un solicitante al decirle que los premios se entregan "por orden de llegada". Algunos programas de becas dan preferencia a las primera solicitudes que cumplan los requisitos. Sin embargo, si por teléfono te han dicho que debes responder con prontitud, pero que no obtendrás noticias de los resultados en varios meses, es posible que algo no marche bien.

$ Pon atención a las aprobaciones. Las operaciones fraudulentas afirman tener la aprobación de entidades con nombres muy parecidos a los de organizaciones bien reconocidas, bien sean privadas o gubernamentales. La Better Business Bureau, BBB (Oficina de Buenas Prácticas Comerciales) y las agencias gubernamentales no dan aprobaciones.

No pagues dinero por una beca a una organización de la que nunca has escuchado hablar o cuya legitimidad no puedas verificar. Si ya has pagado a dichas organizaciones y tienes una razón para dudar de su autenticidad, llama a tu banco para detener el pago de tu cheque, si es posible, o llama a tu compañía de tarjetas de crédito y diles que piensas que fuiste víctima de un fraude al consumidor.

Hay muchas becas excelentes disponibles para estudiantes calificados, dispuestos a invertir tiempo y dinero en buscarlas y solicitarlas. Sin embargo, ten cuidado al usar servicios de búsqueda de becas y cuando debas pagar dinero, y analiza detenidamente a todo patrocinador de programas de becas.

Comunícate con las siguientes entidades para orientación sobre cómo reconocer, reportar y detener un posible fraude de becas:

The Federal Trade Commission
600 Pennsylvania Avenue, NW
Washington, D.C. 20580
www.ftc.gov

The National Fraud Information Center
www.fraud.org
(800) 876-7060

The Council of Better Business Bureaus
4200 Wilson Boulevard, Suite 800
Arlington, Virginia 22203-1838
(703) 276-0100   (llama para obtener el teléfono de tu BBB local y de la oficina
**   Better Business Bureau en el área donde se encuentra la**
**   organización en cuestión)**
www.bbb.org   (aquí encontrarás un directorio de oficinas locales y formularios
**   de quejas)**

Capítulo 7

101 Consejos de los profesionales

Obtener ayuda financiera es un proceso complicado, y poder hablar con personas que tienen que ver a diario con el tema hace que se eliminen muchos temores. Por esto, Peterson's entrevistó recientemente a profesionales de la educación para saber cuáles son los aspectos más importantes que las familias necesitan saber sobre la ayuda financiera. En este capítulo reunimos los 101 consejos más importantes para que te familiarices con el pensamiento de los funcionarios de ayuda financiera y con otros que, como tú, también están solicitando ayuda financiera.

PARA PADRES: PREPARACIÓN Y BÚSQUEDA DE INFORMACIÓN

1. **Habla con tu hijo sobre tu capacidad y tu disposición para pagar sus estudios universitarios.** Mantén abiertos los canales de comunicación sobre finanzas. Los padres e hijos que no analizan las finanzas como parte del proceso de selección de una universidad, con frecuencia pasan un momento difícil cuando se dan cuenta de que no pueden costear la primera opción de universidad escogida por el hijo. Debes ser sincero y realista sobre las limitaciones financieras de tu familia, así como sobre tus expectativas respecto al papel que tendrá tu hijo en el proceso y en el financiamiento de sus estudios.

2. **Averigua cuánto cuesta "realmente" la universidad.** Una cifra que aparece continuamente en los medios de comunicación es $30,000 al año, pero al igual que el costo de un automóvil depende de la marca y el modelo, los gastos de

universidad pueden variar considerablemente. Si tu hijo asiste a una universidad comunitaria local y reside en tu casa, tus gastos directos para todo el año académico pueden ascender a sólo algunos miles de dólares al año. En universidades públicas subvencionadas por el estado, el costo total de educación al año fluctuará entre $10,000 y $17,000, en tanto que el año en una universidad Ivy League puede costar fácilmente $37,000 (estos costos cubren el año académico de nueve meses e incluyen matrícula, cuotas, libros y materiales, transporte, alojamiento y alimentación).

3. **Todo el mundo debería solicitar ayuda financiera.** Son tantos los diversos factores que determinan tu elegibilidad para ayuda financiera, que nadie puede asegurarte de una vez, si eres o no elegible. El ingreso y los activos familiares no son los únicos aspectos que determinan la elegibilidad para la ayuda basada en la necesidad; el tamaño del grupo familiar y el número de hijos en la universidad son aspectos igualmente importantes.

4. **Los padres deben asegurarse de que sus hijos participen y entiendan el proceso de ayuda financiera.** En la mayoría de las escuelas, el estudiante es el primer punto de contacto para los asuntos administrativos y, en muchas ocasiones, el proceso de ayuda financiera es el primer paso para que tu hijo entienda cómo manejar sus asuntos financieros.

5. **Los padres deben llenar un ejemplo de la FAFSA cuando sus hijos ingresen al undécimo año de la secundaria.** Esta solicitud te da una idea de lo que será tu EFC; así, seleccionarás mejor las universidades al alcance de tus posibilidades financieras. Puedes hacerlo en la mayoría de los centros de orientación vocacional de las escuelas secundarias o en Internet con la ayuda de las Need Analysis Calculators (Calculadoras de Análisis Financiero).

6. **Si no has comenzado a ahorrar para la universidad, comienza a hacerlo ahora.** Puedes utilizar el dinero que ahorres en una cuenta bancaria para la universidad. Mejor aún, este ahorro puede convertirse en un recurso continuo dentro del

presupuesto familiar, que puedes utilizar para el pago de préstamos o como un plan de pagos mensuales cuando tu hijo esté en la universidad.

7. **Invierte en un Qualified State Tuition Plan, QSTP (Plan Estatal Calificado de Matrículas), más conocido como Plan I-529 (derivado del Código I-529 del Internal Revenue Service, IRS).** El I-529 tiene dos tipos de planes: el Prepaid College Tuition Plan (Plan de Pago Anticipado de Matrículas Universitarias), que permite a los inversionistas destinar fondos en un plan estatal que congela el costo actual de la matrícula a la tasa actual y lo protege contra la inflación de la misma en el futuro. El segundo, es el College Investment Plan (Plan de Inversión Universitario), que permite a los inversionistas (patrocinadores) invertir en un plan I-529 en cualquier momento que deseen. Si bien el plan no te garantiza que puedas cubrir los gastos de matrícula, puedes obtener muchos beneficios si participas en un plan de inversión universitario patrocinado por el estado, entre ellos, deducciones en la declaración de renta estatal, ingresos federales exentos de impuestos, ahorros por impuesto diferido y además, no estás obligado a declarar este activo como un activo del estudiante en la FAFSA. Muchos estados ofrecen beneficios tributarios a nivel estatal, así como beneficios exentos de impuestos cuando se usan estos fondos para estudiantes universitarios. Puedes excluir los Prepaid Tuition Plans de la FAFSA, pero no el College Investment Plan.

8. **Pregunta a tu(s) empleador(es), sindicato y cualquier club comunitario al que pertenezcas, si ofrecen ayuda financiera a estudiantes.**

9. **Averigua por los servicios de búsqueda de becas.** Si tu hijo es un estudiante excepcional y consideras que puede calificar para reconocimiento de beca académica, existen muchos servicios gratuitos de búsqueda de becas, como la página Web de Peterson's (www.petersons.com). No necesitas pagar por dicha asistencia.

10. **Averigua sobre los préstamos PLUS.** Si tienes suficientes recursos para financiar los gastos universitarios de tu hijo, pero te preocupa no tener suficiente dinero efectivo disponible para todos los gastos, el gobierno federal ha creado un programa de préstamo no basado en la necesidad denominado Parent Loan for Undergraduate Students, PLUS. Todas las familias pueden beneficiarse de este programa sin importar su ingreso actual. Aunque es importante recordar que este programa es un préstamo, está disponible para todos los padres sin importar su ingreso; además, en este momento, cuenta con una tasa de interés históricamente baja (4.86 por ciento). A través del programa de préstamos PLUS, puedes pedir prestado hasta el total de los gastos educativos menos cualquier ayuda financiera otorgada.

11. **Reduce la cantidad registrada como ahorros de tu hijo.** Si has puesto recursos significativos a nombre de tu hijo para aliviar tu carga de impuesto sobre la renta, ten en cuenta que esto puede reducir la elegibilidad para ayuda financiera de tu hijo. En los cálculos para elegibilidad de ayuda financiera, los ahorros de tu hijo están sujetos a impuestos con una tasa mucho más alta que los ahorros declarados por los padres. Si tú o tu hijo han destinado fondos para los gastos universitarios, piensa que puedes utilizarlos en gastos universitarios necesarios, como tal vez un nuevo vehículo o el pago anticipado de matrícula y cuotas, antes de llenar el formulario de análisis de necesidad. Esto puede significar una gran diferencia, particularmente si dichos gastos se reducen de los ahorros de tu hijo.

12. **Ten cuidado al escuchar a vecinos y amigos que te aconsejan qué hacer o que te dicen que sucederá.** A no ser que veas su declaración de renta o estados bancarios, no sabes realmente nada sobre sus finanzas. Sólo puedes ver cómo gastan su dinero.

PARA ESTUDIANTES: PREPARACIÓN Y HALLAZGO DE HECHOS

13. **Escucha a tus padres cuando hablen contigo sobre finanzas.** ¡La ayuda financiera puede significar grandes cantidades de dinero!

14. **Considera tu educación como una inversión que se te retribuirá muchas veces a lo largo de tu vida.** Tanto hombres como mujeres se benefician de la educación superior. Si tienes un título universitario, puedes ganar hasta $2.1 millones de dólares más en el curso de tu vida. Sin embargo, nunca ganarás lo mismo si no completas tus estudios universitarios; ¡no renuncies!

15. **Piensa qué puedes hacer para prepararte ahora.** Si tienes un trabajo, comienza a ahorrar parte de tu salario para la universidad.

16. **No permitas que el costo de la universidad estropee tus planes de educación.** Puedes contar con ayuda financiera y dinero proveniente de un gran número de fuentes.

17. **Comienza una búsqueda estrecha y personal.** La fuente más probable de becas para los estudiantes está geográficamente cerca a tu casa. La única y mejor fuente para identificar las oportunidades de becas es la oficina de orientación de tu escuela secundaria.

18. **Las bibliotecas públicas cuentan con libros de recursos para ayudarte a averiguar sobre becas.**

19. **Es crucial comenzar temprano.** Comienza la búsqueda al inicio del undécimo año de la escuela secundaria. Inicia el proceso de investigación sobre ayuda financiera al mismo tiempo que inicias el proceso de selección de universidad.

20. **Confirma con el consejero de tu escuela secundaria que has llenado los formularios correctos en tu undécimo año, de manera que puedas solicitar ayuda financiera al finalizar tu duodécimo año.** Por ejemplo, para solicitar ayuda al National Merit Scholarship Program

debes haber completado los exámenes PSAT en tu undécimo año de la secundaria. Muchos estados tienen programas de becas para estudiantes destacados de secundaria, pero la administración estatal de becas debe recibir las cartas de recomendación mientras el estudiante está en el undécimo año de la secundaria.

21. **Infórmate con tu consejero sobre las ventajas de tomar pruebas o clases que tengan crédito universitario, mientras estás en la escuela secundaria.** Esto te ayudará a ahorrar dinero más adelante.

22. **El College-Level Examination Program, CLEP (Programa de Evaluación de Nivel Universitario) permite a los estudiantes demostrar sus conocimientos a nivel universitario.** A su vez, esto permite a las universidades eximir al estudiante de ciertos cursos (lo que te permite ahorrar dinero); también permite que los estudiantes pasen directamente a cursos avanzados y completen sus estudios más pronto (ahorras aún más dinero), y exime a los estudiantes de prerequisitos o cursos introductorios (¡todavía puedes ahorras más!).

23. **El programa Advanced Placement, AP (Nivelación anticipada) permite a los estudiantes experimentar estudios universitarios mientras están en la secundaria.** Muchas universidades otorgan créditos o nivelación anticipada a estudiantes que reciben calificaciones suficientes en los exámenes AP.

24. **Mercadear tu imagen es probablemente el aspecto más importante para recibir una beca al mérito.** Son demasiados los estudiantes que dependen solamente de sus calificaciones para obtener becas universitarias al mérito. Al igual que muchas universidades buscan más allá de los puntajes de las prueba de admisión, para las becas al mérito se establecen otros criterios. Este tipo de becas se concede generalmente a estudiantes que demuestran excelencia en la escuela y que han contribuido a otras áreas de interés. Las universidades buscan estudiantes que se han fijado desafíos

académicos, sin dejar de llevar también una vida aparte de voluntariado, publicaciones o dirigir investigaciones.

25. **Promuévete.** Muchos donantes de becas locales le piden a las escuelas secundarias que sean ellas las que escojan a los estudiantes. Allí está el punto central de tus actividades de búsqueda y auto-promoción.

26. **No esperes que la ayuda financiera te otorgue tu trabajo.** Solicita un trabajo de tiempo parcial en un campus local mientras aún estás en secundaria, incluso si no piensas asistir allí. Al igual que todos los empleadores, los departamentos universitarios prefieren contratar a empleados experimentados. Los trabajos otorgados como ayuda sobre la base de la necesidad, a menudo corresponden a una pequeña proporción de los trabajos del campus.

27. **Haz una carpeta para cada universidad a medida que reduces tus opciones.** En esa carpeta, guarda la información sobre el costo, el tipo de ayuda ofrecida, fechas límite y cualquier beca especial que ofrezca la universidad. Puedes obtener la información en los folletos o en la página Web de la universidad.

28. **Examina los servicios gratuitos automatizados de becas disponibles en la mayoría de las páginas Web de universidades.**

29. **Pide hablar con el asistente de ayuda financiera cuando visites los campus.** Los funcionarios de admisión tienen la información básica sobre la ayuda financiera, pero seguramente querrás más detalles. Si no puedes ir en persona, llama y solicita una cita telefónica. Si puedes, consigue el nombre en la página Web de la universidad y pide hablar con una persona en particular. Los cargos de los funcionarios encargados de la ayuda financiera varían, pero es muy probable que se trate de un "consejero", "director asistente/asociado" o "funcionario", que es quien realmente evalúa las solicitudes. Guarda un registro de las personas con quién hablaste en cada universidad; pide su nombre, o incluso, su tarjeta de presentación.

30. **Haz tus preguntas directa y coherentemente.** No te dejes enredar por la jerga de ayuda financiera.

31. **Averigua si tu solicitud/necesidad de ayuda afecta la probabilidad de que seas admitido.** De ser así, ¿cómo?

32. **Averigua si la universidad ofrece ayuda por mérito.** Si lo hace, ¿cuántas becas por mérito da? ¿Cómo se determinan? y ¿Quién selecciona a los beneficiarios?

33. **Si estás pensando en solicitar la Early Decision/Early Action (Decisión temprana/Acción temprana), pregunta si las políticas/oportunidades de ayuda serían diferentes.** Algunas instituciones no ofrecen becas por mérito ni mejores paquetes basados en la necesidad a quienes solicitan ayuda en forma temprana. (Nota: Básicamente, este es un proceso privado de la universidad.)

34. **Pregunta cómo podría cambiar tu paquete de ayuda si cuentas con $3,000 de ayuda externa.** Puedes usar cualquier monto al hacer esta pregunta, pero usa siempre el mismo monto en cada universidad. Así, conseguirás las respuestas precisas sobre cómo la ayuda externa podría afectar tu paquete.

35. **Lee todo lo que recibas de la universidad.** No leer ni entender las fechas de vencimiento, las multas y las políticas institucionales no te exime de las obligaciones que contiene la información suministrada.

36. **Estudia las guías administrativas, catálogos y horarios de clase.** Los estudiantes que entienden el funcionamiento de su universidad tienen una ventaja competitiva en cada área, desde la ayuda financiera hasta la selección del curso. Aprovecha cada atajo tecnológico posible, desde el archivo electrónico de ayuda financiera hasta el registro temprano de cursos en la Web.

37. **Habla con estudiantes de segundo año de la universidad.** Ellos sabrán cómo sacar el mejor provecho de las reglas y excepciones administrativas, desde los posibles desembolsos tempranos para estudio en el exterior hasta el registro temprano de cursos para estudiantes que trabajan.

EL PROCESO DE SOLICITUD DE AYUDA FINANCIERA

38. **No te intimides por los formularios de ayuda financiera.** Si necesitas ayuda, haz una cita con un consejero vocacional de la escuela secundaria. Si el consejero no puede ayudarte, él puede ponerte en contacto con alguien que sí pueda hacerlo.

39. **No esperes a ser admitido para presentar la FAFSA o los documentos PROFILE. Solicita la ayuda financiera tan pronto como tus padres tengan cálculos de ingresos para el año fiscal exigido para completar los formularios.** Por ejemplo, si comienzas la universidad en agosto o septiembre de 2004, debes tener toda tu información de ingresos financieros de 2003 lista para enero o febrero de 2004. Solicita la asistencia de ayuda financiera en base a la necesidad lo más pronto posible, aún si tienes que usar las cifras de ingresos estimadas. Puedes hacer esto incluso si no has solicitado admisión en una universidad en particular.

40. **No olvides las fechas límite.** Todas las universidades tienen ayuda por subvención disponible para estudiantes elegibles, pero muchas tienen fondos limitados. Los estudiantes que están atentos a las fechas límite tienen una ventaja sobre aquéllos que no lo hacen. Aunque tengas que calcular tus cifras en la FAFSA o las solicitudes institucionales, no dejes de estar pendiente de las fechas. Cuanto antes presentes tu solicitud, mayor será la oportunidad de recibir la ayuda. Igualmente, debes presentar tus declaraciones de renta lo más temprano que puedas en el año.

41. **Establece fechas para llenar los formularios y, si es necesario, haz las correcciones posteriormente.** Un estudiante necesitado puede perder miles de dólares disponibles en subvenciones cada año, si las solicita después de la fecha de prioridad publicada. (Siempre podrás corregir los datos en los formularios, pero lo que no puedes corregir son las fechas límite no cumplidas.)

42. La ayuda financiera es un evento anual. Debes volver a solicitarla todos los años.

43. Completa tu FAFSA. Para aquellos estudiantes que nunca antes han solicitado ayuda, la metodología básica para solicitar la asistencia de ayuda financiera es la FAFSA. Este documento puede llenarse en Internet en www.fafsa.ed.gov o por escrito con un formulario impreso. El proceso de solicitud es gratuito y la información puede estar disponible para todas las universidades en las que estés interesado. La FAFSA es el documento básico para determinar tu elegibilidad para ayuda financiera federal basada en la necesidad y, frecuentemente, se usa tanto para la ayuda financiera estatal como para las becas institucionales.

44. La FAFSA debe presentarse cada año después del 1° de enero.

45. Tanto estudiantes como padres deben registrarse en el Departamento de Educación de Estados Unidos para obtener los números PIN. Así, cada miembro de la familia puede firmar la FAFSA en Internet; esto acelerará el proceso FAFSA. Visita www.fafsa.ed.gov.

46. Si también estás solicitando un préstamo bancario, es importante que sepas la fecha posible de tu graduación en la universidad. La fecha esperada de graduación se refiere a la fecha en la que esperas graduarte de la universidad (no de la escuela secundaria). Por ejemplo, la mayoría de estudiantes de primer año que inician su programa universitario en el otoño de 2004, esperan graduarse en el 2008. ¿Por qué los prestamistas quieren saber esta fecha? Muchos préstamos (federales y alternativos) son diferidos, es decir, los pagos no se inician mientras el estudiante está en la universidad. Los prestamistas usan la fecha esperada de graduación para determinar el estatus diferido de los beneficiarios. De manera que si usas tu fecha de graduación de la secundaria en lugar de tu fecha esperada de graduación de la universidad, pueden pedirte que comiences a reembolsar tu préstamo estudiantil inmediatamente.

47. **Para los préstamos del banco, calcula el costo total de tu préstamo.** Hay muchas calculadoras disponibles en Internet, que no sólo pueden indicarte cuál será tu pago, sino también cuánto pagarás de interés a lo largo de la vida del préstamo. (Visita www.petersons.com)

48. **Pide el préstamo a través del mismo prestamista cada año.** Esto evita que tengas que pagar a múltiples entidades cuando comienza el reembolso. También sirve para simplificar la administración de tus préstamos.

49. **Al pedir prestado a través de un banco, no tengas miedo de llamar al prestamista, sin importar las circunstancias.** Ellos quieren que tengas éxito en el manejo y reembolso de tu préstamo estudiantil, por lo tanto, les interesa escucharte.

50. **La expectativa normal del proceso de análisis de necesidad es que los padres tienen la responsabilidad financiera primaria de ayudar a sus hijos a pagar la universidad.** Aún si tus padres sienten que su obligación financiera hacia ti acaba cuando vas a la universidad, el sistema de análisis de necesidad que evalúa el EFC no deja que esto suceda. Por consiguiente, declarar tu estatus como independiente no es una opción. Es casi imposible que seas un estudiante independiente inmediatamente después de terminar la escuela secundaria. Sólo un grupo de individuos muy cerrado, como huérfanos o estudiantes ya padres, que proveen el sustento de su propia descendencia, califica como estudiantes independientes.

51. **Siempre informa a la oficina de ayuda financiera de la universidad sobre cualquier otorgamiento.** Si una organización de la comunidad local te ha otorgado una beca, tu elegibilidad para ayuda financiera de la universidad probablemente se verá afectada. En la mayoría de los casos, todo tipo de recursos disponible para ti, bien sea que provenga de tus padres o de una beca que obtuviste de una entidad externa, se tendrá en cuenta para otorgar ayuda financiera basada en la necesidad. Pide que, si es necesario reducir la ayuda, se haga de las becas de auto-ayuda (préstamo o valores de trabajo).

52. **¡Vuelve a solicitar la ayuda! El hecho de que no califiques para ayuda un año, no significa que no calificarás en los años siguientes.** El estudiante y las situaciones familiares cambian; por consiguiente, podría cambiar tu estatus de elegibilidad.

53. **Si te negaron la ayuda cuando iniciaste tus estudios y ahora tienes un hermano o hermana que asiste a la universidad, ya tienes dos razones muy importantes para volver a solicitar ayuda financiera.** Primero, los resultados de cálculos de análisis de necesidad son substancialmente diferentes cuando hay dos o más miembros del grupo familiar en la universidad que cuando hay un solo hijo en la universidad. Segundo, las reglamentaciones cambian frecuentemente y es posible que ahora seas elegible para un nuevo programa o para programas de ayuda financiera modificados.

54. **Llena completamente tus documentos de solicitud de ayuda.** Los espacios en blanco enloquecen a los funcionarios de ayuda financiera; si la respuesta es cero, escríbelo y no dejes espacios en blanco.

55. **Cuando tus padres estén completando los formularios de ayuda financiera, recuerda hacerles llenar tu nombre en la casilla "student's name", la fecha de tu nacimiento en la casilla "student's birth date", y tu número de seguro social en la casilla "student's Social Security number" para que no se confundan y coloquen la información de ellos en la sección del estudiante. Muchas personas cometen errores en esta sección de la FAFSA. Estos errores pueden demorar la ayuda que una universidad puede otorgarte y también puede impedir que recibas alguna ayuda de la universidad.**

56. **Si es posible, usa declaraciones federales de impuesto sobre la renta totalmente llenas al completar tu FAFSA.** Sin embargo, si no tienes las declaraciones de impuesto sobre la renta antes de las fechas

límite en tu estado o institución, calcula tu ingreso y completa el formulario. Después, puedes hacer cambios a la información de la solicitud; lo que no puedes cambiar es la fecha de solicitud si la presentaste tarde.

57. **Guarda copias de todos los documentos que usas para completar los formularios cuando solicites la ayuda.** Tu universidad puede pedir documentación para verificar la información que tú y sus padres proporcionan.

58. **Haz todo a tiempo.** Mira la fecha límite en los documentos para estar seguro de cumplir con la fecha límite correcta de cada universidad a la que estés postulando. Haz una lista de verificación, registra la fecha cuando enviaste los documentos y guarda copias de todo. Haz todo lo que puedas electrónicamente. Si tienes preguntas sobre lo que se requiere o si has recibido algo, pregunta; no asumas nada.

59. **Al enviar por correo artículos que tienen una fecha límite, pide a la oficina de correo un Certificado de envío.** Este recibo normalmente será válido para la institución, en caso que tus documentos lleguen tarde o se extravíen en el correo.

60. **¡Sé proactivo! Ponte en contacto con la oficina de ayuda financiera en la universidad seleccionada para estar seguro de que tus documentos estén completos y de que no falta nada.** Verifica y vuelve a verificar constantemente.

61. **Si tienes circunstancias especiales que quieras que la oficina de ayuda financiera sepa, envía una carta adjunta a tu solicitud.** La ayuda financiera se basa en cifras; si hay gastos extras que quieras que se tengan en cuenta, asegúrate de que la oficina las tenga en cuenta; ¡es mejor usar menos palabras y más cifras!

62. **Informa a tu consejero de ayuda financiera sobre cualquier circunstancia o gasto extraordinario.** Algunos ejemplos son los gastos médicos extraordinarios; gastos de cuidados a ancianos, discapacitados o personas con necesidades

especiales; gastos por el cuidado de niños (algunas instituciones tienen en cuenta gastos en la educación privada para áreas en donde las escuelas secundarias públicas tienen un bajo rendimiento académico); bancarrotas e impuestos atrasados, grandes pagos únicos; despidos, jubilaciones y renuncias; así como también gastos de asistencia para viajes, libros y materiales o gastos de alojamiento.

PARA PADRES Y ESTUDIANTES: ES LA HORA DE LA DECISIÓN: EVALÚA LOS OTORGAMIENTOS DE AYUDA FINANCIERA

63. **Entiende en qué se diferencian la ayuda basada en la NECESIDAD y la ayuda por MÉRITO.** La ayuda basada en la necesidad se centra en la necesidad financiera de la familia. La ayuda por mérito se basa en las calificaciones del estudiante, puntajes de pruebas y otros atributos del estudiante que la universidad desea premiar (beca) para que asistas y hagas tus estudios.

64. **Usa la información de ayuda financiera para evaluar las universidades a las que deseas postular, pero no la uses para excluir una universidad a la que realmente quieras asistir.**

65. **Ten entre las opciones una universidad con seguridad "financiera".** Ésta es una universidad donde te admiten y que puedes pagar, sin importar los resultados de otras solicitudes en otras universidades. Así, tienes vía libre para presentarte en universidades que pueden parecer estar fuera de tus posibilidades financieras.

66. **Conoce el proceso de las universidades para otorgar fondos.** Muchas universidades públicas fuera del estado solamente otorgan préstamos y programas de trabajo a estudiantes que vienen de fuera del estado, sin importar qué tan grande sea la necesidad no satisfecha. Por el contrario, la mayoría de las universidades privadas satisfacen toda la

necesidad y no llenan el vacío. En consecuencia, si deseas asistir a una universidad fuera del estado, en la mayoría de los casos, puede resultar más barato una universidad privada de altos costos que las instituciones públicas de bajos costos.

67. **Si necesitas pedir prestado, recuerda que los términos y condiciones de los préstamos educativos pueden variar.** Asegúrate de entender los términos y condiciones, al igual que los costos (es decir, tasa de interés, las cuotas del préstamo y el programa de reembolso) que tiene cada préstamo.

68. **Existe una gran variedad de préstamos que pueden otorgarse como parte de un paquete de ayuda financiera.** En algunos casos, el interés aumenta mientras el estudiante asiste a la universidad. Si el interés aumenta, piensa en ir pagando el interés para reducir tus pagos cuando empieces a reembolsar el préstamo.

69. **Existen requisitos adicionales que debes cumplir si es la primera vez que aceptas un préstamo como parte de un paquete de ayuda financiera.** Los estudiantes deben tener una asesoría sobre préstamos para "prestatario por primera vez", bien sea personalmente o en Internet, dependiendo de la institución. Los estudiantes también deben firmar un pagaré. No cumplir con estos detalles tardará el desembolso del préstamo.

70. **Los préstamos del banco y los préstamos federales Direct (como parte de un paquete de ayuda financiera) incluyen una cuota del 3 por ciento para cubrir los cargos por originación.** Por lo tanto, si te otorgan un préstamo de $1,000, recibirás realmente $970. El cargo por originación se cobra cada vez que recibes un préstamo. Cuando reembolses el préstamo, debes reembolsar la totalidad de la cantidad prestada, en este caso, $1,000. Es importante que calcules el dinero que necesitas para la universidad. Nota: Es posible que algunos prestamistas no cobren cuota de cargos por originación.

71. **Elabora una tabla que tenga las cuotas que te ha cobrado la universidad (por concepto de matrícula, cuotas, alojamiento y comida).** Suma tus gastos estimados de transporte y resta cualquier ayuda por donación y préstamo estudiantil ofrecidos para ayudarte a pagar tus gastos reales de universidad. Compara estas cifras básicas para determinar cuál es la ayuda más atractiva. Cuidado: Algunas universidades colocarán los préstamos a los padres como parte de la ayuda que otorgan, no los cuentes como ayuda todavía; tampoco cuentes ninguna ayuda de trabajo y estudio, ya que estos fondos normalmente se pagan directamente al estudiante a medida que ellos los ganan.

72. **Compara las diferentes filosofías de empaque y los criterios para otorgar ayuda de cada universidad que estés considerando.** Si tú (el estudiante) has sido aceptado como estudiante en varias universidades muy selectivas y has recibido numerosos paquetes de ayuda financiera y estás intentando decidir a cuál asistir, compara las filosofías de empaque. Para esto, una metodología eficaz es calcular cuáles serán los gastos que pagarás de tu bolsillo, qué parte del paquete otorgado vendrá en forma de subvenciones o becas en comparación con los préstamos. No dejes de evaluar tus posibilidades para renovar tu beca o subvención. Si tienes claro las diferencias en costos y el proceso de renovación de becas y subvenciones, puedes comparar cada una de ellas. Finalmente, debes sopesar el valor del paquete otorgado con la educación que recibirás de la institución.

73. **Existe una gran cantidad de préstamos disponibles para ayudar a las familias en su búsqueda de educación superior.** Todas las universidades tienen programas de préstamos federales disponibles tanto para estudiantes como para padres. Además de los préstamos federales, es posible que haya préstamos privados institucionales o alternativos disponibles. A menudo, las universidades tienen préstamos no publicitados para los estudiantes más necesitados o para emergencias. Debes pedir la

información completa sobre préstamos a la oficina de ayuda financiera de la universidad. La mayoría de los préstamos pueden diferirse hasta que el estudiante ya no esté inscrito por lo menos a tiempo parcial. Con frecuencia, los consejeros de ayuda financiera recomiendan préstamos para el estudiante, más que préstamos para padres debido a las opciones de reembolso y tasas de interés más favorables.

74. **Si hay una diferencia considerable entre las ofertas de tus universidades seleccionadas, consulta la información que tienes sobre cada universidad; quizás una beca se basa en el mérito y otra en la necesidad.**

DEBEN ENTENDER EL PROCESO DE APELACIÓN PARA LAS CARTAS DE OTORGAMIENTO DE AYUDA FINANCIERA

75. **Si piensas que la beca de ayuda no es suficiente, informa a la oficina de ayuda inmediatamente para expresar tus inquietudes y pedir que "reconsideren" la beca.** Comienza con la oficina de ayuda en la universidad donde más quieres estudiar. Si puedes llegar a un acuerdo con ellos, estás listo. Si no, continúa con tu segunda opción y así sucesivamente. No intentes hacer el juego de ofertas y contraofertas, en muy raras ocasiones funciona.

76. **Siempre intenta primero ponerte en contacto directamente con la oficina de ayuda financiera, no con la oficina de admisiones, tampoco con un ex-alumno, ni con el presidente de la institución.** Si tienes problema para hacer este contacto, continúa intentándolo, tal vez se trate de un momento muy ocupado. Sin embargo, si no puedes contactar a nadie en una semana, habla con la oficina de admisiones para ver si ellos te pueden ayudar a hacer el contacto.

77. **Otra razón para presentar una apelación, es que algunas universidades privadas cuentan con una política de apelación, mediante la cual afirman estar**

en capacidad de hacer ofertas tan atractivas como las de cualquier universidad similar.

78. **Ten a mano copias de todos tus documentos cuando hables con el funcionario de ayudas.** Si has actualizado información, por ejemplo, una declaración de renta más reciente, también debes tenerla disponible.

79. **Si tú o tus padres se han quedado desempleados después de llenar la FAFSA, es importante que la oficina de ayuda financiera lo sepa. Deberás solicitar un análisis adicional para ayuda financiera por pérdida de ingresos.** Es normal que la institución requiera documentación para verificar tu ingreso actual. La mayoría de las instituciones tienen políticas estándar que permiten el uso de ingresos proyectados. Es de esperar que esto te signifique un aumento en tu ayuda financiera.

80. **Si tienes una deuda considerable en tu tarjeta de crédito, ten en cuenta que el proceso de análisis de necesidad no considera la deuda por tarjeta de crédito en los cálculos típicos.** Lo mejor que puedes hacer es completar la FAFSA y ponerte en contacto con la oficina de ayuda financiera de la universidad para explicar tu situación. Las diferentes instituciones tienen políticas diferentes para responder a estas situaciones.

81. **Incluye información sobre los "mejores" otorgamientos, pero asegúrate primero de que realmente sean mejores y de que tengan condiciones similares.** No envíes una beca por mérito a una universidad que sólo proporciona ayuda basada en la necesidad.

82. **No esperes una respuesta inmediata, pero pregunta cuándo podrías esperar una decisión y cómo te la comunicarán.** En la hipótesis de que te comunicas con la oficina oportunamente, debes esperar una respuesta a tu solicitud de ayuda antes de la fecha que la universidad ha establecido para responder. Si no has obtenido respuesta para esa fecha, solicita que te prorroguen el plazo para darte respuesta.

83. **Prepárate también para hablar sobre opciones financieras.** Sin embargo, aborda este tema sólo después de estar seguro de que ya no hay más ayuda disponible.

84. **Toma la solicitud como un ejercicio para encontrar información, no como una negociación.** Analiza siempre a la persona con quien hables. Los funcionarios de ayuda tienen familias e hijos en la universidad, facturas que pagar y decisiones que tomar. ¡Ellos no van a reaccionar bien si insistes que necesitas una casa de vacaciones! Te valoran y se esforzarán para que ingreses a su universidad. Sin embargo, están limitados por políticas federales e institucionales, tal y como tú estás limitado por el dinero que tu familia está dispuesta a pagar por tu educación. Si no puedes llegar a un acuerdo que te convenga, continúa con tu segunda opción universitaria.

EL FLUJO DE EFECTIVO Y AHORROS

85. **Trabajo disponible en el campus.** La mayoría de las universidades emplean a un número considerable de sus propios estudiantes porque piensan que están motivados, son confiables e inteligentes.

86. **La remuneración por el trabajo en el campus es muy valiosa, sobre todo para los estudiantes nuevos.** Para el estudiante-empleado que trabaja en el campus y se convierte en alguien que conoce realmente la universidad desde adentro, los contactos en el campus, las tutorías y el conocimiento de su estructura organizativa son beneficios invaluables.

87. **Asegúrate de llegar al campus con "instrumentos financieros" que te permitan aprovechar los descuentos y las decisiones oportunas.** Puedes aprovechar los descuentos disponibles por medio de cuentas corrientes locales, transferencias electrónicas de ayuda financiera y tarjetas de crédito.

88. **Muchos dueños y arrendatarios de apartamentos te harán descuento, si pagas por anticipado todo un semestre.**

89. **Compra libros oportunamente, cómpralos directamente a otros estudiantes y búscalos en las librerías locales.** Puedes pedir prestado muchos libros en las bibliotecas locales y guardarlos durante todo el semestre.

90. **Pregunta si tu universidad proporciona alquiler de libros en lugar de tener que comprarlos.** El alquiler es generalmente menos caro que comprarlos. Si los compras, ten en cuenta la política de devolución. Normalmente hay una fecha límite para devolverlos y solicitar el reembolso. ¿Hay una escala móvil para el reembolso de libros devueltos? Entre más temprano devuelvas un libro, mayor será tu oportunidad de reembolso.

91. **¿La librería te volverá a comprar los libros al final del semestre?** ¿Cómo valoran los libros devueltos? ¿Tienen en cuenta la condición del libro? Estas preguntas te permiten saber cómo reembolsar la mayor cantidad de dinero según la forma de reventa que puedas utilizar.

92. **Ten cuidado con el uso de tarjetas de crédito.** Ésta es la forma más común cómo los estudiantes universitarios pueden iniciar una mala historia crediticia. Sólo necesitas un retardo de noventa días para estropear tú informe crediticio. Estos incidentes se quedan en tu informe durante años y pueden impedirte que obtengas otros tipos de crédito en el futuro, como préstamos para automóvil, préstamos alternativos para educación y préstamos hipotecarios. Las verificaciones de crédito con frecuencia se hacen antes de arrendar un apartamento y algunos empleadores las exigen antes de contratarte. Muchos prestamistas prefieren prestarle a alguien sin crédito que a alguien con mal crédito.

93. **Asegúrate de conocer las fechas de vencimiento para la matrícula y las multas por no pagar en esas fechas.** Muchas instituciones cobran cuotas de retardo por los pagos hechos después de cierta fecha o también por registrarse después de cierta fecha. Si pagas y te registras a tiempo, puedes ahorrar dinero.

94. **Si pagas la matrícula con tarjeta de crédito, ten en cuenta cualquier costo adicional cobrado por la universidad o una entidad de servicio externa para cubrir los costos incurridos al aceptar las tarjetas de crédito.** La cuota puede variar de 1 a 3 por ciento del monto cobrado y es adicional al interés que se te carga en la factura de tu tarjeta de crédito.

95. **Si pagas la matrícula con tarjeta de crédito a fin de recibir millas para viajeros frecuentes, compara el interés que pagas por utilizar la tarjeta de crédito frente al valor de las millas gratuitas.** Si decides cancelar $5,000 de matrícula con tarjeta de crédito y pagas en un año una tasa de interés de 1.25 por ciento mensual, tendrás que pagar aproximadamente $406 por interés. ¿Vale la pena pagar $406 por las millas para viajero frecuente?

96. **Lee y entiende cualquier contrato que vayas a firmar para vivienda en el campus.** ¿Se aplican multas si cambias de parecer respecto al lugar donde quieres vivir? ¿Tienes que mantener cierta carga de créditos para que seas elegible para alojamiento en el campus? ¿Te permiten cambiar de cuarto sin multarte?

97. **Una porción de los gastos de matrícula puede tomarse como crédito de impuestos para los padres o contingente de los estudiantes sobre el ingreso y el método de pago.** El Crédito impositivo Hope Scholarship permite deducciones por cada estudiante para los dos primeros años de educación superior, mientras que el Crédito impositivo Lifetime Learning se usa sobre la base de la declaración de impuestos y cubre un cronograma y programación de cursos más amplios. Las subvenciones, becas y ayuda de empleo-educación exentas de impuestos que se usan para cubrir gastos educativos, no son elegibles para ninguno de estos créditos impositivos. Si deseas aprovechar cualquiera de estos créditos, comunícate con la persona que prepara tu declaración de impuestos.

98. **No olvides las sanciones a tu ayuda financiera por retirarte de clases.** Estas sanciones son adicionales a las que se imponen en la matrícula. Si un estudiante beneficiario de ayuda financiera (federal) Título IV se retira de todas las clases antes de que haya transcurrido el 60 por ciento del semestre, se le puede exigir el reembolso de una parte o toda la ayuda financiera Título IV. Esto se determina mediante una fórmula federal. Pide la opinión de un consejero de ayuda financiera antes de retirarte de clases, específicamente en lo que respecta al Título IV.

PARA PADRES Y ESTUDIANTES: ASPECTOS QUE SE DEBEN TENER EN CUENTA

99. **Evita ofertas de dineros garantizados en los que el estudiante debe pagar para recibir el servicio.** Nunca pagues por ningún servicio que puedas encontrar gratuitamente, bien sea como estudiante o como padre.

100. **Los seminarios "gratis" sobre ayuda financiera no siempre son gratuitos.** Con frecuencia, estas invitaciones las hacen promotores que buscan honorarios exagerados por sus consejos.

101. **Las normas federales protegen la confidencialidad del estudiante.** Si los padres o un tutor legal necesitan información financiera sobre un estudiante (por ejemplo, el saldo de su cuenta o los pagos realizados), infórmate sobre la política de la institución referente a la confidencialidad de los estudiantes. En algunas universidades, los estudiantes pueden convenir que otra persona tenga acceso a su información financiera. Conocer anticipadamente tales políticas te facilitará hacer los pagos correspondientes y recibir la información necesaria.

AGRADECIMIENTOS

Agradecimientos especiales a las siguientes personas por la ayuda prestada en la creación de esta lista de consejos:

Dr. Lawrence Burt, director de servicios financieros estudiantiles, University of Texas Austin

Brenda Dillon, vicepresidente, gerente de producto del programa federal, Key Education Resources

Heather Domeier, directora asistente de los servicios financieros estudiantiles de Rice University

Audrey Hill, consejera vocacional de Col. Zadock Macgruder High School, Rockville, Maryland

John Nametz, director de ayuda basada en la necesidad de University of Arizona

Stephen Rouff, director asociado de ayuda financiera (retirado) de Rutgers University

Myra Baas Smith, directora universitaria de ayuda financiera de Yale University

Dr. Lawrence Waters, decano de servicios de admisión e inscripción de Ball State University

Kathy Wyler, administradora de University of Wisconsin–Parkside

Capítulo 8

Veinte preguntas que deberías hacer al realizar la visita al campus

¿Cuántas veces después de salir del consultorio del médico, dices: "Olvidé preguntarle sobre..."? Igual le pasa a muchas familias que recuerdan las preguntas que deberían hacer sobre la ayuda financiera universitaria sólo después de que ha finalizado su visita al campus. Este capítulo te servirá para hacer las preguntas adecuadas antes de que salgas del campus con tu hijo.

Las respuestas que recibas de los funcionarios de la oficina de ayuda financiera te permitirán decidir cuál universidad es la que mejor se ajusta a tu hijo desde un punto de vista financiero. Además, pon mucha atención a la forma cómo los funcionarios responden a tus preguntas de seguimiento. Busca respuestas que te ofrezcan información y soluciones. Por ejemplo, ¿los funcionarios de la universidad te dan detalles que satisfacen tus inquietudes? ¿se toman el tiempo para analizar y resolver las preguntas? Las cuestiones relacionadas con ayuda financiera con frecuencia son complejas; utiliza las respuestas como punto de referencia para decidir si la universidad está "orientada a la familia" en lo que respecta a ayuda financiera.

Debes ser un "padre pensante", toma nota de toda pregunta que se te venga en mente cuando estés leyendo las preguntas recomendadas. Lo mejor que pueden hacer los padres y los estudiantes es enfocar el proceso de solicitud de ayuda financiera con el mismo cuidado que cuando solicitan admisión.

En el Apéndice se repiten las preguntas. Cuando visites las universidades, desprende este apéndice del libro y úsalo como referencia cuando te reúnas con un director de ayuda financiera.

FLEXIBILIDAD DE LA UNIVERSIDAD

La primera clase de preguntas tiene que ver con la flexibilidad de la oficina de ayuda financiera de la universidad. Los padres deben saber cómo los tratará cada universidad, en especial si las circunstancias financieras se complican. Por ejemplo, ¿cómo responde la oficina de ayuda financiera a las necesidades individuales de una familia? ¿El personal será sensible, oportuno y de ayuda cuando necesites orientación o asistencia inmediata? ¿Una gran universidad estatal pública podrá ayudarte tan rápido como una privada? ¿En la actualidad existen políticas de ayuda financiera establecidas que demuestren una "actitud" de voluntad y ayuda?

¿Es práctica común hacer ajustes de gastos individuales de asistencia cuando los estudiantes y las familias lo soliciten?

Esta debería ser la primera pregunta que se hiciera para determinar la flexibilidad de la universidad. Todas las universidades establecen un "gasto fijo de asistencia" (también conocido como presupuesto) que aplican a diferentes tipos de estudiantes. Por lo general, incluye matrícula, cuotas, alojamiento y comida, gastos estimados de libros y otros gastos misceláneos. A los estudiantes que no residen en el campus se les asigna un presupuesto diferente al de los residentes. Los gastos por libros pueden ser bastante superiores para una especialización en ingeniería que los de una especialización en filosofía. Es posible que un estudiante que no reside en el campus requiera un incremento en gastos de transporte si vive muy lejos de la universidad. Incluso, algunas universidades pueden reducir tu aporte esperado de la familia (es decir, cuánto tienes que pagar) si estás pagando matrícula en escuela privada para tus hijos menores.

En pocas palabras, pregunta si la oficina de ayuda financiera consideraría gastos adicionales, razonables, permisibles y documentados que estén por fuera de la norma. Si la respuesta es "sí" o si la universidad tiene intención de revisar tu archivo y tomar en cuenta estos gastos, ponle una A+ en flexibilidad.

¿Cuál es la política de la universidad en cuanto a "ingresos anuales proyectados"?

El ingreso anual proyectado es un término que emplean las oficinas de ayuda cuando solicitas una nueva evaluación de tu condición financiera en función de una pérdida de ingresos. Por ejemplo, en el momento cuando se llenó la solicitud de ayuda financiera, ambos padres estaban empleados; pero después, uno de ellos perdió su trabajo y se produjo una gran reducción de ingresos (por ejemplo, pérdidas en la bolsa de valores o una discapacidad

> **Incluso si no prevés una pérdida de ingresos, de todos modos pregunta sobre el ingreso anual proyectado. Nunca se sabe lo que puede pasar en el curso de los siguientes cuatro o cinco años.**

a largo plazo). Pregunta en la oficina de ayuda financiera si es posible que revisen el análisis de ayuda financiera original y el resultado final de aporte esperado de la familia, y que empleen las ganancias "anuales proyectadas" en lugar de las ganancias del año anterior, que ya no espera recibir la familia. No todas las universidades tendrán en cuenta este tipo de solicitudes, pero los reglamentos federales permiten estas consideraciones. En este caso, debes estar preparado para comprobar (documentar) tu pérdida de ingresos/renta y ofrecer cálculos razonables de futuras ganancias.

POLÍTICAS

Las políticas de ayuda financiera pueden ser tan diferentes como el día y la noche, incluso dentro del mismo sistema universitario. Cada universidad puede tener sus propias políticas y procedimientos institucionales con los que te debes familiarizar. Por ejemplo, la University of Wisconsin-Madison puede tener varias políticas de ayuda estudiantil que no tiene la University of Wisconsin-Milwaukee. Es importante que sepas esto, en especial si estás averiguando en más de una universidad dentro del mismo sistema estatal. Esta sección se centrará en asuntos muy importantes sobre las políticas universitarias que debes entender para tener éxito en la obtención de ayuda financiera.

¿Cuál es la carga académica mínima requerida para mantener las subvenciones?

Por lo general, las universidades deben rendir cuentas a tres autoridades: el gobierno federal, el gobierno estatal y al auditor de la universidad, y ajustarán un otorgamiento para ayuda federal y estatal, según se requiera. En algunos casos, las becas institucionales se pueden reducir o cancelar si tu hijo renuncia a algunos cursos. Ten cuidado. Debes analizar las reducciones de trabajo académico con un consejero de ayuda financiera.

La mayoría de universidades exige que los estudiantes universitarios tengan una carga académica de 12 créditos, de tiempo completo en un período académico, para recibir un otorgamiento de ayuda financiera "completa". Sin embargo, muchos estudiantes reducen su carga académica para conservar su promedio de calificaciones, con la idea de que al tomar menos créditos puedan tener mejores calificaciones. Otros estudiantes se retiran de un curso con el que tienen dificultades, sin darse cuenta que podrían poner en riesgo la posibilidad de elegibilidad para ayuda financiera. Debes conocer las políticas de la universidad y preguntar qué requisitos tienen antes de que tu hijo inicie clases. Además, los estudiantes que sólo reciben fondos por méritos podrían tener sanciones. De hecho, muchas universidades tienen políticas más estrictas para los otorgamientos por mérito académico que para otras formas de subvenciones.

¿Cuál es la política de la universidad en cuanto a las excepciones para la carga mínima de créditos sobre la base de razones de salud o académicas?

Si durante la inscripción, tu hijo desarrolla problemas médicos graves o enfrenta serias dificultades académicas, ¿la oficina de ayuda financiera será consciente de estas circunstancias al revisar tu caso para una posible reducción de la ayuda? Desde el comienzo, debes conocer qué tipo de apoyo personal puedes esperar si enfrentas deterioros de salud o académicos. Prepárate para documentar tu apelación con registros médicos, si se trata de la salud. Si el problema es académico, pídele consejo y apoyo a un orientador académico. Algunas veces, es útil que el orientador académico hable con el consejero de ayuda financiera para desarrollar un plan que resuelva esta nueva situación.

¿Puedes entrevistarte con un consejero de ayuda financiera el mismo día que visitas la universidad?

En tus visitas a la universidad, probablemente asistas a sesiones de orientación presentadas por representantes del personal de admisiones. Además, puedes hablar con un profesor o entrenador deportivo. Pero, ¿has hecho cita para hablar con un consejero de ayuda financiera? La mayoría de los padres no lo hacen; sin embargo, el "padre pensante" sí. Debes presentarte a un consejero de ayuda financiera al inicio del ciclo de admisiones y del ciclo de ayuda financiera para que la oficina de ayuda financiera te conozca a ti y tus necesidades. Cuando hables con el consejero, confirma las fechas prioritarias de registro para todas las solicitudes de ayuda financiera requeridas.

Si tienes mucho que contar, el momento adecuado es la primera cita. Intenta crear una relación de confianza con el consejero de ayuda financiera. Esta es tu oportunidad para tantear qué clase de persona es el consejero de ayuda financiera. ¿Qué tanta experiencia tiene? ¿Será él la persona asignada para tratar contigo y con tu hijo durante todo el año? ¿Escucha y comprende tus inquietudes y problemas? ¿Puede explicarte cómo solicitar ayuda adicional? ¿Qué busca la institución al hacer ajustes en el otorgamiento? ¿El consejero conoce algún fondo institucional discrecional en caso que requieras fondos adicionales?

Cuando estés en la oficina de ayuda financiera, pídele al consejero que revise contigo el registro de tu hijo y explícale cómo se determinó tu aporte esperado de la familia. Puede haber errores; asegúrate de que se emplee la información correcta en el proceso de análisis de necesidad. Si ha habido cambios financieros o médicos desde que presentaste tu solicitud, infórmalo al consejero, ya que en esta cita se pueden hacer ajustes. El punto clave es establecer una relación con el consejero de ayuda financiera tan pronto como sea posible. Tu primera visita al campus es una oportunidad ideal.

> La mayoría de oficinas de ayuda financiera (si no todas) apartan fondos discrecionales cada año para aumentar los otorgamientos de ayuda a estudiantes que apelen su paquete de ayuda. Sin embargo, estos fondos no se dan a conocer públicamente y son limitados; por eso, pregunta sobre de su disponibilidad.

ASUNTOS FAMILIARES

En términos financieros, estudiar en la universidad es posible para cualquiera que esté interesado en asistir, sin importar su raza o estatus económico. Pero, cuando los padres se divorcian, es común que te pregunten "¿Quién va a pagar?" Es importante que sepas cuál de los esposos debe presentar la solicitud de ayuda financiera y exactamente cuál solicitud debe llenarse y quién la va a llenar. Además, si tú o tu ex cónyuge se ha vuelto a casar, no te olvides de leer las instrucciones de ayuda financiera para determinar qué información puede requerirse para padrastros.

¿Tienen en cuenta el ingreso de los padrastros cuando analizan una solicitud de ayuda?

Muchos estudiantes provienen de familias divorciadas que pueden tener muchas situaciones financieras muy complejas. La metodología federal de análisis de necesidades exige incluir información de los padrastros al llenar la FAFSA. No hay ninguna otra opción, y si no reportas el ingreso de los padrastros, habrá demoras en el procesamiento de la solicitud de tu hijo. Es mejor apelar después que retardar la revisión inicial de la ayuda. Es posible que un consejero de ayuda financiera "pase por alto" el ingreso del padrastro si tú apelas (una razón valida podría ser la corta duración del matrimonio). No es seguro, pero algunas veces es posible.

Informa el ingreso de los padrastros cuando solicites ayuda financiera federal y verifica los requisitos para tu solicitud de ayuda estatal. Para acceder a otorgamiento institucional de una universidad privada, es posible que también debas llenar la CSS PROFILE. En tu visita al campus, vuelve a revisar cuáles solicitudes de ayuda financiera debes completar.

Tienen en cuenta el ingreso del ex cónyuge en la solicitud de ayuda financiera?

Esta es una pregunta importante, ya que muchas universidades exigen esta información. Si la universidad exige una solicitud CSS PROFILE además de la FAFSA, se te exigirá reportar mucha más información financiera familiar que en la FAFSA. La CSS PROFILE es una solicitud de ayuda financiera que muchas universidades emplean para otorgar ayuda no federal a los estudiantes. Es un servicio del College Board

(Consejo Universitario). Una CSS PROFILE es una solicitud de ayuda financiera complementaria que se emplea para determinar la mejor forma de conceder fondos de otorgamiento institucional basado en la necesidad. No olvides leer con mucho cuidado todos los requisitos de solicitud de ayuda financiera. Aunque no parezca justo, las universidades que otorgan bastantes fondos institucionales requieren tanta información financiera como sea posible, con el fin de garantizar que los estudiantes más necesitados reciban consideración prioritaria.

OBTENCIÓN DE DINERO

Analiza, analiza y analiza. Tu trabajo comienza verdaderamente después de que tu hijo recibe la oferta de otorgamiento de ayuda financiera (también conocida como "paquete") de la universidad. Debes tener ojo crítico en lo que se le "otorga" a tu hijo. Un otorgamiento de ayuda financiera puede estar conformado por becas, subvenciones, préstamos y trabajos. Pero, ¿qué pasaría si tu hijo sólo recibe un préstamo? ¿deberías considerarlo realmente como un otorgamiento? Y, ¿la universidad paga los gastos completos de tu hijo o se espera que tú pagues una parte? Este capítulo te ayudará a realizar el trabajo de detective que requieres para tener más dinero en tu billetera.

¿Cuánta ayuda dan a una familia a la que le determinan que no tiene el aporte esperado de la familia?

La respuesta que esperas aquí es el monto de otorgamiento total (dinero gratis) que te otorgan para reducir la cuenta de matrícula. No te confundas con la respuesta "básica", que podría tener una combinación de subvención, préstamo y trabajo. Entre menor sea el aporte esperado de la familia, mayor debería ser el otorgamiento de ayuda. Sin embargo, esto no significa que cada universidad le de a tu hijo el mismo monto de ayuda, incluso las universidades públicas ofrecen una mezcla de auto-ayuda (préstamo o trabajo) en el paquete de ayuda. Debes comparar el monto total de otorgamiento contra el monto total de auto-ayuda, lo mismo que el gasto total y las cuotas facturadas en cada universidad. Algunas universidades tienen más fondos de ayuda institucional que otras y te ofrecerán un paquete de ayuda para tu hijo de acuerdo con estos fondos. El mejor trato es el paquete de ayuda que cubre la mayor parte del total de gastos institucionales con subvenciones y ayudas en becas. En otras palabras, lo que salga de tu bolsillo debe ser mínimo. Es verdad que existen muchas otras consideraciones al escoger una universidad, pero si el gasto es un elemento importante en la decisión, debes saber cuál va a ser tu pago básico.

¿Se quedan necesidades sin cubrir en el paquete de ayuda financiera?

De acuerdo con el Advisory Committee on Student Financial Assistance (Comité Consejero de Ayuda Financiera Estudiantil), las familias con bajos ingresos de estudiantes graduados de secundaria que son aceptados en la universidad, enfrentan una necesidad anual no satisfecha de $3,800 por gastos universitarios que no cubre la ayuda estudiantil, incluidos préstamos de trabajo y estudio y préstamos estudiantiles.

La mayoría de universidades tratarán de convencerte de que cubren la totalidad de los gastos de asistencia al otorgar la ayuda estudiantil; pero la mayoría no lo hacen. ¿De qué está compuesto el paquete de ayuda financiera? ¿Qué es un otorgamiento "completo" para la universidad? Debes conocer el porcentaje de subvención y auto-ayuda (préstamo o trabajo).

Si una universidad está muy interesada en tu hijo, es posible que quiera recurrir a los fondos discrecionales para hacer más llevaderos los gastos de universidad de tu hijo.

Si la universidad no satisface por completo las necesidades, lo que se conoce algunas veces como "lagunas", pregunta si se espera que tomes más de un préstamo cada año. Si te ofrecen más de un préstamo, actúa con cuidado y piensa: ¿ésta es la mejor oferta de la universidad? o ¿puede ser mejor? Este sería el momento adecuado para sentarte con el consejero de ayuda financiera para encontrar la forma de no solicitar préstamos a más de una fuente, si es posible.

¿Cuál es el monto promedio de deuda que tienen los estudiantes ya graduados? y ¿cuál es el tiempo promedio que les toma graduarse?

Otros factores que se deben tener en cuenta al comparar las ofertas de ayuda universitaria son el monto total esperado de la deuda de acuerdo al aporte esperado de la familia y el tiempo necesario para graduarse, puesto que esto podría extender el préstamo. La deuda promedio por el préstamo a un estudiante universitario en una universidad pública es de $15,000 a $17,000 una vez que se gradúa, y la mayoría de los estudiantes emplean cinco años para graduarse. Debes averiguar si la universidad hace todos los esfuerzos por minimizar los préstamos para los estudiantes y los padres. La mayoría de universidades aumentan anualmente el monto del préstamo en un paquete de ayuda estudiantil, a medida que se incrementa la elegibilidad para programas de préstamo. Si este es el caso, ¿la universidad también reducirá su otorgamiento por subvención anualmente?

¿El otorgamiento para estudiantes de primer año permanece constante para los otros tres años?

Algunas veces, la mejor opción financiera es la de la universidad que te ofrece un otorgamiento constante durante todos los cuatro años de estudios. No te sorprendas si la subvención para el primer año de tu hijo se reduce gradualmente cada año, especialmente si esperas que tu ingreso permanezca relativamente igual. Debes tener presente que la mayoría de los gastos universitarios aumentan cada año. Si las subvenciones disminuyen, pídele a la universidad que te explique claramente su política de asignación de subvención universitaria.

¿Qué pasa si tu hijo demora cinco años en graduarse? ¿Se eliminarán las ayudas institucionales en el quinto año, incluso si se mantiene un promedio general de calificaciones excepcional? Esta situación ocurre con mayor frecuencia de lo que se podría esperar. Averigua si la universidad te deja ver las cartas de otorgamiento típicas para estudiantes que recibieron ayuda por un período de cuatro años y para estudiantes que recibieron ayuda por un período de cinco años.

MANTÉN BAJOS LOS GASTOS

Existe una estrategia sencilla que puedes tener en cuenta al tratar de reducir los gastos universitarios: asiste a cursos de verano. Históricamente, se consideraba los estudios de verano como un período de recuperación. Pero, en la actualidad, algunos de los estudiantes más talentosos toman clases de verano para acortar su carrera académica y ahorrar dinero.

¿Se brinda ayuda para estudios en el verano?

Una buena forma de reducir los gastos universitarios es que tu hijo tome clases de verano, antes de que comiencen las clases de otoño. Pregunta si la universidad ofrece algún tipo de ayuda para gastos de verano. Si tu hijo puede encontrar la forma de tomar de 3 a 6 créditos por verano, los gastos universitarios pueden reducirse hasta en un 25 por ciento. Aunque la mayoría de universidades otorgan préstamos de verano, es posible que recibas alguna ayuda pequeña para el verano. Tu hijo también podría ahorrar dinero en libros, ya que en esa época del año se encuentran más libros usados. También ahorrarás dinero en gastos de alojamiento y comida si tu hijo vive en tu casa. Es posible que haya una universidad cerca de tu casa que tenga precisamente el curso requerido durante el verano.

CONOCE LAS BECAS

Muchos padres y estudiantes no se dan cuenta que el ganar una beca no institucional puede tener un efecto negativo en su otorgamiento de ayuda financiera. La buena noticia es que tu hijo ganó la beca; la mala, es que es posible que tu hijo no la pueda aceptar. En general, un estudiante que recibe ayuda basada en la necesidad no puede recibir más ayuda que los gastos de asistencia a la universidad menos el estimado de aporte esperado de la familia, sin importar cuánto dinero haya ganado en becas. En este capítulo te decimos qué debes observar si el otorgamiento de ayuda institucional de tu hijo es ajustado debido a que obtuviste una beca.

¿Una beca externa reducirá mi otorgamiento, en especial mis subvenciones o becas institucionales?

Cada universidad tiene políticas diferentes respecto a la ayuda financiera cuando se recibe una beca externa. Por ejemplo, si la ayuda financiera de la universidad es de $10,000 y de ese monto, $6,000 corresponden a dinero de subvenciones y el resto a auto-ayuda, ¿qué sucede con tu otorgamiento general si tu hijo recibe una beca externa? ¿La universidad reemplazará sus subvenciones con la ayuda externa para tu hijo? ¿Se empleará la beca externa para llenar cualquier "laguna" en tus necesidades? Si no es así, ¿se reducirán primero los préstamos? ¿La universidad puede reducir tu aporte esperado de la familia para absorber la beca externa? Muchos padres no tienen el aporte esperado de la familia que la universidad estima. Es entonces cuando se debe pensar en una apelación para no perjudicar los fondos de becas externas.

¿Es renovable mi beca institucional?

Si tu hijo es lo suficientemente afortunado de recibir una beca institucional, debes leer la letra menuda respecto a lo que debes hacer para mantener la beca. Asegúrate de saber la duración de la beca y el promedio general mínimo de calificaciones. ¿La beca es útil sólo para un año? ¿Se incrementará si los gastos de matrícula aumentan? o ¿tiene un monto fijo en dólares? Si la beca no es renovable, pregunta cómo ayudará la universidad a cubrir la diferencia el siguiente año. ¿Se tendrá en cuenta a tu hijo para becas alternativas como estudiante universitario?

¿Puede recuperarse la elegibilidad perdida para la beca?

Algunas veces, los estudiantes pueden perder su beca después de un período de estudios universitarios si no mantienen un promedio general mínimo de calificaciones. Por lo general, existen diferentes requisitos mínimos de calificaciones para recibir ayuda federal, estatal e institucional. Si tu hijo recupera su promedio en el siguiente período, ¿recuperará su beca? Debes estar al tanto de las exigencias de cada fuente de fondos. De no ser así, puede costar miles de dólares tanto a padres como a estudiantes. Es muy importante estar informado sobre los requisitos para becas de cada universidad. Determina qué proceso de apelación existe si tu hijo tiene problemas en mantener la beca.

> Si tu hijo gana una beca para una especialización específica, como inglés, y cambia de especialización, puede perder la beca.

UNIVERSIDADES FUERA DEL ESTADO

Existen muchas reglas para determinar si tu hijo puede ganar el estatus de residencia estatal para fines de matrícula. Asimismo, muchos estados participan en acuerdos de reciprocidad para fines de matrícula. Las dos opciones pueden ahorrarte dinero. Es importante reunir todo lo necesario para saber cómo aprovechar ambas oportunidades.

¿Cuánto se demora uno en volverse residente estatal? ¿Tienen acuerdos de reciprocidad para matrícula?

¿De verdad quieres ahorrar mucho dinero de matrícula? Averigua qué se requiere para establecer el estatus de residencia estatal en la visita al campus. Infórmate sobre los requisitos para pagar solamente matrícula dentro del estado. Por lo general, en la oficina del secretario de admisiones o en la tesorería encontrarás la mejor información al respecto. Ha habido muchos estudiantes que han ganado estatus estatal mientras asisten a la universidad primero como estudiantes de otro estado. Por lo general, existen comités de residencia que escuchan las apelaciones de las familias. No te dé miedo preguntar qué debes hacer. Asegúrate de leer al respecto en el catálogo de la universidad.

Los acuerdos de reciprocidad son acuerdos de descuento en matrícula entre estados, instituciones e incluso regiones. Por ejemplo, el estado de Maryland no tiene programa universitario de grado en ingeniería de fibras textiles, pero el Georgia Institute of Technology sí, y un residente de Maryland que se especialice en este campo puede asistir a Georgia Tech como residente estatal. Al no tener que pagar la tarifa para matrícula fuera del estado, tu hijo ahorrará más de $30,000 en cuatro años. Otro ejemplo es la Western Interstate Commission for Higher Education (Comisión Occidental Interestatal para Estudios Superiores) que tiene acuerdos para permitir que estudiantes que no encuentran programas de estudios en su campo en el estado donde viven, puedan pagar la tarifa para matrícula estatal en una universidad fuera del estado. En la actualidad, doce estados participan en este programa (Alaska, Colorado, Hawaii, Idaho, Montana, Nevada, New Mexico, North Dakota, Oregon, South Dakota, Utah y Wyoming).

ENCONTRAR EMPLEO EN EL CAMPUS

Trabajar en la universidad puede resultar provechoso tanto financiera como personalmente. Muchos estudiantes han podido sobrevivir los años de universidad trabajando en el campus; desarrollan una relación positiva con el personal de la universidad y con otros estudiantes trabajadores. Un estudiante podría tener la suerte de trabajar para un profesor ganador de un premio Nobel en su especialidad de estudio. Sin embargo, para poder tener uno de los cientos de trabajos del campus que están disponibles, tu hijo debe saber cómo evitar las dificultades.

¿Cuántas oportunidades de trabajo hay en el campus?

Pregunta que porcentaje de trabajos en el campus está basado en la necesidad comparado con los que no están basados en la necesidad. En otras palabras, si solicitaste ayuda financiera y te fue negada, ¿aún queda la opción de un trabajo para estudiantes proveniente de familias como la tuya? ¿Qué tipos de trabajos hay? ¿Existen algunos trabajos más orientados a lo académico que otros? ¿Cuál es el pago típico? y ¿cuántas horas se espera que trabaje tu hijo? Es importante preguntar si existe una oficina de empleo en el campus que ayude a los estudiantes a encontrar trabajos. Pregunta si te pueden enviar por correo electrónico listas de trabajos al finalizar el verano para que tu hijo pueda hacer la solicitud y la entrevista antes de iniciar los afanes del otoño. Averigua si la universidad tiene listas de trabajos en su sitio Web. También ten en mente que por lo general los estudiantes universitarios tienen menos tiempo libre que los de secundaria. ¿Se puede esperar que ganes la cantidad que te ofrece la universidad?

¿Mis ganancias de trabajo dentro o fuera del campus afectarán mi elegibilidad para la subvención?

Si tu hijo recibe un empleo federal de trabajo y estudio basado en la necesidad, considera este empleo respecto a un empleo de trabajo y estudio no federal. Los trabajos federales de esta clase no se cuentan como recurso financiero si vuelves a solicitar ayuda financiera. Los no federales sí se consideran y, pueden reducir tu ayuda al siguiente

> Investigaciones demuestran que los estudiantes que trabajan en el campus tienen mayor oportunidad de graduarse que los que no lo hacen.

año. En general, un estudiante puede ganar aproximadamente $2,500 por año antes que afecte su elegibilidad para ayuda financiera. Otra ventaja del trabajo y estudio federal, es la oportunidad que tu hijo tendrá de ganar experiencia para su currículum vitae mientras estudia en la universidad. Tu hijo también puede trabajar fuera del campus en un empleo respaldado con los fondos para trabajo y estudio.

PRÉSTAMO

De acuerdo con el "Survey on Planning and Paying for Higher Education" (Estudio sobre Planificación y Pago de la Educación Superior) del Collegiate Funding Services (Servicios de Fondos Universitarios), 1 de cada 5 ex-alumnos universitarios se sorprendió de la suma que debía pagar mensualmente por su préstamo estudiantil. Controla tus necesidades proyectadas de préstamo y evita sorpresas volviéndote un consumidor informado. El estudio afirma que sólo la mitad de los padres con niños entre los 12 y 17 años piensa asumir todos, o parte de, los gastos universitarios de sus hijos. Si tanto padres como estudiantes buscan en todas partes las mejores opciones de préstamo, pagarán menos cuando sea el momento del reembolso de sus préstamos.

¿La universidad establece acuerdos con prestamistas que ofrecen descuentos en préstamos tanto a padres como a estudiantes?

Debes hacer esta pregunta, ya que muchos prestamistas ofrecen grandes descuentos. Históricamente, los prestamistas deducían un cargo por originación de 3 por ciento en cada desembolso de un préstamo para estudiantes o para padres de los mismos. Sin embargo, en la actualidad muchos prestamistas ya no cobran ese cargo y ofrecen grandes descuentos en el interés durante el reembolso. Los descuentos pueden significar miles de dólares durante la vida del préstamo. Solicita una lista de prestamistas en la oficina de ayuda financiera, de modo que el consejero de ayuda financiera te asesore para que puedas seleccionar el mejor préstamo de acuerdo a las necesidades de tu familia.

¿La universidad conformará paquetes de préstamos que se acomoden a programas emergentes de condonación de préstamos?

Están surgiendo leyes que expandirán mucho los programas de condonación de préstamos a cambio de empleo en áreas con escasez de profesionales, tales como la salud y la educación. A medida que tu hijo avance en sus estudios universitarios, no pierdas de vista estos beneficios. La universidad de tu hijo debería ayudarte a conformar un paquete de préstamos de manera que puedas aprovechar lo mejor posible estos importantes beneficios, si coinciden con el campo de estudios particular de tu hijo.

Capítulo 9

Secretos para ahorrar

En este momento, debes estar preguntándote cuál es la mejor forma de ahorrar para la educación de tu hijo y si cuentas con el tiempo necesario para comenzar a ahorrar. Este capítulo te brinda información sobre las formas más comunes de ahorrar. Además, te presenta un plan para comenzar a ahorrar incluso si a tu hijo sólo le falta uno o dos años para asistir a la universidad.

TRES FORMAS DE AHORRAR

Echemos un vistazo a las tres formas más populares de ahorrar y el modo cómo afectan tu aporte esperado de la familia y la elegibilidad de tu hijo para ayuda financiera.

1. I-529

El código 529 (I-529) del IRS también se conoce como Qualified Savings Plans, QSP (Planes de Ahorro Calificado). Los planes de ahorro universitario ofrecen uno de los más grandes beneficios de impuestos que existen. El dinero en estas cuentas aumenta completamente exento de impuesto federal siempre que se gaste para educación superior, y las contribuciones son deducibles de impuestos en muchos estados.

Si tu familia tiene un ingreso muy alto y no eres elegible para una cuenta de ahorro educativo, ESA (por su siglas en inglés), los I-529 (QSP) son una gran opción. No existen límites de ingresos, puedes hacer contribuciones de hasta $11,000 al año sin originar el impuesto por donaciones, y los límites de contribución vitalicia pueden exceder los $200,000 en algunos estados. Los padres de medianos ingresos también se pueden beneficiar de la capitalización de impuestos exenta de impuestos.

Las suspensiones de impuestos federales para I-529 vencerán al finalizar el año 2010, salvo si el Congreso las renueva. De otro modo, se supone que los retiros del I-529 se revertirán a estar sujetos de impuestos a la tasa federal del estudiante.

Sin embargo, existen algunos inconvenientes. Muchos planes de ahorro I-529 ofrecen opciones limitadas de inversión, en tanto que algunos planes imponen altas cuotas o te exigen pagar una comisión. Además, si no gastas el dinero de tu cuenta en educación superior, pagarás impuestos más una multa del 10 por ciento sobre las ganancias.

Puesto que la inversión en el plan le pertenece al padre (como patrocinador), entonces se considera como activo tuyo y no de tu hijo en la FAFSA. Si un abuelo u otra tercera parte establece un 529-QSP a nombre de un nieto en particular, entonces es propiedad del abuelo y no se reporta en la FAFSA.

Planes de matrícula con pago anticipado

Los planes de matrícula con pago anticipado constituyen otra forma de I-529 que te permite comprar contratos o unidades de educación a precios actuales y, que pueden emplearse para matrícula en el futuro. En otras palabras, puedes asegurar los gastos universitarios del futuro a precios de hoy. Puesto que las cuotas de matrícula vienen creciendo desde 1980 dos o tres veces más rápidamente que el Índice de Precios al Consumidor, ésta es una buena forma de ahorrar.

Las ganancias en cuentas con pago anticipado están exentas del impuesto a la renta federal y las contribuciones son deducibles de impuestos en muchos estados. Por lo general, los planes con pago anticipado son patrocinados por estados individuales y están diseñados

Recuerda que, a diferencia de los planes de ahorro I-529, los planes de pago anticipado reducen la elegibilidad para ayuda financiera dólar por dólar.

para pagar la educación en universidades públicas dentro del estado. La mayoría de estos planes aún se limitan sólo a residentes del estado, pero muchos se están volviendo más competitivos con planes de ahorro I-529 mediante el pago de una tasa de interés mínima en contratos de pago anticipado, lo cual garantiza alguna ganancia incluso en el caso improbable de que los precios de matrícula no suban.

Más de 280 universidades privadas en la actualidad se han vinculado a un consorcio de universidades llamado Tuition Plan (Plan de Matrícula). Los padres pueden comprar contratos de pago anticipado que sirven para matricularse en cualquiera de las universidades del consorcio. Si tu hijo no ingresa a ninguna de las universidades de la red, puedes conseguir un reembolso completo con intereses. De acuerdo con la Tax Relief Act (Ley de Desgravación de Impuestos) de 2001, los retiros de planes de pago anticipado de universidades privadas están exentos de impuestos federales desde 2004. Llama al 877-874-0740 (llamada gratuita) para obtener más detalles sobre el Tuition Plan.

Ventajas y desventajas de los planes I-529

Tanto los planes de pago anticipado como los planes de ahorro tienen sus ventajas. Si faltan más de cinco años para que tu hijo vaya a la universidad y crees en la capacidad del mercado de valores para producir ganancias estables, tu inversión podría estar mucho mejor en un plan de ahorros. Un plan de ahorro te permitiría escoger inversiones más dinámicas y podrías hacerlo mientras tu hijo es joven, lo que reduce los riesgos de tu inversión a medida que tu hijo se hace mayor. Si no quieres tomar riesgos o si te da miedo el mercado de valores, los planes de pago anticipado pueden ser una mejor forma de ahorro para ti.

2. Coverdell Education Savings Accounts, ESA

Anteriormente conocidas como Education Individual Retirement Account, IRA (Cuenta de Jubilación Individual para Educación), las Coverdell Education Savings Accounts (Cuentas de Ahorros de Educación Coverdell) son una forma atractiva de ahorro para educación, en especial para familias en los grupos de altos impuestos. El aporte ESA máximo anual es de $2,000 por hijo y el límite de elegibilidad de ingresos para parejas casadas que deseen abrir una cuenta es de $220,000 por año.

Si tu ingreso bruto ajustado (IBA) está entre $190,000 y $220,000, el monto que puedes aportar se reduce gradualmente. Tu familia no tendrá multa por contribuir al mismo tiempo en una ESA y en un I-529 el mismo año a nombre del mismo beneficiario.

Los aportes ESA aumentan exentos de impuestos y no son deducibles de impuestos. Aunque se pueden emplear retiros para gastos educativos

Si crees que tendrás que depender de la ayuda financiera, asegúrate de no ahorrar nada a nombre de tu hijo. En lugar de abrir una ESA, invierte dinero para la universidad bajo tu propio nombre en un fondo indexado o administrado por impuestos, los cuales reducen al mínimo las ganancias sujetas a impuestos.

calificados, puedes invertir tus aportes en lo que desees. Además de emplear dinero ESA para pagar la universidad, puedes utilizarlo para pagar la matrícula en la escuela primaria y secundaria, tutorías, computadoras y otros gastos.

Sin embargo, si estás contando con la ayuda financiera, las ESA pueden ser un arma de doble filo, pues se presume que el dinero de estas cuentas es un activo del estudiante según las fórmulas de ayuda financiera federal. Se espera que tu aporte provenga en una mayor parte de los activos de tu hijo (35 por ciento al año) que de tus activos (hasta 5.6 por ciento). Entre más activos tenga tu hijo, más probable es que reciba menos ayuda.

3. Custodial Account

Las Custodial Accounts (Cuentas de Custodia) también se conocen como cuentas Uniform Transfers to Minors Act, UTMA (cuentas por Ley de Transferencia Uniforme a Menores) o cuentas Uniform Gifts to Minors Act, UGMA (cuentas por Ley de Donación Uniforme a Menores). Estas cuentas se consideran activos generadores de ingresos del estudiante y para tu hijo pueden significar un monto mayor en la elegibilidad para ayuda financiera que el ahorro hecho en impuestos.

A diferencia del dinero proveniente de un plan I-529 o una ESA, el dinero de una UGMA o una UTMA no debe emplearse exclusivamente para fines educativos. Ya que tu hijo obtiene el control de la cuenta cuando cumple los 18 años de edad, no podrás decir nada si él gasta el dinero en algo diferente a la universidad. Muchos planes I-529 permiten transferencias de cuentas de custodia, pero cualquier inversión en una UGMA o UTMA debe liquidarse antes de hacer la transferencia, ya que sólo aceptan efectivo.

Si tienes una cuenta de custodia, pero vas a solicitar ayuda financiera, debes "gastar" la cuenta antes de que tu hijo vaya a la universidad. Es legal que gastes los activos en cualquier cosa que beneficie a tu hijo, incluida una matrícula en universidad privada, un curso de preparatoria SAT o una computadora. Sin embargo, si tu hijo es muy joven (mucho menos de 14 años) y sólo tienes invertida una pequeña cantidad, no toques ningún fondo en la cuenta. Los beneficios de impuestos en cuentas de custodia son modestos y no vale la pena molestarse en transferir pequeñas cantidades a un plan 529. En lugar de eso, invierte sólo el monto permitido como ingreso exento de impuestos, que corresponde hasta $750 por año.

> **Si tu hijo no ha cumplido 14 años, los primeros $750 de intereses, dividendos o ingreso por ganancias de capital están exentos de impuestos. Los siguientes $750 están sujetos a impuestos a la tasa del 10 por ciento de impuesto para tu hijo. Cualquier ganancia por encima de dicho monto está sujeta a impuestos a tu tasa de impuesto. Si tu hijo tiene 14 años o más, todo ingreso en la cuenta está sujeto a impuestos a la tasa de tu hijo.**

¿A qué debes estar atento?

Si tu hijo ingresará a la universidad en septiembre de 2004, los ingresos y activos de tu familia en 2003 serán la base para las decisiones de ayuda financiera para el año académico 2004-2005. Debes planificar una estrategia para cualquier retiro de la universidad, si piensas que vas a solicitar ayuda financiera. A continuación, encontrarás algunos consejos para que le saques el mejor provecho a tus activos:

- **Mantén los ingresos familiares tan bajos como sea posible.** Los ingresos son un factor que pesa mucho en la evaluación de necesidad. Hasta el 47 por ciento del ingreso de los padres se considera elegible para pagar los gastos universitarios. Intenta no incurrir en ganancias de capital en el año impositivo anterior al de la utilización de la ayuda financiera.

> **Si en tu familia hay más de un hijo en la universidad al mismo tiempo, debes convertir en dinero todas las ganancias de capital antes de que tu primer hijo vaya a la universidad.**

- **Revisa regularmente tu estrategia general de inversión.** El plan universitario que escojas debe considerar la edad de tu hijo, los costos anticipados de matrícula y la posibilidad de que tu hijo necesite o no la ayuda financiera.

- **No pongas en peligro lo que necesitas ahorrar para la jubilación.** Tu hijo puede obtener muchos recursos para pagar la universidad, pero nadie te va a dar una beca para tu jubilación.

Las fórmulas de ayuda financiera no tienen en cuenta los ahorros de IRA y 401(k), por lo que tu ahorro para jubilación siempre debe tener prioridad.

NUNCA ES TARDE PARA AHORRAR

No todos comienzan a apartar dinero para la educación de sus hijos desde el momento en que éstos nacen. Si estás atrasado en tus metas de ahorro, los gastos que se acercan pueden atemorizarte. Pero eso no significa que no debas ahorrar dinero. Poco a poco se llega lejos. Si ahorras sólo $400 por mes durante un año, casi reúnes los gastos de matrícula de un año en una universidad pública. La misma estrategia de ahorro cubriría más de cuatro años de libros y materiales escolares para tu hijo, que en promedio ascienden a $850 por año.

Si tu hijo califica para préstamos estudiantiles subsidiados, es posible que tu meta no sea ahorrar para la universidad, sino para ayudarle a tu hijo con el reembolso de estos préstamos cuando llegue la avalancha de intereses y pagos mensuales después de la graduación. Revisa tus gastos de los últimos seis meses para ver cuánto gastas en un mes determinado en comparación con los ingresos familiares. Una vez que identifiques en qué gastas el dinero, busca qué gastos puedes reducir. Luego, establece un plan de ahorros regular y deduce automáticamente el dinero de tu cuenta corriente cada mes.

Pon el dinero en una cuenta de mercado monetario o fondo triple A de bonos del estado, si tu hijo va a necesitar los ahorros universitarios en menos de cinco años. Con tan poco tiempo, la especulación en el mercado de valores no es una opción. Piensa en la posibilidad de invertir en una cartera conservadora de valores y bonos si faltan más de cinco años para que tu hijo ingrese a la universidad. Recuerda que no debes poner ningún dinero a nombre de tu hijo, ya que se considerará como activo de tu hijo cuando solicite ayuda financiera.

Préstamos

Aunque tu hijo califique para ayuda financiera, aún es posible que tengas que depender de préstamos para cubrir los gastos universitarios. Incluso los paquetes de ayuda financiera más generosos incluyen algunos préstamos. Los préstamos más deseables se otorgan con ayuda financiera a nombre de tu hijo y los subsidia el gobierno.

Como se analizó en el Capítulo 3, los Perkins Loans y los Stafford Loans subsidiados no acumulan intereses mientras tu hijo esté en la universidad, y los pagos no se inician sino hasta después de su graduación. Tu hijo puede recibir un Stafford Loan no subsidiado sólo si solicitó ayuda financiera y no calificó para el Stafford Loan subsidiado. Los Stafford Loans no subsidiados acumulan intereses mientras tu hijo está en la universidad, pero tienen tasas de interés más favorables que las de los bancos comerciales. Los PLUS Loans para padres también son más favorables que los préstamos bancarios. Considera primero un préstamo sobre capital de vivienda y luego averigua por un préstamo bancario alternativo diseñado específicamente para educación si tu hijo no califica para un préstamo subsidiado por el gobierno o necesita más dinero para pagar los gastos universitarios.

Ayúdale a tu hijo a ahorrar para la universidad

De acuerdo con el National Center for Education Statistics (Centro Nacional de Estadísticas Educativas), cerca del 51 por ciento de los estudiantes universitarios se consideran financieramente independientes de sus padres. Esta es una cifra sorprendente si se tiene en cuenta el costo de una universidad en la actualidad. Muchos padres sencillamente no pueden pagarlo. Otros deciden que es responsabilidad de su hijo pagar por sus propios medios. Cualquiera que sea la razón, existen muchas maneras de apoyar los esfuerzos de tu hijo para ir a la universidad.

Asegúrate de que tu hijo aproveche las siguientes herramientas de ahorro con ventajas de impuestos, que son útiles para estudiantes universitarios independientes.

Hope Credit (Crédito Hope)

El Crédito Hope ofrece un crédito impositivo de hasta $1,500 por estudiante, sujeto a topes de ingreso anual para gastos educativos. Este crédito se limita a los dos primeros años de estudios universitarios.

Lifetime Learning Credit (Crédito Lifetime Learning)

Este tipo de crédito ofrece un crédito impositivo de hasta $1,000 por familia (o hijo, si es él quien va a pagar las cuentas) para el tercer y cuarto años de universidad. Está sujeto a topes de ingresos y se estipula que el crédito máximo Lifetime Learning es $2,000.

Planes I-529

Los planes de ahorro I-529 son útiles para jóvenes que buscan la manera de aprovechar al máximo el dinero que ganan cortando césped y como regalo de cumpleaños. Las ganancias en una cuenta de este tipo quedaron exoneradas de impuestos desde 2002, asumiendo que el dinero se emplea para fines educativos. Cabe señalar que los padres o tutores legales deben ayudar con la apertura de estas cuentas.

> **Asegúrate de hacer que tu hijo participe en el proceso de pago, mientras buscas formas de conseguir dinero para la universidad. Los estudiantes universitarios en potencia deben saber que es posible que se gradúen gracias a préstamos estudiantiles y que las buenas calificaciones, los puntajes SAT y los ensayos personales ingeniosos pueden tener gran impacto sobre el precio real de la universidad.**

Tu hijo debe estar preparado para ahorrar responsablemente durante sus años universitarios. Eso podría significar tener un trabajo a tiempo parcial durante el año escolar y un trabajo a tiempo completo durante las vacaciones de verano e invierno. El Bureau of Labor Statistics (Oficina de Estadísticas Laborales) informa que el 56 por ciento de los estudiantes en edades entre los 16 y los 24 años trabajan, ya sea tiempo completo o parcial. El dinero ganado que se ahorra durante los años universitarios puede aliviar en gran medida el estrés asociado con la deuda después de la graduación. Tu hijo puede adquirir habilidades ahorrativas que le ayudarán toda su vida, y puede comenzar a reembolsar los préstamos tan pronto como se gradúe.

AmeriCorps

AmeriCorps es un programa de servicio nacional que dura un año y brinda oportunidad a estudiantes en edad universitaria para ganar dinero extra, e incluso obtener créditos universitarios. Los miembros del programa orientan a jóvenes bajo riesgo, ayudan en la construcción de viviendas accesibles, realizan pruebas de salud y ayudan a grupos sin ánimo de lucro en toda la nación. Más allá de los beneficios de servir a una comunidad que lo necesita, los miembros de AmeriCorps reciben un otorgamiento de $4,725 para educación, después de un año de servicio, que pueden emplear para pagar la matrícula o reintegrar préstamos estudiantiles. El programa les brinda la oportunidad de reducir cerca de $10,000 en sus cuentas de matrícula ganando hasta dos otorgamientos.

AmeriCorps inscribe a más de 50,000 personas al año y es el único programa estadounidense de servicios de esta naturaleza. Sus variados programas tienen diferentes requisitos y fechas límite. Algunos, como Teach for America (Enseñanza para Estados Unidos), se llevan a cabo en el calendario escolar y requieren de un título universitario. Otros, simplemente exigen que los solicitantes sean ciudadanos estadounidenses mayores de 17 años.

Tu hijo puede solicitar indulgencia de morosidad en préstamos estudiantiles mientras presta sus servicios en AmeriCorps, de manera que no necesitaría hacer ningún pago en ese lapso. Se seguirían acumulando intereses, pero si tu hijo califica para indulgencia de morosidad y completa su tiempo de servicio, AmeriCorps paga una parte o la totalidad de los intereses causados sobre estos préstamos.

> **Cuando los miembros de AmeriCorps completan un mínimo de 1,700 horas en un año o menos (un período de servicio a tiempo completo), la beca es de ellos. Algunos miembros pueden ser elegibles para recibir un otorgamiento parcial si su período de servicio es menor.**

Algunas universidades, como la University of Vermont y la Northeastern University en Boston, Massachusetts, ofrecen acreditación de cursos o becas por participar en el programa. Lo mismo hacen muchas universidades de posgrado, entre otras, Brandeis University, en Waltham, Massachusetts; George Washington University, en Washington, D.C. y Clark University, en Worcester, Massachusetts.

Visita AmeriCorps Alums en Internet, www.americorpsalums.org, para tener una lista completa de las universidades que ofrecen becas e incentivos. Muchas universidades ofrecen incentivos a miembros de AmeriCorps, ya sea adaptando el otorgamiento para educación, ofreciendo becas u acreditando cursos por aprendizaje experimental a alumnos de AmeriCorps.

> **El otorgamiento para educación por servicio en AmeriCorps está sujeto a impuestos en el año que se emplea, pero tu hijo puede aprovechar la Hope Scholarship o los créditos Lifetime Learning, cuando se emplea el otorgamiento, lo que permite una importante exención de impuestos.**

Trabajos de verano

Existen numerosas formas creativas para que tu hijo adolescente gane dinero durante el verano. Abundan oportunidades interesantes de trabajo para adultos jóvenes emprendedores, incluidos puestos como guías turísticos en parques nacionales, operarios de juegos en parques de diversiones y salvavidas.

Anima a tu hijo para que comience a buscar un empleo de verano solicitando trabajos de temporada. Por ejemplo, el National Park Service (Servicio de Parques Nacionales), contrata cerca de 3,000 trabajadores de temporada todos los veranos para manejar sus 370 parques en todo el país, en Guam, Puerto Rico y las Islas Vírgenes. Muchos pagan un pequeño estipendio de varios cientos de dólares por mes, con alojamiento y comida incluidos, haciendo de esto más una experiencia de aventura que una oportunidad para hacer dinero. Miles de posibles trabajadores llenan su solicitud cada año en los parques más populares, entre ellos, Yellowstone y el Gran Cañón, por lo tanto la solicitud de tu hijo debe ser competitiva.

También hay oportunidades de trabajo de verano en centros y ranchos vacacionales turísticos. En el Home Ranch de 1,500 acres, cerca de Steamboat Springs, Colorado, por ejemplo, pueden hacer su solicitud trabajadores de temporada de 18 años o más. El personal de verano comparte una variedad de cabinas y dormitorios y gana cerca de $1,200 mensuales. Los trabajos incluyen guías de caminatas, vaqueros, asistentes de oficina, guías de pesca con moscas, panaderos e incluso amas de llaves.

Otra opción para estudiantes mayores de 18 años que buscan empleo de verano son los cruceros. Este es un trabajo físicamente exigente, con muchas horas de trabajo y poca paga, dicen los que conocen. Para adolescentes que tengan 15 años o más, los parques de diversiones crean una atmósfera de campo, con baja renta y alojamiento en el sitio. Los parques de diversión contratan durante los meses de verano y la mayoría necesita operarios de quioscos, salvavidas autorizados, guardianes, personal de seguridad, auxiliares de quioscos en concesión y operarios para recorridos. Algunos, entre ellos, Six Flags Great Adventure en Jackson, New Jersey, incluso contratan vigilantes y porteros de safaris. Además del salario por hora (que comienza por sobre el salario mínimo), los empleados reciben entrada gratis al parque, descuentos del 40 por ciento en mercancía del parque, cinco pases de cortesía y se les incentiva a participar en ligas de béisbol, barbacoas y bingos.

El trabajo de salvavidas es otra opción para trabajar en verano. La paga es buena, pero el trabajo exige certificación de salvavidas y resucitación cardiopulmonar, RCP, y obviamente, Primeros Auxilios. Aunque puede haber demanda de trabajos de playa, las empresas administradoras de apartamentos tienden a pagar mejor; ofrecen empleos a salvavidas en piscinas de complejos de apartamentos en temporadas que van desde el Memorial Day (Día del Soldado Muerto) hasta el Labor Day (Día del Trabajo). Los salvavidas pueden ganar entre $5,000 y $8,000 durante los meses de verano, dependiendo donde trabajen. Los operarios de piscinas entrenados para manejar personal, operar las bombas y controlar los niveles de químicos en las piscinas, pueden ganar otros $3,000 por verano.

> **Six Flags otorga más de $10,000 en becas cada año para empleados meritorios.**

Capítulo 10

Otras formas de recortar los gastos universitarios

Cuando se trata de pagar la universidad, el ingenio es tan útil como los recursos. La eliminación del respaldo federal para los fondos de subvención creó un ambiente en el que los préstamos son la forma más común de ayuda financiera. El préstamo significa el pago diferido de algo que quieres en este momento. La forma más rápida y, desafortunadamente, más fácil de obtener dinero para educación es simplemente firmar en la última línea de un formulario de préstamo. Sin embargo, puede resultar costosa, por lo que debes buscar otros recursos y formas para reducir tus gastos.

Las siguientes estrategias tal vez no sean las mejores, o no estén disponibles para todo el mundo, pero te ofrecen opciones que puedes considerar:

$ Reducir tu presupuesto universitario

$ Obtener un crédito universitario sobre una base acelerada (reducción del tiempo que tu hijo permanece en la universidad)

$ Obtener crédito universitario por fuera del aula tradicional de clases

$ Uso de alternativas de pago

$ Créditos impositivos

$ Combinar los estudios de educación superior con un empleo relacionado con tus estudios

$ Servicio nacional y comunitario

REDUCCIÓN DE TU PRESUPUESTO

Aumentar recursos es una forma de satisfacer tus necesidades, pero también lo puedes hacer mediante la reducción de tu presupuesto.

El paquete de ayuda que ofrece una universidad se basa en la definición de gasto que tenga, lo que implica presunciones y promedios. La naturaleza estándar del presupuesto significa que está diseñado para satisfacer las necesidades promedio de un estudiante. Es posible que tu hijo gaste más o menos de lo que le permite el presupuesto, pero esta variación individual no afecta el monto de la ayuda ofrecida por la universidad. Un presupuesto estándar asume que limitas tus gastos razonablemente. No se espera que tu hijo viva en condiciones inferiores al nivel de pobreza, pero sí se espera que acepte ciertos sacrificios para obtener una educación. Para determinar si estos gastos estándar se pueden reducir, debes analizarlos en conjunto con las expectativas de tu hijo para vivir con recursos limitados.

En términos generales, si tu hijo gasta más de lo que le permite el presupuesto estándar, tendrás dificultades para pagar la universidad. Por otro lado, si tiende a economizar, es probable que termines con menos deuda. Igualmente, si reembolsas parte de tu préstamo antes de su vencimiento real con dineros ahorrados, puedes disminuir los intereses y así reducir el monto de las cuotas mensuales de reembolso.

Puesto que es necesaria mucha disciplina para no gastar el dinero, tal vez prefieras aceptar un monto menor de préstamo que puedes pedir prestado de otra forma. Antes de tomar esta decisión, considera la fuente del préstamo y la disponibilidad continua del mismo. Si rechazas parte o la totalidad de un Federal Perkins Loan, que te ofrece las mejores condiciones de aplazamiento y cancelación, el monto que rechazas se ofrecerá a otro estudiante necesitado. Si más adelante en el curso del año, te das cuenta que realmente necesitas el Federal Perkins Loan, ya no tendrás disponible estos fondos dentro de ese programa y, por lo tanto, es posible que tengas que aceptar un préstamo que no tenga esas condiciones favorables.

Los programas FFEL y Direct Loan no tienen las mismas limitaciones que el Federal Perkins Loan. En el caso de los programas FFEL, a no ser que el prestamista tenga restricciones sobre el número de solicitudes que puede aceptar de un estudiante en un año determinado, puedes solicitar fondos adicionales posteriormente, siempre que seas elegible. Ten en mente las fechas límite, puesto que los fondos normalmente se desembolsan mientras tu hijo aún está en la universidad. Tanto tú como tu hijo deben sopesar su tendencia a gastar dinero, su propensión al ahorro y la fuente del préstamo antes de decidir rechazarlo o aplazar su solicitud.

Matrícula

Con la excepción de descartar las universidades costosas, no puedes controlar la tarifa de matrícula que determinan las universidades. El costo de la matrícula varía entre universidades y también puede variar entre los programas de estudio dentro de una universidad. El costo de la matrícula no siempre es un indicador de calidad o prestigio, por lo que te aconsejamos no descartar las universidades de bajos costos que también ofrecen los programas de estudio que tu hijo quiere.

La mayoría de los programas de cuatro años incluyen cierto número de cursos de artes liberales que son requisito para graduarse, aunque no necesariamente afectan en forma directa la especialidad. Es posible que tu hijo pueda tomar ciertos cursos preparatorios en una universidad de menor costo y luego solicitar la transferencia a una universidad con altos costos para tomar los cursos más avanzados en el programa de estudios que está interesado.

Si tu hijo piensa cambiarse a otra universidad, es probable que se encuentre con fechas límites y procedimientos completamente diferentes. Igualmente, podrías contar con otras formas de ayuda y el proceso de solicitud puede diferir significativamente. Es importante obtener información completa antes de hacer la transferencia para lograr una transición fácil.

Puesto que se benefician de las recaudaciones tributarias, las universidades públicas generalmente cobran matrículas más bajas, en especial a estudiantes residentes del estado. Normalmente, en las universidades públicas los estudiantes no residentes del estado tienen una tarifa más alta de matrícula. La distinción entre estudiantes residentes y estudiantes no residentes en las universidades públicas

Es posible que un estudiante de transferencia experimente otros gastos, que no son monetarios, tales como adaptarse a una nueva universidad y su ambiente. Si tu hijo decide primero asistir a una universidad de bajos costos para ahorrar dinero y después solicitar transferencia a una universidad de costos superiores, considera cuidadosamente si todos los cursos que ha tomado en la primera universidad son compatibles con los requisitos de la segunda universidad. De lo contrario, puedes terminar perdiendo dinero por tener que quedarse en la universidad más tiempo o por repetir cursos.

parece ser un asunto bastante sencillo, pero a decir verdad, puede resultar algo complicado. Algunos estados requieren un tiempo mínimo de residencia para poder aprovechar la tarifa de matrícula dentro del estado. Los estudiantes del ejército asignados a un lugar específico, estudiantes con propiedades en otro estado o distrito, y estudiantes extranjeros que han permanecido en este país como residentes por un breve período, pueden descubrir que algunas universidades o estados verán con reserva las ofertas de tarifas de matrículas para estudiantes residentes. Las preguntas en los formularios de solicitud sobre tus direcciones durante un período de tiempo, el estado donde tu hijo obtuvo la licencia de conducir y el lugar de registro de votación de tu hijo, sirven para que las universidades determinen el estado de residencia. Puesto que la diferencia entre la matrícula para residente y no residente puede significar cientos, incluso miles de dólares al año, debes solicitar a las universidades que estás considerando que te aclaren este asunto.

Instituto de enseñanza para la comunidad

Las universidades de dos años normalmente se financian con impuestos locales o estatales; por lo tanto, la matrícula es menos costosa que en las universidades de cuatro años (casi la mitad del precio de una universidad pública de cuatro años y 85 por ciento menos que una universidad privada de cuatro años). Tu hijo puede inscribirse en un instituto de enseñanza para la comunidad durante uno o dos años y puede tomar cursos introductorios y cursos que son requisitos previos, a un costo significativamente más bajo, y luego solicitar transferencia a una universidad de cuatro años para tomar los cursos de su carrera universitaria. Otra forma en que esto te ayudará a ahorrar dinero, es el gasto por alojamiento y comida, ya que tu hijo puede vivir en casa y trasladarse a un instituto de enseñanza para la comunidad local. Antes de inscribir a tu hijo en un instituto de enseñanza para la comunidad, comunícate con la universidad de cuatro años que tu hijo prefiere, ya que no todos los cursos del instituto de enseñanza para la comunidad se pueden transferir.

REDUCCIÓN DEL PROGRAMA DE ESTUDIOS

Tu hijo puede obtener un título o certificado en un plazo menor que el plazo normal. Por ejemplo, podría considerar tomar un curso adicional por período académico. Si lo hace durante cierto tiempo, es más fácil que pueda graduarse antes de lo previsto. Algunas universidades no cobran más por inscribirse en cursos adicionales a la carga académica mínima de la universidad de tiempo completo, en tanto que otras cobran por hora crédito. Sin embargo, a pesar de los cargos adicionales por cursos extras, los ahorros en otros gastos pueden ser considerables.

Los cursos de verano constituyen otra alternativa. Aunque es posible que la ayuda financiera esté disponible durante el verano, debes informarte si al recibir ayuda durante el verano disminuye el monto de ayuda que puedas tener durante el resto del año o programa de estudios.

Acreditación universitaria por exámenes

Otra alternativa que puede tomar tu hijo para reducir los gastos, es obtener acreditación por exámenes, así reduce el plazo exigido para recibir un título o certificado. En esta sección se describen diversos programas de alcance nacional:, AP, CLEP, PEP (Excelsior College en New York), y DANTES. Aunque debes pagar una cuota por el examen, las pruebas pueden ofrecerte soluciones más directas que se traducen en ahorros para la educación de tu hijo.

Sé consciente que las universidades consideran de forma diferente los créditos obtenidos por examen, de manera que debes averiguar si la universidad también cobra una cuota para determinar la acreditación correspondiente en el registro académico de tu hijo. También es común que las universidades establezcan un número mínimo de créditos que debes cursar en el campus a fin de que un estudiante se gradúe en esa universidad. Otras, simplemente limitan el número de créditos que puedes obtener por examen. Si tu hijo solicita transferencia, es posible que la nueva universidad no acepte los créditos concedidos por la universidad anterior si los obtuvo por examen. Esto puede darse particularmente si haces transferencia de una universidad de dos años a una universidad de cuatro años, puesto que las universidades de dos años tradicionalmente tienen una política más liberal respecto a la acreditación por examen.

Advanced Placement Program

Las universidades establecen sus propias políticas respecto del uso de los puntajes AP para garantizar una ubicación apropiada o acreditar el ingreso de estudiantes de primer año. El College Board te puede facilitar una lista de las universidades participantes. Sin embargo, puedes obtener una mejor respuesta a las preguntas específicas sobre las políticas AP de los funcionarios de la universidad donde tu hijo está solicitando la acreditación.

Este programa ofrece a los estudiantes de secundaria la oportunidad de completar los estudios a nivel universitario en materias que van desde biología, español hasta literatura inglesa. Al terminar el año, los estudiantes toman un examen que se administra a nivel nacional para esa materia. Si tu hijo obtiene un puntaje lo suficientemente alto, puede obtener crédito académico universitario. Se sabe de estudiantes que han tomado tantos exámenes AP, que no ha sido necesario que cursen su primer año de universidad. El valor monetario de los créditos potenciales AP es fácil de determinar: calcula el valor de un año de matrícula, alojamiento y comida. Entre más cara una universidad, mayor la cantidad de dinero que ahorrarás si tu hijo puede saltarse un año de estudios a través del programa AP.

College-Level Examination Program

Las ofertas College-Level Examination Program, CLEP operan con la premisa de que el logro de nivel universitario no sólo puede obtenerse en el aula sino también a través del estudio independiente y la experiencia. Si tu hijo tiene aficiones, talentos o intereses con un alto nivel de habilidad, podrías pensar en convertir ese interés en acreditación universitaria a través del programa CLEP.

Existen dos tipos de exámenes CLEP:

1. Los Exámenes generales
2. Los Exámenes por materias

Los Exámenes generales miden el logro de nivelación universitaria en cinco áreas básicas de las artes liberales: composición inglesa, humanidades, matemática, ciencias naturales, y sociología e historia. Estos exámenes evalúan temas que normalmente se cubren en los primeros dos años de universidad y que normalmente se consideran parte del requisito de estudios generales o liberales. Los Exámenes generales no tratan de medir el conocimiento especializado de una disciplina en particular ni se basan en un plan de estudios o curso de estudios determinado. Más bien, se diseñan para evaluar la habilidad general que puede adquirirse de varias maneras, a través de la lectura personal, empleo, televisión, radio, clases para adultos o trabajo avanzado en la escuela secundaria.

Los Exámenes por materias miden el logro en cursos universitarios específicos y se usan para conceder la exención y acreditación de estos cursos. Se ofrecen veintinueve Exámenes por materias en áreas que van desde el gobierno de Estados Unidos a la macroeconomía, y de la literatura inglesa a los sistemas de información y aplicaciones informáticas. Aunque no hay ningún plan de estudios establecido por materias, se han diseñado textos y libros de repaso como ayuda para que te prepares para los exámenes.

Excelsior College Examinations (Exámenes Excelsior College)

Tu hijo realmente puede obtener un título asociado o universitario en ciertas áreas de concentración a través del Excelsior College de la Universidad estatal de New York (anteriormente conocido como Regents College). El programa, anteriormente conocido como Proficiency Examination Program, PEP (Programa de Examen de Nivel de Conocimientos), combina varios elementos (prueba de habilidad, cursos por correspondencia, experiencia adquirida, cursos militares, e instrucción universitaria real) para medir el progreso con miras a obtener un título. El programa mismo no ofrece ningún curso, pero evalúa el conocimiento a nivel universitario y evalúa el número de créditos que tu hijo ha acumulado a través de diversos métodos aceptables. Se otorga un título cuando se han cumplido los requisitos.

Aproximadamente 1,000 universidades, aceptan créditos otorgados por el programa Excelsior College como créditos de transferencia. Muchas universidades también usan las pruebas para realizar su propia evaluación de conocimientos a nivel universitario de un estudiante y otorgar crédito. Estos exámenes se ofrecen gratuitamente a miembros del ejército americano a través del DANTES Examinations Program.

Los Excelsior College Examinations equiparan la materia enseñada en cursos de universidades estándar y miden el conocimiento en áreas específicas. Cuatro áreas generales de prueba son:

$ Artes y ciencias

$ Enfermería

$ Negocios

$ Educación

Se puede acreditar desde el conocimiento introductorio hasta el conocimiento de nivel superior, dependiendo del contenido de la prueba. Excelsior College desarrolla y administra las pruebas, y se realizan en Prometric Testing Centers (Centros de prueba Prometric) en todo Estados Unidos y Canadá. Existen guías de estudio detalladas para cada prueba, que contienen una descripción del contenido, bibliografía y ejemplos de preguntas.

Defense Activity for Non-Traditional Education Support, DANTES (Actividad de Protección para la Subvención de Educación no tradicional)

El programa DANTES permite a los estudiantes validar su asimilación de conocimiento y aptitudes que normalmente se adquirirían en cursos universitarios, pero que se han adquirido a través del estudio independiente, la experiencia práctica en el trabajo y las experiencias de vida. Mil cuatrocientas universidades en Estados Unidos acreditan estudiantes que reciben puntajes bastante altos en más de treinta y cinco DANTES Standardized Tests, DSST (Pruebas estandarizadas DANTES) en áreas como negocios, humanidades, sociología, matemáticas, física y tecnología aplicada. Las pruebas se administran principalmente a miembros actuales o anteriores de las Fuerzas Armadas. Los ciudadanos civiles también pueden presentar exámenes DSST, por una cuota, durante todo el año en universidades de todo Estados Unidos y alrededor del mundo. Antes de registrarse para un examen, verifica si la universidad de tu hijo acepta la acreditación DSST para los puntajes mínimos de aprobación.

ALTERNATIVAS DE PAGO

Una vez que se han determinado los verdaderos gastos, y se han investigado y establecido todos los recursos, aún cuentas con opciones para ayudarte con tu Expected Family Contribution. La mayoría de las universidades te permiten solicitar ayuda financiera para gastos universitarios, como matrícula, cuotas, alojamiento y alimentación. Si realmente no has recibido la ayuda, muchas universidades te permiten aplazar el pago hasta que tengas disponibles los fondos. Si tienes suficiente ayuda para cubrir todos o la mayoría de los gastos universitarios, el EFC realmente se usa para gastos indirectos universitarios, como los libros y materiales, gastos de transporte y gastos personales. Si tu hijo vive en tu casa o fuera del campus, los gastos universitarios indirectos incluirían las comidas diarias y quizás, arriendo mensual o hipoteca.

> **Los gastos institucionales a menudo se dividen según los períodos (semestres o trimestres), de manera que la parte del EFC que se usa para gastos universitarios pueda extenderse a dos o más pagos en lugar de uno. Es posible que el EFC no sea tan agobiante, si entiendes que no necesitas hacer un pago único.**

Planes de pago

Si la ayuda financiera disponible es muy poca o no la tienes, aún puedes contar con planes de pago normalmente disponibles. Los planes de pago son administrados por la propia universidad o por una entidad externa que cobra una cuota nominal. Generalmente, los pagos comienzan unos meses antes del inicio del año universitario y continúan durante los siguientes doce meses o más. En esencia, este es un plan de cuotas que por lo general tiene un menor interés. Puede ser preferible tomar dicho plan a un préstamo y, puede ser suficiente para evitar que solicites los Unsubsidized Federal Stafford, Direct Unsubsidized o PLUS Loans. Para obtener mayor información, comunícate con la oficina administrativa la universidad.

Planes de ahorro

Un creciente número de estados ha aprobado planes de ahorro a través de la venta de bonos. Los instrumentos de ahorros podrían ser bonos sin cupón o bonos de obligación general. Las condiciones varían de acuerdo al estado; comunícate con tu organismo estatal para obtener mayor información. Según la ley federal de impuestos, si has comprado bonos de ahorro de Estados Unidos Serie EE el o después del 1° de enero de 1990, puedes excluir de la declaración de renta, la totalidad o parte del interés ganado por estos bonos, con ciertas limitaciones si estás pagando gastos educativos específicos (por ejemplo, matrícula y cuotas para ti, tu cónyuge o personas a tu cargo).

Home Equity Loan o Line of Credit (Línea de crédito)

Muchas familias pagan algunos de sus gastos universitarios mediante la solicitud de un préstamo que respaldan con su casa. Normalmente, puedes solicitar una línea de crédito sobre capital de vivienda (qué te permite pedir prestado cuando lo necesites, no todo de una vez como con un préstamo) a una tasa considerablemente menor que cualquier otro tipo de préstamo. Además, estas opciones pueden ser deducibles; no obstante, siempre debes verificar con un asesor tributario para estar seguro.

CRÉDITOS IMPOSITIVOS

Hope Scholarship

El gobierno federal también ofrece ciertos créditos impositivos a estudiantes que cumplen con los requisitos para ellos. En realidad, Hope Scholarship es un crédito impositivo, no una beca. Los créditos impositivos se substraen del impuesto por pagar, en lugar de reducirlo de las rentas impositivas como una deducción de impuestos. Debes presentar una declaración de renta e impuestos por pagar para aprovechar este tipo de crédito. El crédito Hope no es reembolsable si no pagas los impuestos o debes menos en impuestos que el monto máximo del crédito impositivo Hope para el cual eres elegible.

Una familia puede solicitar un crédito impositivo hasta por $1,500 por año impositivo para cada hijo, durante los primeros dos años de estudios universitarios. Puedes solicitar hasta 100 por ciento de los primeros $1,000 de tus gastos educativos elegibles y el 50 por ciento de los próximos $1,000, para un crédito máximo de $1,500. El monto real del crédito depende de tu ingreso, el monto autorizado de matrícula y cuotas pagadas, y el monto de ciertas becas y subvenciones que se substraen de la matrícula.

Eres elegible para el beneficio máximo con un ingreso bruto ajustado (IBA) hasta $50,000 para contribuyente soltero o, $100,000 para contribuyentes casados. El monto del crédito se retira paulatinamente entre $40,000 y $50,000 para contribuyentes solteros y, entre $80,000 y $100,000 para contribuyentes casados. Tu hijo debe estar matriculado por lo menos a tiempo parcial en un programa elegible conducente a título o certificado, en una universidad elegible, durante el año calendario. Para solicitar el crédito impositivo Hope, debes completar el formulario 8863 del IRS.

Lifetime Learning Tax Credit (Crédito impositivo Lifetime Learning)

Al igual que la Hope Scholarship, el Lifetime Learning es un crédito impositivo disponible para individuos que presentan una declaración de renta y tienen impuestos por pagar. Esto significa que el monto del crédito se substrae de tu pasivo tributario real. El crédito Lifetime Learning no es reembolsable.

Como contribuyente, puedes solicitar un crédito impositivo hasta por $1,000 para cada hijo de tu familia, por año impositivo y por declaración de renta. El crédito no se limita a dos años de estudio, como la Hope, sino que cubre un número ilimitado de años. Puedes solicitar hasta 20 por ciento de los primeros $5,000 de gastos elegibles para gastos pagados después del 30 de junio de 1998, y antes del 1° de enero de 2003; y hasta 20 por ciento de los $10,000 de gastos elegibles por gastos pagados después del 1° de enero de 2003.

El monto real del crédito depende de tu ingreso, el monto de matrícula autorizado y cuotas pagadas, y el monto de ciertas becas y subvenciones substraídas de la matrícula. Éste es un crédito familiar (por ejemplo, $1,000 por familia). Para ser elegible, debes presentar una declaración de renta e impuestos por pagar. Eres elegible para el beneficio máximo con un IBA hasta por $40,000 en el caso de contribuyentes solteros u, $80,000 en el caso de contribuyentes casados. El monto del crédito se retira paulatinamente entre $40,000 y $50,000 para contribuyentes solteros y, entre $80,000 y $100,000 para contribuyentes casados. Para solicitar el crédito impositivo Lifetime Learning debes completar el formulario 8863 del IRS.

SERVICIO NACIONAL Y COMUNITARIO, AMERICORPS

La National and Community Service Trust Act (ley de fideicomiso National and Community Service) de 1993 estableció la Corporation for National Service (Corporación de Servicio Nacional), que ofrece oportunidades educativas a través del servicio a las comunidades estadounidenses. Cada estado tiene una comisión para servicio nacional a través de la cual se reclutan los participantes y se organizan los programas de servicio. La Corporation es la organización madre de los dos programas AmeriCorps:

$ AmeriCorps—National Civilian and Community Corps, NCCC (Cuerpo Comunitario y Civil Nacional)

$ AmeriCorps—VISTA

Los programas de AmeriCorps están diseñados para premiar con beneficios educativos a individuos que prestan servicios comunitarios a fin de cubrir necesidades específicas en áreas de educación, servicios humanos, seguridad pública y medio ambiente.

Tu hijo puede prestar servicios antes, durante o después de sus estudios universitarios. Debe completar dos años de servicio a tiempo completo o dos años de servicio a medio tiempo en un programa aceptado, para obtener un otorgamiento educativo.

Actualmente, si terminas satisfactoriamente un año de servicio a tiempo completo, obtienes un premio de $4,725. Si tu hijo ya tiene préstamos estudiantiles, puede ser elegible para un aplazamiento del préstamo. Los premios pueden usarse para gastos pasados, presentes o futuros, inclusive en programas universitarios de dos o cuatro años, programas de capacitación y programas de posgrado y profesionales. Puedes encontrar información adicional sobre el programa AmeriCorps en Internet en www.cns.gov.

SERVICIO MILITAR

El ejército ofrece diversas maneras para que tu hijo pueda alcanzar sus metas educativas. Los programas educativos militares benefician a hombres y a mujeres que sirven en las fuerzas armadas del país. Los participantes pueden recibir educación mientras prestan servicio en el ejército o, pueden servir primero en el ejército y luego concentrarse en la educación universitaria. Algunos programas ofrecen sólo una de estas opciones, en tanto que otros las combinan.

Beneficios educativos para veteranos

En la versión actual, los beneficios educativos para veteranos se autorizan para individuos que han ingresado al Ejército, la Armada, la Fuerzas Aérea, la Infantería de Marina o la Guardia Costera el o después del 1° de julio de 1985. Autorizado bajo el Montgomery G.I. Bill (decreto ley Montgomery G.I.), el programa difiere de acuerdo a si el estudiante está en el servicio activo o es reservista.

Beneficios por servicio activo

Los beneficios por servicio activo pueden usarse después de un mínimo de dos años de servicio, con el fin de obtener una educación universitaria mientras se presta servicio, y pueden reembolsarse después de terminar el servicio. Para ser elegible, tu hijo debe tener un diploma de escuela secundaria o su equivalente antes de completar el período de servicio activo requerido. El estudiante aporta $100 mensual a manera de reducción del pago durante los primeros doce meses de servicio activo. Si tu hijo se retira del servicio, debe haber sido dado de baja honorablemente y debe haber prestado servicio continuamente durante tres años o dos años seguidos de cuatro años en las Reservas Seleccionadas. Los beneficios deben usarse dentro de un plazo de diez años después de la baja. Después de servir un mínimo dos años, tu hijo tiene derecho a un beneficio educativo de $23,400 por treinta y seis meses para estudio de tiempo completo. Después de tres o más años de servicio, aumenta a $28,800.

Beneficios por servicio en las Reservas Seleccionadas de acuerdo al Montgomery G.I. Bill

Mientras estés en las Reservas Seleccionadas (la Reserva del Ejército, la Reserva de la Armada, la Reserva de la Fuerza Aérea, la Reserva de Infantería de Marina, la Reserva de la Guardia Costera, la Guardia del Ejército Nacional y la Guardia Nacional Aérea), puedes aprovechar los

Puedes encontrar mayor información sobre beneficios para veteranos en www.gibill.va.gov.

beneficios educativos autorizados conforme al decreto ley Montgomery G.I. El compromiso de servicio debe ser mínimo de seis años, y debes reunir ciertos requisitos de elegibilidad, como tener diploma de secundaria o su equivalente. Tu hijo no será elegible si ya tiene título universitario. Estos beneficios sólo están disponibles durante el período de servicio de tu hijo en las Reservas Seleccionadas. Los beneficios se pueden pagar hasta en treinta y seis meses.

Ayuda financiera del Ejército y de la Reserva del Ejército

Al reclutarse en el Ejército o en la Reserva del Ejército, tu hijo puede obtener el dinero para pagar su educación o puede solicitar que el Ejército reembolse sus préstamos estudiantiles. A continuación, encontrarás un resumen de los programas patrocinados por el Ejército. Otras ramas militares también ofrecen ayuda para programas similares. Tu hijo debe comunicarse con el reclutador de la rama que le interesa para obtener mayor información.

Army College Fund

Si tu hijo obtiene un puntaje mínimo de 50 en la Armed Forces Qualification Test, AFQT (Prueba de Calificación de la Fuerzas Armadas), puede escoger una especialidad del Ejército que proporcione los beneficios del Army College Fund (Fondo Universitario del Ejército) hasta $50,000 para la universidad, cuando se combina con los beneficios del Montgomery G.I. Bill. Si tu hijo se recluta por dos años en uno de los trabajos que ofrece el Army College Fund, recibirá la ayuda financiera para la universidad después de su período de servicio activo. Un reclutamiento de tres años proporciona un beneficio mayor y la posibilidad de escoger especialidades de trabajo. Si tu hijo se recluta por cuatro años en uno de los trabajos que califican para esta opción, recibe el mayor beneficio financiero posible. En todos los casos, él aporta $100 mensualmente al Montgomery G.I. Bill Fund (Fondo del decreto ley Montgomery G.I.) durante el primer año de reclutamiento, para un aporte total de $1,200.

Los beneficios de los Army College Funds se pagan directamente a tu hijo cada mes, de acuerdo al número de meses y al monto recibido por mes conforme al estatus de inscripción. Otras becas, subvenciones y ayudas no afectan los beneficios del ejército. Los beneficios pueden utilizarse dentro de un plazo de diez años a partir de la fecha de baja.

Specialized Training for Army Reserve Readiness, STARR (Entrenamiento Especializado de Preparación de Reservas del Ejército)

En conformidad con este programa, la Reserva del Ejército paga un máximo de $6,000 en concepto de matrícula, libros y gastos educativos aledaños por hasta dos años para entrenamiento en especialidades médicas seleccionadas en la universidad local de tu hijo. Cabe señalar que este programa no cubre los gastos de residencia. Si tu hijo ha prestado servicio militar anteriormente, también puede ser elegible para un bono.

Debido a la escasez de cargos de entrenamiento, la Reserva del Ejército paga el estudio en los siguientes puestos:

$ Especialista de laboratorio dental

$ Técnico médico de urgencias o paramédico (sin bono)

$ Enfermero práctico con licencia

$ Especialista de quirófano

$ Especialista en radiología

$ Especialista farmacéutico

$ Especialista en terapia respiratoria

Antes de reclutarlo, el reclutador de Reserva de Ejército local ayudará a tu hijo a seleccionar y presentarse en una universidad estatal certificada u otra institución educativa en la especialidad médica escogida.

Después de solicitar y recibir la licencia correspondiente para la especialidad médica escogida, tu hijo debe completar cuatro semanas en las instalaciones médicas del Ejército. Como

Si tu hijo no tiene experiencia militar previa, debe tener entrenamiento básico durante el verano previo a reclutarse. También debe participar en instrucciones pagas, un fin de semana cada mes durante el año académico.

especialista médico totalmente capacitado, buscará una carrera médica civil al tiempo que termina su obligación con las Reservas de las Fuerzas Armadas de Estados Unidos. También puede participar en el Montgomery G.I. Bill o en programas de reembolso de préstamos.

Army Loan Repayment Program (Programa de Reembolso de Préstamos del Ejército)

Si tu hijo es un estudiante calificado que ha asistido a la universidad gracias a préstamos estudiantiles federales concedidos después del 1° de octubre de 1975, puede escoger el programa de reembolso de préstamos en el momento de inscribirse en el ejército por un período mínimo de tres años en cualquier especialidad laboral. Sin embargo, si tu hijo escoge la opción de reembolso, no podrá beneficiarse del Montgomery G.I. Bill. Por cada año de servicio activo, la deuda de tu hijo se reduce en un tercio o $1,500, cualquiera que sea mayor, hasta un máximo de $65,000. Para ser elegible en este programa, el préstamo no debe estar en mora.

Además del reembolso de préstamos adquiridos antes de entrar a prestar servicio, este programa reembolsa los préstamos estudiantiles adquiridos durante el tiempo de servicio. Los préstamos considerados para reembolso son:

$ Federal Stafford Loans subsidiados y no subsidiados y Direct/Subsidized y Unsubsidized Loans.

$ Federal Perkins Loans o National Direct Student Loans, NDSL (Préstamos Estudiantiles Directos Nacionales)

$ Federal PLUS y Federal Direct PLUS Loans

$ Federal Supplemental Loans for Students, FSLS (Préstamo Federal Complementario para Estudiantes)

$ Federal Consolidation and Direct Consolidation Loans (Préstamo Federal de Consolidación y Préstamo Directo de Consolidación) a nombre del soldado

Para ser considerado en el Loan Repayment Program del Ejército, tu hijo debe tener diploma de secundaria, no haber prestado servicio militar anteriormente y haber obtenido un puntaje mínimo de 50 en el AFQT.

Army Reserve Student Loan Repayment Program (Programa de Reembolso de Préstamo Estudiantil de la Reserva del Ejército)

Los mismos préstamos estudiantiles con financiación federal que se consideran para el reembolso completo si te reclutas en el servicio activo, se consideran para reembolso parcial si te reclutas en la Reserva del Ejército. Por cada año de servicio satisfactorio, la Reserva del Ejército paga 15 por ciento del préstamo o $1,500 por año, cualquiera que sea mayor, hasta $10,000. Según la especialidad militar ocupacional, algunos soldados pueden ser considerados para el reembolso del 15 por ciento o $3,000 por año, hasta $20,000.

Aunque la opción de reembolso del préstamo debe seleccionarse al momento de reclutamiento, la Reserva del Ejército reembolsa los préstamos adquiridos luego del reclutamiento. El reembolso se inicia una vez que tu hijo ha completado un año de servicio después de adquirido el préstamo y de volverse diestro en un oficio.

Para obtener mayor información, visita el sitio web del Ejército www.goarmy.com o comunícate con tu reclutador del Ejército más cercano.

Servicemember Opportunity College/Community College of the Air Force

El personal reclutado también puede recibir un título a través del Community College of the Air Force (CCAF) o la Servicemember Opportunity College (SOC) del Ejército, la Armada, la Infantería de Marina o la Guardia Costera. Estas redes permiten que los miembros reclutados opten por un título a través de una serie de acuerdos con un sinnúmero de universidades. Las universidades participantes ofrecen programas académicos flexibles que tienen en cuenta el estilo de vida único de los miembros del servicio, que tienen restricciones de tiempo y un patrón de reasignación frecuente.

A fin de aprovechar una de estas oportunidades, tu hijo debe ser un servidor estacionado en una base cercana a un campus universitario que haya provisto la programación necesaria para el personal militar fuera de servicio. Cada base tiene un funcionario académico que puede ayudarte si tu hijo quiere inscribirse en una universidad local o tomar cursos por correspondencia.

La ayuda para matrícula se encuentra disponible en forma de descuentos para miembros del servicio y sus familias que quieren continuar su educación a través de este medio. El Ejército cubre entre el 75 y el 90 por ciento del costo de matrícula. Tu hijo puede aprovechar este programa mientras presta servicio y continuar recibiendo los beneficios conforme al G.I. Bill cuando se retire. Los miembros del servicio y sus familias pueden inscribirse en programas de título asociado, universitario y de posgrado a través de la SOC.

Existen otras opciones militares, tales como cursos exentos de matrícula que ofrece la Armada para el personal naval en servicio y acreditación ofrecida por algunas instituciones por experiencia militar, como el U.S. Coast Guard Institute. Para obtener mayor información, tu hijo y su consejero universitario deben comunicarse con un reclutador militar.

Con sede en las afueras de la base Maxwell Air Force Base en Montgomery, Alabama, la CCAF es la comunidad con campus múltiples más grande del mundo. La CCAF permite que miembros de la Fuerza Aérea obtengan un título acreditado de Asociado en ciencias aplicadas en más de 60 programas educativos directamente relacionados con trabajos en la Fuerza Aérea en áreas de mantenimiento de aeronaves y misiles, electrónica y telecomunicaciones, salud aliada, logística y recursos, y servicios públicos y de apoyo. El personal reclutado debe completar su programa que lleva a título antes de la baja, ascenso o retiro. La Fuerza Aérea recientemente extendió sus programas CCAF a otras ramas militares.

Tuition Assistance Program, TA (Programa de Ayuda para Matrícula)

Este programa brinda ayuda financiera para programas voluntarios educativos fuera de servicio como soporte para alcanzar las metas profesionales y de autodesarrollo del soldado. Todos los soldados en servicio activo y en servicio seleccionado de reserva cuentan con la autorización para participar en el programa. Esta ayuda está disponible para cursos que se ofrecen en Internet, por correspondencia o a través de otros medios no tradicionales. Éstos deben ser ofrecidos por universidades acreditadas por entidades de acreditación reconocidas por el Departamento de Educación de EE.UU. Los soldados reciben un total máximo de hasta $3,500 con una tasa del 75 por ciento de los costos de matrícula o hasta $187.50 por hora semestral, cualquiera que sea menor.

Si lo hubiera sabido...

Solicitar ayuda financiera puede parecer muy difícil, especialmente cuando las familias no pueden pedir consejo a alguien que haya pasado ya por el proceso. Para ayudarte a eliminar cualquier temor, Peterson's entrevistó a cinco familias que han pasado por el proceso de ayuda financiera. Estas familias no sólo comparten contigo sus experiencias, buenas y malas, sino que te cuentan qué harían diferente si pudieran iniciar el proceso nuevamente. Si otras familias aprovechan su experiencia, podrán usar de manera más efectiva el sistema de ayuda financiera. Hemos cambiado los apellidos de las familias por respeto a su confidencialidad.

LA FAMILIA RODRÍGUEZ

Diana Rodríguez puede por fin ver la luz al final del túnel. Tiene tres hijas, dos se han graduado de la universidad y la tercera comienza en su segundo año universitario. Pero lo sorprendente en la historia de esta mujer viuda es que aunque vive con un ingreso fijo, envió a sus tres hijas a la universidad sin recibir el beneficio de ninguna ayuda financiera. ¿Cómo lo logró? Enviándolas a universidades estatales. La Sra. Rodríguez admite que no buscó ayuda financiera durante mucho tiempo. "Simplemente pensé que no sería elegible si tenía casa propia y dinero en el banco".

Los consejeros que sus hijas tuvieron en la secundaria tampoco les ofrecieron mucha orientación sobre ayuda financiera. En lugar de esto, ayudaron a las chicas a eliminar posibles universidades en función de lo que la Sra. Rodríguez podía gastar de sus ingresos. Ella pensó que entre las universidades sugeridas por estos consejeros, los gastos de asistencia más razonables eran los de las universidades públicas. Entonces, en lugar de dejar que sus hijas obtuvieran préstamos, las animó para que buscaran ingreso a universidades públicas de Texas, su estado natal. Como resultado, sus dos hijas mayores se inscribieron en Texas Tech y Claudia, la menor, fue admitida en University of Texas en Austin.

Sin embargo, Claudia prefería University of Hartford en Connecticut. Aunque Hartford le envió una carta de aceptación, los gastos de matrícula, alojamiento y comida, y cuotas en la universidad privada fuera de su estado, eran mayores de lo que podía costear la familia. Consciente del gran deseo de su hija por ingresar a Hartford, su madre se contactó por teléfono con la oficina de ayuda financiera de la universidad y explicó la situación; además pidió posteriormente a su contador que enviara a la universidad una carta de seguimiento a la conversación telefónica. Sin embargo, esta carta fue probablemente un error, ya que pudo dar a la universidad la impresión de que la familia no necesitaba ayuda financiera si podía tener un contador a su servicio. Finalmente, Claudia decidió asistir a University of Texas en Austin para que su madre y ella no tuvieran que solicitar préstamos. "Todos tenemos decepciones en la vida", dijo la Sra. Rodríguez, "pero las superamos". Al reconsiderar su experiencia, lamenta no haber comprendido el proceso de ayuda financiera, lo que significa que ella y sus hijas se vieron limitadas en la selección de universidades. Si pudiera volver atrás, haría tres cosas en forma diferente:

Primero, no dejaría que sus hijas esperaran hasta el duodécimo año de la secundaria para buscar posibles universidades. El número de posibles universidades que pudieron analizar fue muy limitado. Hoy, la Sra. Rodríguez dice que comenzaría la búsqueda a comienzos del undécimo año de la secundaria, a fin de explorar una gama más amplia de universidades.

Segundo, La Sra. Rodríguez llevaría a cada una de sus hijas a visitar las posibles universidades antes de que enviaran solicitudes de admisión, pues todas esperaron hasta ser aceptadas para visitarlas.

Finalmente, la Sra. Rodríguez ahora se da cuenta de lo poco que sabía sobre el proceso de ayuda financiera. "Debí haber visitado las universidades y haber hablado con alguien sobre nuestras opciones", señala.

LA FAMILIA VERACRUZ

La mayoría de los estudiantes esperan que sean sus padres quienes obtengan ayuda financiera, pero, ¿qué sucede cuando los padres son inmigrantes que no hablan mucho inglés? Marisol Veracruz dice, "Tuve que hacer todo por mi cuenta".

Marisol comenzó a pensar en ayuda financiera a mediados del undécimo año de la secundaria. "Mis padres tienen ingresos reducidos y dos de nosotros íbamos a asistir a la universidad al mismo tiempo (ella tiene un hermano mellizo), así que sabía que tendríamos necesidad financiera". Marisol pasó mucho tiempo en la oficina del consejero vocacional de su escuela, informándose bien sobre este tema importante. Gracias al consejero, descubrió el Equal Opportunity Fund, EOF (Fondo para la Igualdad de Oportunidades) de su estado natal de New Jersey. Esta fuente proporciona dinero para subvenciones de residentes desfavorecidos del estado, que puedan demostrar necesidad financiera y motivación para seguir estudios superiores.

Cuando tenía alguna pregunta, Marisol también acudía a las oficinas de ayuda financiera de las universidades y quedó sorprendida con las subvenciones que le concedieron Montclair State y Rutgers University de New Jersey. "No pensé que fuera a obtener toda esa ayuda monetaria", dice. Escogió Rutgers y en su segundo año volvió a sorprenderse, esta vez por el monto de su paquete de ayuda. Además del EOF, de un Perkins Loan y de un Stafford Loan subsidiado, el paquete de ayuda para Marisol Veracruz incluía asignación de trabajo y estudio. "Obtengo $2,000 anuales en trabajo y estudio que me han sido de gran ayuda", agrega. Usa una parte del dinero proveniente de trabajo y estudio para pagar sus cuentas mensuales, pero ahorra la mayor parte para reembolsar los préstamos después de graduarse. Marisol ya ha pasado dos veces por el proceso de solicitud. "Hasta ahora todo ha salido bastante bien", dice. Aunque no dudó en formular preguntas a los funcionarios de ayuda financiera y a su consejero vocacional en la secundaria, hoy cree que el proceso hubiera sido más fácil si sus padres hablaran un mejor inglés. "Podrían haberme brindado más apoyo, haberme dado más consejos", dice Marisol.

Ella ofrece dos consejos para las familias que van a solicitar ayuda:

$ "Entre más pronto puedan iniciar el proceso, mejor. Si esperan hasta el ultimo año de la secundaria, se sentirán acosadísimos".

$ Mantengan toda la documentación en archivos separados para cada universidad cuando estén enviando correspondencia con solicitudes de ayuda financiera. "Así pude ir verificando 'a medida que pasaban los días' si iba por el camino correcto".

LA FAMILIA GÓMEZ

Teresa, la hija de Verónica Gómez obtuvo elevados puntajes en el SAT, tenía muy buenas calificaciones, y realizó muchas actividades extracurriculares en su secundaria pública en Florida. La Sra. Gómez señala, "Hizo todo lo que se suponía que debía hacer para obtener toda la ayuda posible y esperábamos que toda la ayuda que necesitaba le llegaría sin problemas".

Al comienzo, la familia Gómez estuvo encantada cuando Teresa recibió subvenciones por mérito de University of Tampa y de Ekerd College sobre la base de la solicitud de admisión y del registro académico. Sin embargo, los $3,000 anuales de subvención no eran suficientes, pues los gastos de matrícula, alojamiento y comida, cuotas y transporte eran de casi $30,000 al año. Verónica Gómez dice que cuando se considera un gasto tan alto: "Uno no piensa tanto en lo que la universidad ofrece, sino en el dinero que te falta pagarle".

La familia Gómez hizo luego lo más lógico, solicitar ayuda basada en la necesidad. La Sra. y su marido estaban orgullosos de haber ahorrado $45,000 para los estudios universitarios de su hija. En lugar de colocar su dinero en una cuenta familiar de ahorros, les habían aconsejado abrir una cuenta de ahorros a nombre de su hija. Con el tiempo, los intereses y los dividendos de Teresa generarían reducciones en impuestos. Desafortunadamente, cuando la Sra. Gómez entregó la Free Application for Federal Student Aid, FAFSA, el sistema de análisis de necesidad calculó un aporte de la estudiante a partir de activos y determinó un aporte esperado de la familia que ascendía a $15,750, ó 35 por ciento de los ahorros/activos en la cuenta a nombre de Teresa, se tuvieron en cuenta en el EFC. Su aporte como estudiante, más el aporte que se esperaba de sus padres, hizo que el EFC estuviera al nivel de los COA. Como resultado, la familia Gómez no demostró necesidad financiera y, por tanto, no se le otorgó ayuda basada en la necesidad.

Todos los funcionarios de ayuda financiera con los que hablaron les dieron la misma respuesta: "Si hubieran colocado el dinero de Teresa en una cuenta a nombre de los padres, no se habría esperado aporte por activos y hubieran sido elegibles para recibir $15,000 por ayuda basada en la necesidad". Finalmente, la familia Gómez solicitó un Parent Loan for Undergraduate Students, PLUS, a fin de enviar a su hija a la universidad. En lugar de mostrar resentimiento por lo sucedido, Verónica Gómez dice, "Todos los padres deben dar una educación a sus hijos, de modo que los padres deben aportar parte de su dinero para la demostrarles a sus hijos el valor de la educación universitaria. Sin embargo, ahora sé cómo planificar y lo que debo hacer en el proceso de solicitud de ayuda financiera para el año próximo".

Verónica tiene varias recomendaciones para reducir costos:

$ No acumules un gran activo a nombre del estudiante, que pueda tenerse en cuenta en la FAFSA. Guarda este dinero en la cuenta de los padres.

$ Haz un cálculo de prueba de la FAFSA antes de entregarla para evaluación al centro de procesamiento. Que no te queden dudas sobre la forma cómo las partidas serán calculadas en la Metodología Federal.

$ Paga los gastos de asistencia de tu hijo a partir de su cuenta de ahorros, pues con esto se reducirá el aporte esperado del estudiante al llenar formularios de renovación cada año.

LA FAMILIA VÁSQUEZ

Tomás, el hijo de Viviana Vásquez, fue favorecido con paquetes de ayuda de diez universidades diferentes. Cuando los miembros de la familia se sentaron a comparar los otorgamientos, pronto se dieron cuenta que debían organizarse. "No puedes simplemente mirar las cifras e ir pasando documentos", dice Viviana, "debes ingresarlos a la computadora y analizar la universidad, la matrícula, el alojamiento y la comida".

Los Vásquez viven en California y al comienzo estaban impresionados ante el gran paquete de ayuda ofrecido por una reconocida universidad privada de Massachusetts. "Sin embargo, señala la Sra. Vásquez, al comienzo la gente no considera todos los gastos adicionales que acompañan los estudios universitarios y se asume que la cantidad de dinero que indica la universidad en la guía será el costo real y no suman todos los otros gastos no previsibles". Estos gastos a menudo olvidados incluyen viajes a casa para vacaciones y visitas, fin de semana con los padres y gastos médicos. La Sra. Vásquez dice al respecto, "Cuando consideres estos gastos, debes tener en cuenta que la cuestión sería muy diferente si tu hijo asiste a la universidad que está a 10 minutos de casa".

El Sr. y la Sra. Vásquez habían pasado hace diez años por el proceso de ayuda financiera con otros dos hijos, pero cuando llegó el momento de solicitar ayuda para Jorge, se dieron cuenta de que las cosas habían cambiado radicalmente. "Más formularios que llenar, más preguntas que responder, quieren saber hasta los montos que tus hijos tienen en sus cuentas de ahorros". No hacen que el proceso de ayuda financiera sea fácil de comprender para toda la gente. La familia Vásquez se dio cuenta de la importancia de entender bien las preguntas de los formularios y decidió contratar un asesor en ayuda financiera.

Cuando llegó el momento de comparar los paquetes de ayuda, la Sra. Vásquez creó una hoja de cálculo en la computadora de su casa con tres columnas: gastos (matrícula, alojamiento y comida, y transporte), ayuda (préstamos subsidiados y no subsidiados, oportunidad de trabajo y estudio y becas), y necesidades no satisfechas. "No es nada del otro mundo", dice la Sra. Vásquez, a quien le sirvió la hoja de cálculo para ayudar a su hijo a elegir Villanova University. "Ni siquiera tiene que ser en computadora, se puede hacer con papel y lápiz".

Viviana Vásquez tiene los siguientes consejos para los padres:

$ No vale la pena contratar a un asesor financiero. En cambio, ella recomienda organizarse haciendo carpetas para cada universidad de interés.

$ Visitar la oficina de ayuda financiera de cada una de estas universidades.

$ Anotar todas las impresiones e información relacionadas con cada institución luego de la primera visita, "de lo contrario empieza uno a confundir quién dijo que y qué fue lo que dijo".

LA FAMILIA HERRERA

Cuando se trata de encontrar ayuda financiera, se puede pensar que Víctor Herrera tiene una ventaja sobre la mayoría de las familias porque es contador de profesión. Sin embargo, las cosas le resultaron al contrario. "No sabía qué esperar", dice al recordar cuando solicitó ayuda financiera para su hijastra. Pero no pasó mucho tiempo antes de que aprendiera a "olvidar al gobierno a menos que te encuentres en condiciones de pobreza, excepto cuando se trate de préstamos".

La experiencia de Herrera le demostró que las familias de clase media que tienen casa propia y ganan un buen salario no obtienen mucha ayuda federal. Su hijastra consideró por igual universidades públicas y privadas, sin tener una sola como favorita. La decisión final en cuanto a universidad quedó pendiente del paquete de ayuda financiera que recibiera. Como contador, el Sr. Herrera sabía de muchas familias que habían solicitado elevados préstamos para que sus hijos ingresaran a la universidad. "Pero no quería que mi hijastra ni yo nos viéramos con la carga de una cuantiosa deuda", recuerda. Por esto, se dedicó a buscar dinero de becas privadas para su hijastra. De los 15 programas de becas privadas y estatales a los cuales ella solicitó ayuda, sólo obtuvo una subvención, que el Sr. Herrera describe como una beca estatal desconocida ganada al azar. "Probablemente, hay muchas más becas disponibles de lo que sabe la gente", dice, lamentando lo difícil que le fue ubicar programas legítimos de becas.

Los Herrera tuvieron que recurrir primero a ayuda financiera institucional. Al darse cuenta que su hijastra tendría más oportunidad de obtener dinero de beca en universidades pequeñas y poco conocidas, pusieron manos a la obra. Enviaron solicitudes a cuatro universidades pequeñas en Massachusetts, entre ellas, Regis College. Después de recibidas las cartas de aceptación, Herrera se comunicó por teléfono con las oficinas de ayuda financiera para negociar paquetes de ayuda. "Si la universidad quiere admitir a tu hijo, te encontrará una solución", dice Herrera.

En las tres o cuatro llamadas que hizo le pareció que el personal de la universidad era muy amable y, como la institución es pequeña, cada vez habló con las mismas dos personas, entre ellas, el director de ayuda financiera de la universidad. Finalmente, el Sr. Herrera negoció con la institución un paquete de ayuda muy favorable. Regis ofreció a su hijastra dos subvenciones basadas en su rendimiento académico, una oportunidad de trabajo y estudio con empleo fuera del campus y un Stafford Loan subsidiado. Herrera recuerda que, "El primer año la ayuda cubrió 50 por ciento de los gastos, incluidos los gastos por concepto de matrícula, alojamiento y comida"; los gastos restantes se hicieron más manejables con un plan mensual de pagos.

Herrera está a punto de comenzar de nuevo el proceso con su hijo, quien está en undécimo año de secundaria. ¿Qué va a hacer ahora de diferente? "Estoy comenzando con mayor anticipación, buscando universidades que cumplan las expectativas del chico". Además, espera lograr mejores paquetes de ayuda financiera y aconseja a su hijo postularse en más instituciones y visitar los diferentes campus para tener entrevistas personales.

Sus recomendaciones para otras familias son sencillas:

$ "Identifiquen las universidades especiales que se encuentran a la cabeza de la lista de cualquier estudiante". Hay cientos de pequeñas universidades que las familias pasan por alto porque no son las más populares o prestigiosas, pero no se dan cuenta de que son las más dispuestas a hacer concesiones para que el costo de la educación superior esté al alcance de las familias de clase media.

$ Busquen universidades que tengan estudiantes provenientes de minorías y que tengan subvenciones para otras razas.

$ Busquen universidades que deseen estudiantes provenientes de diferentes ubicaciones geográficas para enriquecer su actual población estudiantil.

Apéndices

Glosario

Academia militar: Las cinco instituciones de estudios superiores administradas por las diferentes ramas del ejército: U.S. Military Academy, U.S. Air Force Academy, U.S. Naval Academy, U.S. Coast Guard Academy y U.S. Merchant Marine Academy.

Activos: Dinero disponible en cuentas corrientes o de ahorro; fideicomisos, acciones, bonos y otros títulos valores; bien raíz (sin incluir vivienda), propiedad que genera ingresos, equipos empresariales e inventario empresarial, que se consideran para fijar el Expected Family Contribution (EFC) según la fórmula regular.

Activos empresariales: Propiedad utilizada en la actividad comercial o empresarial, como bien raíz, existencias, edificaciones, maquinaria y otros equipos, patentes, derechos de franquicia y derechos de autor que se tienen en cuenta para determinar el Expected Family Contribution (EFC) según la fórmula regular.

Administrador de ayuda financiera: Individuo responsable de organizar y comunicar la información sobre programas de préstamos, subvenciones, becas y empleo para asesorar, otorgar, informar, aconsejar y supervisar todo lo relacionado con la ayuda financiera. Debe atender los diversos tipos de población involucrados y, como administrador, interpreta las políticas y reglamentaciones federales, estatales e institucionales; además, está en capacidad de analizar al estudiante y sus necesidades de empleo para hacer los cambios pertinentes.

Advanced Placement, AP (Nivelación anticipada): Serie de exámenes que demuestran el conocimiento de un estudiante en un área de estudio, para la cual algunas instituciones de estudios superiores ofrecen crédito.

AmeriCorps: *Ver National and Community Service.*

Análisis de necesidad: Sistema para evaluar y calcular la capacidad de pago de un estudiante para sufragar gastos educativos. Tiene dos componentes básicos: (a) cálculo de la capacidad de pago de la familia del solicitante para ayudar a sufragar los gastos educativos y (b) cálculo preciso de la cuantía de los gastos educativos.

Año académico (AY, por sus siglas en inglés): Medición del trabajo académico que debe lograr un estudiante. La universidad determina su propio año académico pero las regulaciones federales establecen estándares mínimos para determinar las becas de ayuda financiera. Por ejemplo, el año académico debe incluir por lo menos 30 semanas de instrucción en las que se espera que un estudiante de tiempo completo haya cumplido por lo menos 24 horas-crédito durante el semestre o trimestre, 36 horas-crédito trimestrales ó 900 horas-reloj.

Año base: Para fines de análisis de necesidad, el año base corresponde al año calendario de doce meses que precede al año de otorgamiento; por ejemplo, 2001 es el año base para el año de otorgamiento 2002–2003.

Año de otorgamiento: Período entre el 1º de julio de un año y el 30 de junio del siguiente año.

Año escolar: *Ver Año académico.*

Aplazamiento (de un préstamo): Condición mediante la cual no es necesario efectuar pago de capital y no se acumulan intereses para Federal Perkins Loans, Federal Subsidized Stafford y Direct Subsidized. El período de reembolso se extiende por el tiempo de duración del aplazamiento.

Auxilio de auto-ayuda: Fondos provistos a través del trabajo y esfuerzo del estudiante, que incluyen ahorros de ganancias anteriores, ingresos por ganancias actuales o préstamo a reembolsar con futuras ganancias.

Avance académico satisfactorio: Progreso requerido de un beneficiario de ayuda financiera en estudios u otras actividades aceptables para lograr un objetivo educativo específico.

Ayuda de acuerdo a la necesidad: Ayuda para estudiantes que, por circunstancias financieras, no pueden asumir sus gastos educativos superiores.

Ayuda financiera: Término general que describe cualquier fuente de ayuda estudiantil externa al estudiante o su familia. Fondos otorgados a un estudiante para ayudar a sufragar sus gastos de educación superior. Generalmente se otorgan sobre un criterio de ayuda de necesidad financiera e incluyen becas, subvenciones, préstamos y empleo.

Ayuda no basada en la necesidad: Ayuda determinada con base en criterios diferentes a la necesidad, como habilidades académicas, musicales o deportivas. También hace referencia a programas de ayuda estudiantil en los que no se tiene en cuenta el EFC en la ecuación de necesidad.

Ayuda por donación: Fondos educativos como subvenciones o becas que no requieren el reembolso proveniente de ganancias actuales o futuras.

Ayuda por mérito: Ayuda estudiantil otorgada por el logro o talento de un estudiante en un área particular (académica, deportiva o musical).

Beca: Forma de ayuda financiera que no requiere reembolso o empleo; generalmente, se otorga a estudiantes que demuestran o exhiben su potencial de distinción, especialmente en cuanto a desempeño académico.

Beca departamental: Auxilio de asistencia por donación específicamente diseñado para un beneficiario en un departamento académico particular dentro de la institución.

Beca militar: Beca del Reserve Officer Training Corps, ROTC (Cuerpo de Entrenamiento de Oficiales de Reservas) disponible para el Ejército, la Armada y la Fuerza Aérea en diferentes universidades de Estados Unidos. Estas becas cubren matrícula y cuotas, libros y materiales, y una partida para manutención.

Beneficios educativos: Fondos, principalmente federales, destinados a cierto tipo de estudiantes (veteranos, hijos de veteranos fallecidos u otros beneficiarios de pensiones por fallecimiento y estudiantes con discapacidades físicas), para ayudarles a financiar sus estudios superiores sin importar su capacidad de demostrar necesidad en el sentido tradicional.

Beneficios educativos para veteranos: Programas de ayuda para educación o capacitación dirigido a veteranos elegibles o sus dependientes.

Cancelación (de un préstamo): Condición existente cuando el beneficiario de un préstamo federal para estudiantes ha cumplido con los requisitos que permiten cancelar o amortizar parte del capital y sus intereses adeudados.

Capacidad de aprovechamiento: Las instituciones de estudios superiores no otorgan ayuda federal a estudiantes que no posean diploma de secundaria o equivalente, a no ser que se demuestre que éste puede sacar provecho de los estudios ofrecidos.

Capital (de un préstamo): Cantidad de dinero prestada sin incluir intereses u otros cargos, a no ser que se hayan capitalizado.

Capitalización (de intereses): Pagos de intereses diferidos y agregados al capital del préstamo.

Carta de otorgamiento: Medio de notificación a los solicitantes aceptados de ayuda financiera sobre la ayuda ofrecida. La carta de otorgamiento normalmente contiene información sobre el tipo de ayuda ofrecida y el monto de la misma, al igual que información específica del programa, las responsabilidades del estudiante y las condiciones que regulan dicho otorgamiento. Generalmente, permite que el estudiante acepte o decline la ayuda ofrecida.

Certificado: Reconocimiento formal de término exitoso de un programa o curso de estudios particular realizado especialmente en una escuela universitaria vocacional, universitaria de oficios o escuela semisuperior.

Certificado de Ayuda Financiera (FAT, por sus siglas en inglés): Contiene la historia de la ayuda financiera del estudiante para observar ciertos aspectos de elegibilidad del estudiante. Esta información se reporta en los SAR y los ISIR; las universidades pueden consultar electrónicamente dicho historial a través del National Student Loan Data System, NSLDS (Sistema Nacional de Información sobre Préstamos Estudiantiles). En algunos casos, la universidad puede solicitar un FAT impreso.

Ciudadano: Persona que debe lealtad a Estados Unidos. La mayoría de los programas de ayuda financiera federal y estatal se consideran programas de asistencia nacional y se encuentran disponibles sólo para ciudadanos, ciudadanos residentes en el exterior, residentes permanentes en Estados Unidos y personas que no se encuentran en el país temporalmente. Los ciudadanos de la República de las Islas Marshall, los Estados Federados de Micronesia y la República de Palau son sólo elegibles para la Federal Pell Grant, la FSEOG y FWS.

CLEP: *Ver College-Level Examination Board Program.*

COA: *Ver Gastos de asistencia.*

College-Level Examination Board Program, CLEP (Programa de Evaluación de Nivel Universitario): Serie de exámenes que demuestran el nivel de conocimiento de un estudiante en un área determinada para la cual algunas instituciones de estudios superiores ofrecen crédito.

Confirmación de información SAR: Informe de ayuda estudiantil de una página, no corregible, que contiene sólo la primera parte. Los estudiantes que diligencian electrónicamente las solicitudes o que corrigen electrónicamente la información del solicitante a través de la universidad, reciben esta confirmación.

Consultor de ayuda financiera: Aquella persona que, por una tarifa determinada, presta una variedad de servicios a los estudiantes, entre ellos el diligenciamiento de la FAFSA y otras ayudas financieras, el cálculo del EFC y de la necesidad financiera.

Contribución del estudiante: Cálculo cuantitativo de la capacidad del estudiante para ayudar a pagar sus gastos de estudios superiores durante un año determinado.

Crédito (u hora-crédito): Unidad de medición que algunas instituciones asignan para cumplir con los requisitos de un curso.

Crédito académico: Unidad de medición dada por la institución a un estudiante cuando cumple los requisitos de un curso o asignatura como estipula la institución.

Criterios de elegibilidad: Condiciones específicas que debe cumplir un estudiante para ser beneficiario de una ayuda financiera. En todos los programas es indispensable demostrar necesidad; pero adicionalmente, los criterios generales de elegibilidad para ayuda financiera federal incluyen, entre otros, estatus de ciudadanía y registro de servicio militar obligatorio. Ciertos programas pueden tener otros requisitos específicos adicionales.

Cronograma de reembolso: Plan de pagos que debe entregársele al prestatario cuando ha terminado, por lo menos, la mitad de sus estudios; debe estipular el capital y los intereses para cada cuota, junto con el número de pagos necesarios para el pago total del préstamo. Debe incluir, además, la tasa de interés, fecha de vencimiento del primer pago y frecuencia de los pagos.

DANTES: *Ver Defense Activity for Non-Traditional Education Support.*

Declaración de objetivo educativo: Declaración firmada por el estudiante beneficiario de ayuda financiera en la que se compromete a utilizar la totalidad de los fondos otorgados, exclusivamente en gastos educativos o relacionados con su educación. Se incluye como parte de la FAFSA.

Defense Activity for Non-Traditional Education Support, DANTES (Actividad de Protección para la Subvención de Educación no Tradicional): Serie de exámenes patrocinados por el ejército para otorgar reconocimiento universitario a hombres y mujeres que prestan servicio militar, y a otros no militares, por el conocimiento y habilidades que han adquirido.

Departamento de Educación de Estados Unidos (ED, por sus siglas en inglés): Dependencia del gobierno federal que administra las asistencias educativas a estudiantes inscritos en uno de los siguientes programas de educación superior: Federal Pell Grant, Federal Perkins Loan, Federal Supplemental Educational Opportunity Grant (FSEOG), Federal Work-Study (FWS), Federal Family Education Loan (FFEL) y William D. Ford Direct Stafford Loans.

Departamento de Salud y Servicios Humanos de Estados Unidos (HHS, por sus siglas en inglés): Dependencia del gobierno federal que provee ayuda a futuros profesionales de la atención de la salud. Entre los programas que administra el HHS están el Nursing Student Loan, Health Professions Student Loan y Scholarships for Disadvantaged Students Program.

Dependiente legal: Hijo biológico o adoptado, o persona para quien el solicitante ha sido nombrado tutor legal y para la cual el solicitante asume más de la mitad de su manutención. Adicionalmente, una persona que vive con el solicitante y recibe al menos la mitad de su sustento, y continuará recibiendo dicho sustento durante el año de auxilio otorgado.

Descuento de protección de ingresos: Deducción contra ingresos para los gastos básicos de manutención familiar que se basa en cálculos de consumo y otros gastos estimados por la Bureau of Labor Statistics (Oficina de Estadísticas Laborales) para una familia con bajo estándar de vida.

Desembolso: Proceso por el cual los fondos de ayuda financiera se ponen a disposición de los estudiantes para cubrir sus gastos educativos y de manutención.

Direct Loan (Préstamo Directo) (subsidiado y no subsidiado): Préstamos a largo plazo y con bajo interés administrados por el Departamento de Educación y las instituciones. Tasa de interés variable que no excede el 8.25 por ciento. Los Direct Loans no subsidiados pueden utilizarse en reemplazo de los EFC.

Dotación: Fondos obtenidos y poseídos por una institución superior que se invierten de manera que sus utilidades puedan utilizarse para diversos fines, como construcciones, investigaciones y ayuda financiera.

Ecuación de necesidad: *Ver Ecuación de necesidad financiera.*

Ecuación de necesidad financiera: La necesidad financiera es igual a los gastos de asistencia menos la Expected Family Contribution (COA – EFC = Necesidad).

ED: *Ver Departamento de Educación de Estados Unidos.*

EFC: *Ver Expected Family Contribution.*

Empaquetar: Proceso para combinar diversos tipos de ayudas estudiantil, tales como subvenciones, préstamos, becas y empleo, con miras a completar el monto total de las necesidades del estudiantes.

Empleo: Respecto a la ayuda financiera, el empleo constituye la oportunidad para que el estudiante devengue un dinero que le permita ayudarse a pagar su educación. El Federal Work-Study Program es uno de los programas que le permite al estudiante trabajar para sufragar sus gastos educativos.

Estatus de inscripción: Para las instituciones que trabajan por semestres o trimestres y otros períodos académicos o mediciones de progreso por horas-crédito, el estatus de ingreso equivale a la carga de hora-crédito de los estudiantes de acuerdo a su dedicación de tiempo completo, tercera parte del tiempo, medio tiempo o menos de medio tiempo.

Estudiante a tiempo completo: En general, es aquel que toma mínimo 12 horas académicas por semestre o trimestre en un período académico, 24 horas-semestre o 36 horas-trimestre al año en instituciones que usan créditos en lugar de períodos, o 24 horas-reloj semanales en las instituciones que miden el avance en horas-reloj.

Estudiante a tiempo parcial: Según lo determine la institución educativa, es aquel estudiante que no asiste al programa con una dedicación de tiempo completo.

Estudiante de fuera del estado: Según definición de las instituciones públicas, es aquel estudiante que no tiene residencia legal en el estado o distrito local legal que supervisa legal y fiscalmente a tales instituciones. Estos estudiantes generalmente pagan matrículas más elevadas que los residentes legales. Consulte también estudiantes no residentes.

Estudiante extranjero: Estudiante que pertenece, o debe lealtad, a otro país. Dichos estudiantes no son elegibles para programas básicos federales. Sin embargo, de acuerdo a ciertas categorías de estudiantes no-ciudadanos que deben lealtad permanente a Estados Unidos, algunos son elegibles para ayuda estudiantil.

Estudiante independiente: Estudiante que: (a) tendrá 24 años de edad al 31 de diciembre del año académico para el que está solicitando ayuda financiera; o (b) es huérfano o está bajo custodia de un tribunal; (c) es veterano; (d) está casado o es estudiante universitario o de posgrado; (e) tiene dependientes legales diferentes a su cónyuge; o (f) presenta documentación de circunstancias inusuales que demuestran su independencia del administrador de ayudas financieras estudiantiles.

Estudiante que no reside en el campus: Estudiante que no vive en el campus; normalmente hace referencia al estudiante que vive en casa con sus padres, pero igualmente se refiere a cualquier estudiante que vive lejos del campus.

Estudiante regular: Estudiante inscrito o aceptado para inscribirse en una institución de estudios superiores a fin de obtener un grado, certificado u otra credencial educativa reconocida ofrecidos por una institución.

Estudiante universitario: Estudiante aún sin título universitario o grado universitario.

Expectativas de auto-ayuda: Presunción de que un estudiante tiene la obligación de ayudar a pagar parte de sus estudios.

Expected Family Contribution, EFC (Aporte Esperado de la familia): Cantidad que se espera que un estudiante y su familia paguen por gastos de asistencia estudiantil según el cálculo hecho con la fórmula ordenada por el congreso, conocida como Metodología Federal. El EFC se usa para determinar la elegibilidad de un estudiante para programas de ayuda financiera estudiantil.

FAFSA: *Ver Free Application for Federal Student Aid.*

Federal Family Education Loan, FFEL (Préstamo Educativo Familiar Federal): Nombre colectivo para programas de Federal Stafford Loan (subsidiado y no subsidiado), Federal PLUS y Federal Consolidated Loan. Los prestamistas privados suministran los fondos para dichos programas y el gobierno federal respalda los préstamos.

Federal Pell Grant (Beca Federal Pell): Programa de beca federal de educación superior para estudiantes necesitados, que no han recibido aún grado profesional o universitario, y es administrado por el Departamento de Educación de Estados Unidos.

Federal Perkins Loan (Préstamo Federal Perkins): Uno de los programas con sede en el campus con préstamo a largo plazo y bajo interés, para estudiantes universitarios y de posgrado, con una tasa de interés corriente del 5 por ciento.

Federal Stafford Loan (Préstamo Federal Stafford) (subsidiado y no subsidiado): Préstamos a largo plazo y bajo interés administrados por el Departamento de Educación a través de organismos privados de garantía. Antes conocido como Guaranteed Students Loan, GSL (Préstamos Estudiantiles Garantizados); cuenta con una tasa de interés variable no superior al 8.25 por ciento. Los Federal Stafford Loans no subsidiados pueden reemplazar el EFC.

Federal Supplemental Educational Opportunity Grant, FSEOG (Beca Federal Suplementaria para la Oportunidad Educativa): Uno de los programas con sede en el campus, que otorga ayuda financiera a estudiantes que no han completado sus estudios universitarios y que tienen gran necesidad de esta ayuda para continuar sus estudios. La prioridad del auxilio FSEOG son los beneficiarios de la Federal Pell Grant con el EFC más bajo.

Federal Work-Study Program, FWS (Programa Federal de Trabajo y Estudio): Uno de los programas con sede en el campus, que ofrece empleo de tiempo parcial a estudiantes universitarios y de posgrado para sufragar parte de sus gastos educativos.

FFELP: *Ver Federal Family Education Loan Program.*

Filosofía de empaque: Criterios de combinación de los tipos de ayuda de una institución superior para satisfacer la necesidad del estudiante. Varía de una universidad a otra.

FM: *Ver Metodología Federal de Análisis de Necesidad.*

Fórmula: *Ver Fórmula de Análisis de Necesidad.*

Fórmula de Análisis de Necesidad: Define los datos que se usan para calcular el EFC; existen dos fórmulas distintas: regular y simplificada. La fórmula calcula el EFC con la metodología federal de análisis de necesidad.

Free Application for Federal Student Aid, FAFSA (Solicitud Gratuita de Ayuda Federal para Estudiantes): Solicitud de ayuda financiera diligenciada por el estudiante donde reúne información familiar y financiera. Este es el documento base para todos los cálculos de análisis de necesidad financiera federal y correspondencias de bases de datos aplicables al estudiante.

FSEOG: *Ver Federal Supplemental Educational Opportunity Grant.*

Gastos de asistencia (COA, por sus siglas en inglés): En términos generales, incluye la matrícula y cuotas que debe pagar un estudiante, junto con el estimado de las instituciones por concepto de alojamiento y comida, gastos de transporte, libros y materiales, más otros gastos personales. Adicionalmente, pueden incluirse, cuando sea necesario, las cuotas del préstamo estudiantil, el cuidado dependiente, los gastos razonables para programas de educación en el exterior o educación cooperativa, o los gastos relacionados con una discapacidad. Véase también gastos de educación o presupuesto educativo.

Gastos educativos: *Ver Gastos de asistencia.*

Gastos institucionales: Cargos de matrícula, cuotas, alojamiento y alimentación de propiedad de la institución o administrados por ésta, y otros gastos educativos estipulados por la institución.

Gastos no institucionales: Gastos asociados a la asistencia a estudios superiores no calculados por la institución, tales como alojamiento y alimentación fuera del campus, libros, materiales, transporte y gastos varios personales.

Health Professions Student Loan, HPSL (Préstamo para Estudiantes Profesionales de la Salud): Programa de préstamos a largo plazo, con bajo interés, dirigido a estudiantes que cursan estudios en disciplinas específicas de la salud.

HHS: *Ver Departamento de Salud y Servicios Humanos de Estados Unidos.*

Hoja de verificación: Documento que la institución superior envía al estudiante para que él y su familia lo diligencien y devuelvan a la institución, con el fin de obtener documentación de verificación.

Hope Scholarship (Beca Hope): Crédito impositivo para sufragar gastos de educación superior.

Hora-reloj: Unidad de medida que ciertas instituciones dan para cumplir con los requerimientos de un curso.

Incumplimiento (Federal Perkins Loan): Cuando el prestatario de un préstamo no cumple con el pago a tiempo de cuotas vencidas y dicho retraso persiste, sin que medie un pago u otro tipo de acuerdo de pago. El Departamento de Educación considera que la exoneración de un préstamo por quiebra no es incumplimiento.

Incumplimiento (Federal Stafford Loans, Direct, Federal PLUS, o Direct PLUS): Cuando la Secretaría de Educación, o la entidad de garantía correspondiente, determina que el prestatario ya no tiene la intención de reembolsar su deuda, por incumplimiento en el pago de una cuota vencida o de cualquier otro plazo del pagaré. El Departamento de Educación considera que la exoneración de un préstamo por quiebra no es incumplimiento.

Indulgencia de morosidad: Período que permite la interrupción temporal del reembolso de préstamos con una extensión del plazo de los pagos, o con aceptación de pagos de menor cantidad a la acordada previamente.

Ingreso anual proyectado: Ingreso previsto para el primer año calendario del año de otorgamiento, que puede bien ser otro período de doce meses.

Ingreso bruto ajustado (IBA): Todo ingreso sujeto a impuestos como aparece en una declaración de impuesto sobre la renta de Estados Unidos.

Ingreso disponible ajustado: Parte del ingreso familiar que queda luego de deducir impuestos locales, estatales y federales, manutención y con otros factores utilizados en la Metodología Federal de Análisis de Necesidad.

Ingreso sujeto a impuestos: Ingreso percibido de salarios, mensualidades, propinas e intereses, dividendos o utilidades comerciales o agrarias, o ingresos por renta o propiedad.

Ingresos exentos de impuestos: Todo ingreso recibido y no reportado ante el Internal Revenue Service (Servicio de Impuestos Internos), o reportado pero exento de impuestos. Dicho ingreso incluiría, pero sin limitarse a ello, cualquier porción exenta de impuestos por beneficios del seguro social, crédito sobre ingresos percibidos, pagos del seguro social, ganancias de capital exentas de impuestos, intereses sobre bonos exentos de impuestos, exclusión de dividendos y otorgamiento militares y otros gastos de manutención y alojamiento.

Ingresos: Cantidad de dinero recibida de: salarios, intereses, dividendos, ventas o renta de propiedad o por servicios prestados, utilidades comerciales o agrarias, algunos programas de bienestar, pensiones de manutención, tales como beneficios del seguro social sujetos o no a impuestos, y manutención de hijos.

Inscripción: Cumplimiento de los requisitos de registro, diferentes al pago de matrícula y cuotas, en la institución donde asiste, o asistirá, el estudiante. Un estudiante universitario por correspondencia debe ser aceptado para ingresar, y para que se le considere inscrito debe completar y entregar una lección.

Institución elegible: Institución de educación superior, escuela universitaria vocacional, vocacional superior, o institución privada de educación superior que cumple con todos los criterios para participar en los programas de ayuda federal estudiantil

Institutional Student Information Record, ISIR (Registro Institucional de Información Estudiantil): Documento de resultados o información que recibe la universidad como parte del proceso de intercambio electrónico de información. Contiene la información de la FAFSA diligenciada por el estudiante, independientemente de que se halla diligenciado electrónicamente o en papel. Es la versión electrónica del SAR.

ISIR: *Ver Institutional Student Information Record.*

Leyes de confidencialidad: Leyes colectivas que protegen al individuo de la divulgación de información específica sin previo consentimiento escrito.

Lifetime Learning Tax Credit (Crédito impositivo Lifetime Learning): Crédito federal impositivo para sufragar los gastos educativos superiores.

Metodología: Hace referencia al sistema utilizado para calcular el Expected Family Contribution, también conocida como Metodología Federal de Análisis de Necesidad.

Metodología Federal (FM, por sus siglas en inglés): *Ver Metodología Federal de Análisis de Necesidad.*

Metodología Federal de Análisis de Necesidad: Método estandarizado que determina la capacidad de pago de un estudiante para sufragar sus gastos de educación superior; conocido también como Metodología Federal (FM). Fórmula única para determinar el EFC para Pell Grants, programas con sede en el campus, programas FFEL y Federal Direct Lending Programs. La fórmula está definida por la ley.

Montgomery GI Bill (Decreto de ley Montgomery G.I.): Programa para ayudar al personal del ejército a sufragar los gastos de educación superior. También se le conoce como Nuevo Decreto GI.

National and Community Service (Servicio Nacional y Comunitario) (AmeriCorps): Programa creado por medio de la Ley de Fideicomiso para el National and Community Service de 1993, para premiar con beneficios educativos, cancelación de la deuda a quienes ofrecen servicios comunitarios.

National Health Service Corps Scholarship, NHSC (Beca para el Cuerpo de Servicio de Salud Nacional): Programa de becas para estudiantes que adelantan estudios a tiempo completo en ciertas disciplinas de la salud y que, al terminar sus estudios, desean trabajar como profesionales de atención primaria en áreas marginadas.

National Student Loan Data System, NSLDS (Sistema Nacional de Información sobre Préstamos Estudiantiles): Base de datos nacional de información de préstamos del Título IV y subvenciones federales seleccionadas.

Necesidad: *Ver Necesidad financiera.*

Necesidad financiera: Diferencia entre los gastos de asistencia fijados por la institución y la capacidad de pago familiar, es decir, el Expected Family Contribution. La capacidad de pago está representada por el Expected Family Contribution tanto para la ayuda federal basada en la necesidad como para muchos programas estatales e institucionales.

Necesidad no satisfecha: Diferencia entre el gasto total de asistencia en una institución determinada y los recursos totales disponibles para el estudiante.

No-ciudadano elegible: Aquella persona que aunque no es ciudadano estadounidense, califica para la ayuda financiera federal estudiantil en una de las siguientes categorías: 1) Residente permanente de Estados Unidos acreditado con una Tarjeta de Recepción de Registro de Extranjería (Formulario I-151, I-551, generalmente conocido como tarjeta verde (green card)) u otra prueba de admisión para residencia permanente; 2) Residente permanente condicional (I-151C); 3) Persona con permanencia legal en Estados Unidos para otros propósitos no temporales con Registro de Entradas y Salidas (Formulario I-94) del Bureau of Citizenship and Immigration Service, BCIS (Oficina de Ciudadanía y Servicios de Inmigración) sellado como refugiado, asilado, bajo libertad indefinida bajo palabra o bajo libertad humanitaria bajo palabra, o inmigrante cubano-haitiano; 5) Residentes permanentes de la República de Palau o ciudadano de la República de las Islas Marshall y los Estados Federados de Micronesia. Los no-ciudadanos no elegibles para la ayuda financiera federal estudiantil son quienes tienen visa de estudiante, visa de intercambio por visita, visas serie G o quienes sólo tienen una notificación de aprobación para postular a residencia permanente.

Notificación: *Ver Carta de otorgamiento y Notificación de ayuda financiera.*

Notificación de ayuda financiera: Carta de la institución superior que notifica al estudiante si ha sido favorecido o no con una ayuda. En caso afirmativo, la notificación describe, además, el paquete de ayuda financiera a recibir. Los organismos estatales y las organizaciones privadas deben enviar notificaciones de ayuda financiera tanto a los estudiantes como a la institución superior. Ver también *Carta de otorgamiento.*

Nursing Student Loan, NSL (Préstamo para Estudiantes de Enfermería): Préstamos para estudiantes de enfermería que cursan estudios en instituciones de enfermería aprobadas que ofrecen diploma o título asociado, universitario o de posgrado en enfermería.

Otorgamiento de ayuda financiera: Oferta de ayuda financiera o en especie para un estudiante de una institución de estudios superiores en una de las siguientes formas de ayuda financiera: préstamo reembolsable, subvención no reembolsable o beca y empleo estudiantil.

Otorgamiento especial: Pago que el gobierno federal provee a prestamistas para que eleven las tasas de interés al valor comercial, y que actúa como incentivo para que las instituciones prestamistas ofrezcan subvenciones para programas de Federal Family Education Loan.

Otorgamiento excesivo: Situación en la que los recursos combinados del estudiante, como el EFC y ayuda financiera, sobrepasan los gastos de asistencia. Excepto ciertos casos, no se permite el otorgamiento excesivo para estudiantes que reciben fondos de ayuda financiera federal estudiantil.

Pagaré: Documento legal que obliga legalmente a un prestatario al reembolso de las obligaciones y a cumplir con otros términos y condiciones que rigen un programa de préstamos.

Paquete de ayuda financiera: El otorgamiento de ayuda financiera a un estudiante comprende una combinación de formas de ayuda financiera como préstamos, subvenciones o becas y empleo.

Período de gracia: Período que comienza a partir del momento que el beneficiario de un préstamo deja su estatus como estudiante, al menos a medio tiempo, y finaliza cuando se inicia el período de reembolso. En este período, generalmente no se hacen pagos a capital y no se generan intereses acumulados.

Planes de inversión: Programas de ahorro educativo, generalmente patrocinados por instituciones bancarias comerciales.

Planes de pago de matrícula: Estrategia que permite sufragar los gastos actuales de educación superior en el futuro.

Prestamista comercial: Banco comercial, corporación de ahorros y préstamos, unión crediticia, caja de ahorros, compañía fiduciaria o caja de ahorros mutuos que puede actuar como prestamista para un Programa Federal Family Education Loan (FFEL).

Préstamo: Avance de fondos respaldados por un pagaré que el beneficiario se compromete a reembolsar en cantidades específicas, según las condiciones prescritas.

Préstamo de consolidación: Préstamo que permite a un prestatario con diferentes tipos de préstamos, la oportunidad de obtener un único préstamo con una tasa de interés y un plan de amortización. Préstamos como el Federal Perkins Loan, el Stafford (subsidiado o no subsidiado), Direct Loan, Health Education Assistance Loans, HEAL (Préstamos de Asistencia Educativa para la Salud), Health Professions Students Loan y Loans for Disadvantaged Students pueden combinarse para efectos de consolidación, sujetos a ciertos requisitos de elegibilidad. Un préstamo de consolidación cancela los préstamos existentes; el prestatario asume el reembolso del préstamo consolidado.

Presupuesto estudiantil: *Ver Gastos de asistencia.*

Procesador FAFSA: Organización contratada por el Departamento de Educación encargada de suministrar los medios a fin de que un estudiante solicite ayuda federal estudiantil. El procesador FAFSA ingresa electrónicamente al sistema la información FAFSA del estudiante y la transmite al Central Processing System (Sistema Central de Procesamiento).

Programa de ayuda social: Programa que cuenta con fondos suficientes para asegurar que todos los solicitantes elegibles tengan la garantía de recibir el máximo auxilio autorizado. En la medida que el estudiante cumpla con todos los requisitos de elegibilidad y se inscriba en un programa e institución elegibles, recibirá el auxilio que se le ha asignado.

Programa de reembolso de préstamo: Programa especial disponible para estudiantes calificados que han asistido a la universidad, cubiertos por préstamos estudiantiles federales, y que luego se vinculan al Ejército por un período mínimo de tres años en un cargo de su especialidad.

Programa elegible: Programa de educación o capacitación conducente a obtener un título o certificado de una universidad participante en uno o más programas de ayuda federal estudiantil. El estudiante debe inscribirse en un programa elegible de una universidad elegible para recibir la ayuda estudiantil federal.

Programas con sede en el campus: Término generalmente aplicado a los programas de ayuda estudiantil federal del Departamento de Educación de Estados Unidos administrados directamente por instituciones de educación superior. Incluye la Federal Supplemental Educational Opportunity Grant (FSEOG), Federal Work-Study Program (FWS) y programas de Federal Perkins Loan.

Programas para profesionales de la salud: Programas de ayuda federal estudiantil, administrados por el Departamento de Salud y Servicios Humanos de Estados Unidos (HHS). Dirigido a estudiantes que cursan estudios en ciencias de la salud.

Programas Título IV: Programas de ayuda federal para estudiantes autorizados bajo el Título IV de la Ley de Educación Superior de 1965, en su enmienda. Incluye la Federal Pell Grant, Federal Supplemental Educational Opportunity Grant (FSEOG), Federal Work-Study Program (FWS), Federal Perkins Loan, Federal Stafford Loan, Federal PLUS Loan, Federal Direct Loan, Federal Direct PLUS Loan y LEAP.

Prueba simplificada de necesidades: Método alterno para calcular el Expected Family Contribution (EFC) en familias con ingresos brutos ajustados de menos de $50,000, que han presentado, o pueden presentar, un formulario IRS 1040A ó 1040EZ, o que no necesitan presentar declaración de impuesto sobre la renta. No se considera ningún activo.

Reautorización: Proceso de revisión por parte del congreso para refinar los programas federales autorizados y asegurarse de que continúen satisfaciendo las necesidades de la población a la que se dirigen.

Recursos: Incluyen, pero sin limitarse a ello, todo (a) fondo que el estudiante tenga derecho a recibir por conducto de una Federal Pell Grant (b) exoneración de matrícula y cuotas; (c) subvenciones, como las partidas de manutención para FSEOG y ROTC; (d) becas, incluso becas deportivas y ROTC; (e) becas o auxilios no universitarios según necesidad; (f) programas de seguros para educación; (g) préstamos a largo plazo otorgados por la institución, entre ellos, Direct Loans y Federal Perkins Loans; (h) ingresos percibidos por empleo con base en la necesidad; (i) beneficios de veteranos; y (j) cualquier parte de otros préstamos a largo plazo, como Stafford Loans (GSL), FPLUS, Direct Loans PLUS, préstamos respaldados por el estado o préstamos privados. No substituye el EFC.

Rehabilitación vocacional: Programas administrados por los departamentos estatales de servicios de rehabilitación vocacional, dirigido a individuos con discapacidad mental o física que representa un impedimento substancial para trabajar.

Renovación FAFSA: Tipo de solicitud FAFSA similar al SAR con las mismas preguntas de la solicitud FAFSA. La renovación FAFSA lleva impresas las respuestas que el estudiante consignó el año anterior para la información que probablemente no cambie de un año a otro.

Requisitos de residencia: Criterios que los estudiantes deben cumplir para tener estatus de residente en un estado o distrito; se utiliza en ciertos casos para determinar el monto de la matrícula.

Reserve Officer Training Corps Scholarship Program: *Ver ROTC Scholarship Program.*

Residente legal: Persona que ha cumplido los requisitos estatales o del distrito local para recibir el estatus de residente; también puede referirse al estudiante no-ciudadano de Estados Unidos pero elegible para recibir ayuda financiera federal. Ver *No-ciudadano elegible* y *Requisitos de residencia.*

ROTC Scholarship Program (Programa de Becas ROTC): Beca competitiva que asume el costo de matrícula, cuotas, libros y un estipendio mensual de manutención, así como otros beneficios a cambio de su participación en entrenamientos y clases durante el año académico, o en campamentos militares de verano y, al término de sus estudios, servicio de tiempo completo en el Ejército, por lo menos durante cuatro años.

Sanción por pago anticipado: Cargo que el prestamista fija a los prestatarios responsables del reembolso, por el pago en menor tiempo del máximo estipulado en el pagaré. Los programas de préstamo federal no contemplan sanciones por pago anticipado.

SAR: *Ver Student Aid Report.*

Scholarships for Disadvantaged Students, SDS (Becas para Estudiantes Desfavorecidos): Programa federal de becas dirigido a estudiantes desfavorecidos inscritos en ciertas disciplinas para profesionales de la salud.

Servicios de búsqueda de beca: Organizaciones que ayudan a los estudiantes en la búsqueda de fondos de ayuda financiera poco conocidos y sin aprovechar. Las familias interesadas deben primero investigar cuidadosamente la empresa que ofrece dichos servicios.

Specialized Training for Army Reserve Readiness, STARR (Entrenamiento Especializado de Preparación de Reservas del Ejército): Programa educativo patrocinado por la Reserva del Ejército por medio del cual las Reservas sufragan todos los gastos educativos de los reservistas que reciben instrucción en especialidades médicas específicas en universidades locales.

Student Aid Report, SAR (Informe de Ayuda para el Estudiante): Notificación oficial enviada al estudiante una vez que el Central Processing System, CPS recibe un registro del solicitud vía FAFSA para el estudiante. El SAR contiene la información resumida del solicitante, muestra el Expected Family Contribution (EFC) para el estudiante y brinda información adicional referente a la solicitud del estudiante. En ciertos casos, puede ser necesario presentar el SAR en la oficina de ayuda financiera de la universidad donde el estudiante pretende realizar estudios, bajo solicitud expresa de la universidad. Ver *Institutional Student Information Record (ISIR).*

Subsidio: Dinero que utiliza el gobierno federal para que un estudiante se inscriba en uno de los programas de ayuda para estudiantes. Básicamente, hace referencia a los pagos gubernamentales a prestamistas a propósito del interés intra-escolar sobre Federal Stafford Loans.

Subvención: Ayuda financiera que no requiere reembolso; generalmente otorgada con base en la necesidad y probablemente combinada con algunas capacidades o características que posee el estudiante. Ver también *Ayuda por donación.*

Tasa de interés variable: Tasa de interés de un préstamo ajustada a intervalos regulares sobre una base mensual, trimestral o anual. Los Federal Stafford Loans (subsidiados y no subsidiados), Federal PLUS Loans, Direct Loans (subsidiados y no subsidiados) y Direct PLUS Loans tienen tasas variables fijadas anualmente.

Título asociado: Título obtenido al completar exitosamente algunos cursos de estudios en una universidad que ofrece estudios de dos años.

Título universitario: Título otorgado al completar exitosamente el plan de estudios universitarios en una universidad o institución de educación superior de cuatro años. También se denomina grado universitario.

Transferibilidad: Atributo de ciertos programas que permite al estudiante elegible recibir fondos de cualquier institución elegible sin limitarse a una en particular. Válido para Federal Pell Grants y otras becas estatales disponibles en instituciones superiores, entre ellas, las ubicadas fuera del estado y que otorgan los fondos.

Verificación: Proceso de verificación de la información registrada en la solicitud FAFSA por comparación de documentos específicos con los datos contenidos en un documento procesado electrónicamente: Student Aid Report (SAR) o ISIR. Las universidades deben verificar la información de los estudiantes seleccionados a través del Central Processing System, CPS de acuerdo con los procedimientos establecidos por la ley. Igualmente, las universidades deben seleccionar los solicitantes adicionales que deben someterse al proceso de verificación.

Veterano (para determinar dependencia): Aquel que ha prestado servicio activo en el Ejército, la Armada, la Fuerza Aérea, la Infantería de Marina, la Guardia Costera, o que ha sido cadete o guardia marina de una de las academias militares (excepto la Guardia Costera), y que no ha sido dado de baja por deshonra. Se considera que los veteranos son independientes. No se precisa un tiempo mínimo de servicio militar.

William D. Ford Federal Direct Loan (Programa Federal de Préstamo Directo William D. Ford): Nombre colectivo para designar los programas de Direct Loan (subsidiado y no subsidiado), Direct PLUS y Direct Consolidation Loan. Los fondos de préstamos para estos fondos provienen del gobierno federal y están disponibles para estudiantes y padres, a través de instituciones superiores que forman parte del programa. Excepto, en caso de ciertas opciones de reembolso, los términos y condiciones de los préstamos bajo programas de préstamos directo son idénticos a los que aplican para el programa FFEL.

BECAS PARA HISPANOS Y OTRAS MINORÍAS

AGA FOUNDATION FOR DIGESTIVE HEALTH AND NUTRITION (FUNDACIÓN AGA PARA LA SALUD DIGESTIVA Y NUTRICIÓN)

www.fdhn.org

American Gastroenterological Association Student Research Fellowship Underrepresented Minorities Award (Beca para Minorías con Menos Representación de Investigación Estudiantil de la Asociación Gastroenterológica Estadounidense)

Apoyo financiero para estudiantes de minorías con poca representación para pasar el tiempo realizando investigaciones en las áreas de enfermedades digestivas o nutrición.

Áreas académicas o profesionales Ciencia alimentaria o nutrición; ciencias de la salud o médicas.

Ortorgamiento Beca de investigación para usarse en el primer, segundo, penúltimo, último año de universidad o como graduado; no renovable. *Número:* hasta 7. *Monto:* $2,000 a $3,000.

Requisitos de elegibilidad El postulante debe ser hispano, nativo americano/de Alaska o negro (no hispano) y debe estar inscrito o espera inscribirse en una institución o universidad que ofrece carreras de dos o cuatro años. Disponible para ciudadanos estadounidenses y canadienses.

Plazo de solicitud 5 de marzo.

Contacta: Desta Wallace, Research Awards Manager
AGA Foundation for Digestive Health and Nutrition
4930 Del Ray Avenue
Bethesda, MD 20814
Teléfono: 301-222-4005
Fax: 301-222-4010
E-mail: desta@gastro.org

AMERICAN ARCHITECTURAL FOUNDATION (FUNDACIÓN ESTADOUNIDENSE DE ARQUITECTURA)

www.archfoundation.org

American Institute of Architects Minority/Disadvantaged Scholarship (Beca para Estudiantes de Minorías o de Escasos Recursos del Instituto Estadounidense de Arquitectos)

Beca para estudiantes nominados por una empresa de arquitectos, maestro, decano u organización cívica. Co-subvencionada por el American Institute of Architects, AIA y la American Architectural Foundation, AAF.

Área académica o profesional Arquitectura.

Ortorgamiento Beca para usarse en el primer año de universidad; renovable. *Número:* 20. *Monto:* $500 a $2,500.

Requisitos de elegibilidad El postulante debe ser hispano, nativo americano/de Alaska, asiático o de las islas del Pacífico o negro (no hispano) y debe estar inscrito o espera inscribirse a tiempo completo en una institución o universidad que ofrece carreras de cuatro años. Los postulantes deben ser estudiantes de duodécimo año y de primer año de universidad. Disponible para ciudadanos estadounidenses.

Plazo de solicitud 15 de enero.

Contacta: Mary Felber, Director of Scholarship Programs
American Architectural Foundation
1735 New York Avenue, NW
Washington, DC 20006-5292
Teléfono: 202-626-7511
Fax: 202-626-7509
E-mail: mfelber@archfoundation.org

AMERICAN CHEMICAL SOCIETY (SOCIEDAD ESTADOUNIDENSE DE QUÍMICA)

www.chemistry.org

American Chemical Society Scholars Program (Programa de Becas de la Sociedad Estadounidense de Química)

Áreas académicas o profesionales Bioquímica, ingeniería química, química, tecnología química o cualquier ciencia química o ingeniería química; ciencia de los materiales, ingeniería y metalurgia; ciencias naturales.

Ortorgamiento Beca para usarse en el primer, segundo o penúltimo año de universidad; renovable. *Número:* 100 a 200. *Monto:* $2,500 a $3,000.

Requisitos de elegibilidad El postulante debe ser hispano, nativo americano/de Alaska o negro (no hispano) y debe estar inscrito o espera inscribirse a tiempo completo en una universidad que ofrece carreras de dos o cuatro años o en una institución técnica. El postulante debe tener un GPA de 3.0 ó superior. Disponible para ciudadanos estadounidenses o residente permanente.

Plazo de solicitud 15 de febrero.

Contacta: Robert Hughes, Manager
American Chemical Society
1155 L Street, NW
Washington, DC 20036
Teléfono: 202-872-6048
Fax: 202-776-8003
E-mail: scholars@acs.org

AMERICAN INSTITUTE FOR FOREIGN STUDY (INSTITUTO AMERICANO PARA ESTUDIOS EXTRANJEROS)

www.aifsabroad.com

American Institute for Foreign Study Minority Scholarships, AIFS (Becas para Minorías del Instituto Americano para Estudios Extranjeros)

Beca para estudiantes que postulan a un programa de estudio en el extranjero de la AIFS. Los postulantes deben demostrar necesidad financiera, capacidad de liderazgo y logro académico y cumplir con los requisitos del programa.

Ortorgamiento Una beca completa y becas para los tres mejores siguientes cada semestre. Ésta es para usarse en el segundo, penúltimo o último año de universidad; no renovable. *Número:* 8. *Monto:* $2,000 a $11,500.

Requisitos de elegibilidad El postulante debe ser hispano, nativo americano/de Alaska, asiático o de las islas del Pacífico o negro (no hispano); debe tener 17 años; debe estar inscrito o espera inscribirse a tiempo completo en una institución o universidad que ofrece carreras de cuatro años y debe tener interés en liderazgo. El postulante debe tener un GPA de 3.0 ó superior. Disponible para ciudadanos estadounidenses y para aquellos que no son ciudadanos estadounidenses.

Plazo de solicitud 15 de abril (otoño); 15 de octubre (primavera).

Contacta: David Mauro, Admissions Counselor
American Institute for Foreign Study
River Plaza, 9 West Broad Street
Stamford, CT 06902-3788
Teléfono: 800-727-2437 Ext. 5163
Fax: 203-399-5598
E-mail: college.info@aifs.com

AMERICAN INSTITUTE OF CERTIFIED PUBLIC ACCOUNTANTS (INSTITUTO ESTADOUNIDENSE DE CONTADORES PÚBLICOS AUTORIZADOS)

www.aicpa.org

Becas para estudiantes de minorías de contabilidad

Se entregan becas a estudiantes de minorías que tienen especialidades declaradas en contabilidad.

Área académica o profesional Contabilidad.

Ortorgamiento Beca para usarse en el penúltimo, último año de universidad o como graduado; no renovable. *Monto:* hasta $5,000.

Requisitos de elegibilidad El postulante debe ser hispano, nativo americano/de Alaska, asiático o de las islas del Pacífico o negro (no hispano) con un GPA total de 3.3. El estudiante debe estar inscrito o espera inscribirse a tiempo completo como estudiante universitario o ser graduado de una institución o universidad que ofrece carreras de cuatro años. Los postulantes deben haber completado satisfactoriamente al menos 30 horas semestrales (o equivalente), incluidas al menos 6 horas semestrales en contabilidad. Disponible para ciudadanos estadounidenses.

Plazo de solicitud 1° de julio.

Contacta: Scholarship Coordinator
American Institute of Certified Public Accountants
1211 Avenue of the Americas
New York, NY 10036-8775
Teléfono: 212-596-6270
E-mail: educat@aicpa.org

AMERICAN INSTITUTE OF CHEMICAL ENGINEERS (INSTITUTO ESTADOUNIDENSE DE INGENIEROS QUÍMICOS)

www.aiche.org

Beca para minorías para estudiantes universitarios

Beca que se entrega por una vez para estudiantes universitarios que se encuentran estudiando ingeniería química. Debe nominarse y ser miembro estudiantil nacional del American Institute of Chemical Engineers, AICHE al momento de la postulación.

Área académica o profesional Ingeniería química.

Ortorgamiento Beca para usarse en el primer, segundo, penúltimo o último año de universidad; no renovable. *Número:* hasta 10. *Monto:* $1,000.

Requisitos de elegibilidad El postulante debe ser hispano, nativo americano/de Alaska, asiático o de las islas del Pacífico o negro (no hispano) y debe estar inscrito o espera inscribirse en una institución o universidad que ofrece carreras de cuatro años.

Plazo de solicitud 15 de abril.

Contacta: Awards Administrator
American Institute of Chemical Engineers
Three Park Avenue
New York, NY 10016-5991
Teléfono: 212-591-7478
Fax: 212-591-8882
E-mail: awards@aiche.org

MINORITY SCHOLARSHIP AWARDS FOR INCOMING COLLEGE FRESHMEN (BECAS PARA MINORÍAS PARA ESTUDIANTES QUE INGRESAN A PRIMER AÑO DE UNIVERSIDAD)

Las becas son para graduados de la escuela secundaria que planean estudiar cursos para obtener un título en ingeniería química. Los postulante deben nominarse.

Área académica o profesional Ingeniería química.

Ortorgamiento Beca para usarse en el primer año de universidad; no renovable. *Número:* hasta 10. *Monto:* $1,000.

Requisitos de elegibilidad El postulante debe ser hispano, nativo americano/de Alaska, asiático o de las islas del Pacífico o negro (no hispano); debe ser estudiante de escuela secundaria y que planee inscribirse en una institución o universidad.

Plazo de solicitud 15 de abril.

Contacta: Awards Administrator
American Institute of Chemical Engineers
Three Park Avenue
New York, NY 10016-5991
Teléfono: 212-591-7478
Fax: 212-591-8882
E-mail: awards@aiche.org

AMERICAN METEOROLOGICAL SOCIETY (SOCIEDAD METEOROLÓGICA ESTADOUNIDENSE)

www.ametsoc.org/AMS

American Meteorological Society/Industry Minority Scholarships (Becas para Minorías de la Sociedad Meteorológica Estadounidense)

Becas de dos años para estudiantes de minorías que ingresan a su primer año de universidad. Deben planear seguir carreras en ciencias atmosféricas y oceánicas e hidrológicas relacionadas.

Áreas académicas o profesionales Meteorología o ciencia atmosférica.

Ortorgamiento Beca para usarse en el primer o segundo año de universidad; no renovable. *Número:* variable. *Monto:* $3,000.

Requisitos de elegibilidad El postulante debe ser hispano, nativo americano/de Alaska, asiático o de las islas del Pacífico o negro (no hispano); debe ser estudiante de escuela secundaria y que planee inscribirse a tiempo completo en una institución o universidad que ofrece carreras de cuatro años. Disponible para ciudadanos estadounidenses o residentes permanentes.

Plazo de solicitud 20 de febrero.

Contacta: Donna Fernandez, Fellowship/Scholarship Coordinator
American Meteorological Society
45 Beacon Street
Boston, MA 02108-3693
Teléfono: 617-227-2426 Ext. 246
Fax: 617-742-8718
E-mail: dfernand@ametsoc.org

AMERICAN PHYSICAL SOCIETY (SOCIEDAD ESTADOUNIDENSE DE FÍSICA)

www.aps.org/educ/com/index.html

Corporate Sponsored Scholarships for Minority Undergraduate Students Who Major in Physics (Becas Subvencionadas por Empresas para Estudiantes Universitarios de Minorías con Especialidades en Física)

Beca que se entrega por una vez para estudiantes de duodécimo año, de primer y de segundo año de universidad que planeen ingresar a una especialidad en física.

Áreas académicas o profesionales Ciencias físicas y matemáticas.

Ortorgamiento Beca para usarse en el primer o segundo año de universidad; no renovable. *Monto:* $2,000 a $3,000.

Requisitos de elegibilidad El postulante debe ser hispano, nativo americano/de Alaska o negro (no hispano) y debe estar inscrito o espera inscribirse a tiempo completo en una institución o universidad que ofrece carreras de dos o cuatro años. Debe ser ciudadano estadounidense o residente legal.

Plazo de solicitud 1° de febrero.

Contacta: Arlene Knowles, Scholarship Administrator
American Physical Society
One Physics Ellipse
College Park, MD 20740
Teléfono: 301-209-3232
Fax: 301-209-0865
E-mail: knowles@aps.org

AMERICAN PHYSICAL SOCIETY (SOCIEDAD ESTADOUNIDENSE DE FISIOLOGÍA)

www.the-aps.org

American Physiological Society Minority Travel Fellowships (Becas de Investigación para Viaje para Minorías de la Sociedad Estadounidense de Fisiología)

Beca de viaje para estudiantes de fisiología de parte de grupos de minorías para asistir a la reunión de Biología experimental o a la conferencia de la American Physiological Society. Disponible para estudiantes universitarios avanzados y graduados.

Áreas académicas o profesionales Ciencias animales o veterinaria; biología; ciencias de la salud y médicas; ciencias físicas y matemática.

Ortorgamiento Beca para usarse en el primer, segundo, penúltimo, último año de universidad, como graduado o en posgrado; no renovable. *Número:* 30 a 40. *Monto:* $1,000 a $1,500.

Requisitos de elegibilidad El postulante debe ser hispano, nativo americano/de Alaska o negro (no hispano) y debe estar inscrito o espera inscribirse a tiempo completo en una institución o universidad que ofrece carreras de dos o cuatro años. El postulante o uno de los padres del postulante debe ser miembro de la American Physiological Society. Disponible para ciudadanos estadounidenses.

Plazo de solicitud Comuníquese con la American Physiological Society (APS) o revise su sitio Web para ver los plazos.

Contacta: Mrs. Brooke Bruthers, Award Coordinator
American Physiological Society
9650 Rockville Pike
Bethesda, MD 20814-3991
Teléfono: 301-634-7132
Fax: 301-634-7098
E-mail: bbruthers@the-aps.org

AMERICAN POLITICAL SCIENCE ASSOCIATION (ASOCIACIÓN ESTADOUNIDENSE DE CIENCIAS POLÍTICAS)

www.apsanet.org

American Political Science Association Minority Fellows Program (Programa de Becas de Investigación para Minorías de la Asociación Estadounidense de Ciencias Políticas)

Beca que se entrega por una vez para estudiantes de minorías que ingresan por primera vez a un programa de doctorado en ciencias políticas. Los postulantes deben demostrar interés en enseñanza y tienen que tener potencial de investigación en ciencias políticas.

Área académica o profesional Ciencias políticas.

Ortorgamiento Beca de investigación para usarse en el último año de universidad o como graduado; no renovable. *Número:* 6. *Monto:* $4,000.

Requisitos de elegibilidad El postulante debe ser hispano, nativo americano/de Alaska o negro (no hispano) y debe estar inscrito o espera inscribirse en una institución o universidad. El postulante debe tener un GPA de 3.0 ó superior. Los postulantes deben ser ciudadanos estadounidenses y tener necesidad financiera.

Plazo de solicitud 1° de noviembre.

Contacta: Linda Lopez, Director
American Political Science Association
1527 New Hampshire Avenue, NW
Washington, DC 20036-1206
E-mail: apsa@apsanet.org

AMERICAN SOCIETY OF RADIOLOGIC TECHNOLOGISTS EDUCATION AND RESEARCH FOUNDATION (FUNDACIÓN PARA LA EDUCACIÓN E INVESTIGACIÓN DE LA SOCIEDAD ESTADOUNIDENSE DE TÉCNICOS EN RADIOLOGÍA)

www.asrt.org

Royce Osborn Minority Student Scholarship (Beca para Estudiantes de Minorías Royce Osborn)

Beca para minorías para estudiantes de certificación o universitarios. Para postular, deben haber completado al menos un semestre en ciencias radiológicas.

Áreas académicas o profesionales Ciencias de la salud y médicas.

Ortorgamiento Beca para usarse en el primer, segundo o penúltimo año de universidad; no renovable. *Número:* 5. *Monto:* $4,000.

Requisitos de elegibilidad El postulante debe ser hispano, nativo americano/de Alaska, asiático o de las islas del Pacífico, o negro (no hispano) y debe estar inscrito o espera inscribirse a tiempo completo o a tiempo parcial en una universidad que ofrece carreras de dos o cuatro años o en una institución técnica. Tiene que existir el factor de la necesidad financiera. Los requisitos incluyen tener un GPA de 3.0 ó superior, una recomendación y un ensayo de 250 a 300 palabras. Disponible para ciudadanos estadounidenses.

Plazo de solicitud 1° de febrero.

Contacta: Phelosha Collaros, Development Specialist
American Society of Radiologic Technologists
Education and Research Foundation
15000 Central Avenue, SE
Albuquerque, NM 87123-3917
Teléfono: 505-298-4500 Ext. 1233
Fax: 505-298-5063
E-mail: pcollaros@asrt.org

ARKANSAS DEPARTMENT OF HIGHER EDUCATION (DEPARTAMENTO DE EDUCACIÓN SUPERIOR DEL ESTADO DE ARKANSAS)

www.arscholarships.com

Arkansas Minority Teacher Scholars Program (Programa de Becas para Maestros de Minorías del Estado de Arkansas)

Beca para postulantes de minorías que hayan completado al menos 60 horas semestrales y que estén inscritos a tiempo completo en un programa de educación para maestros en el estado de Arkansas.

Área académica o profesional Educación.

Ortorgamiento Préstamo que puede ser condonado para ser usado en el penúltimo o último año de universidad; renovable. *Número:* hasta 100. *Monto:* hasta $5,000. La beca puede renovarse por un año.

Requisitos de elegibilidad El postulante debe residir y estudiar en el estado de Arkansas y tener un GPA mínimo de 2.5. Debe enseñar durante tres a cinco años en el estado de Arkansas para reembolsar los fondos que recibió de la beca y aprobar el examen PPST. El postulante debe ser hispano, nativo americano/de Alaska, asiático o de las islas del Pacífico o negro (no hispano) y debe estar inscrito o espera inscribirse a tiempo completo en una institución o universidad que ofrece carreras de cuatro años. Disponible para ciudadanos estadounidenses.

Plazo de solicitud 1° de junio.

Contacta: Lillian Williams, Assistant Coordinator
Arkansas Department of Higher Education
114 East Capitol
Little Rock, AR 72201
Teléfono: 501-371-2050
Fax: 501-371-2001

ASPEN INSTITUTE (INSTITUTO ASPEN)

www.nonprofitresearch.org/

William Randolph Hearst Endowed Scholarship for Minority Students (Beca Donada por William Randolph Hearst para Estudiantes de Minorías)

Becas para estudiantes de minorías que demuestren aptitudes de investigación destacadas, una base en ciencias sociales o humanidades y excelentes aptitudes de redacción y comunicación.

Áreas académicas o profesionales Humanidades; ciencias sociales.

Ortorgamiento Beca para usarse en el primer, segundo, penúltimo, último año de universidad o como graduado; no renovable. *Monto:* $2,500 a $5,000.

Requisitos de elegibilidad El postulante debe ser hispano, nativo americano/de Alaska, asiático o de las islas del Pacífico o negro (no hispano) y debe estar inscrito o espera inscribirse en una institución o universidad. Disponible para ciudadanos estadounidenses.

Plazo de solicitud 14 de marzo. (No hay solicitud. Envíe una carta de interés, currículum vitae, certificado de calificaciones, una carta del funcionario de ayuda financiera adecuado de la universidad que certifique una necesidad financiera demostrada y dos cartas de referencia.)

Contacta: Aspen Institute
One Dupont Circle, NW, Suite 700
Washington, DC 20036

BROWN FOUNDATION FOR EDUCATIONAL EQUITY, EXCELLENCE, AND RESEARCH (FUNDACIÓN BROWN PARA LA EQUIDAD, EXCELENCIA E INVESTIGACIÓN EDUCACIONAL)

http://brownvboard.org/foundatn/sclrbroc.htm

Brown Scholar (Beca Brown)

Beca para estudiantes universitarios que ingresar a su penúltimo año de universidad que son admitidos en un programa de educación para maestros en una universidad que ofrece carreras de cuatro años.

Área académica o profesional Educación.

Ortorgamiento Beca para usarse en el penúltimo o último año de universidad; renovable.

Requisitos de elegibilidad El postulante debe ser hispano, nativo americano/de Alaska, asiático o de las islas del Pacífico o negro (no hispano) y debe estar inscrito o espera inscribirse a tiempo completo o a tiempo parcial en una institución o universidad que ofrece carreras de cuatro años. El postulante debe tener un GPA de 3.0 ó superior. Disponible para ciudadanos estadounidenses.

Plazo de solicitud 1° de abril.

Contacta: Chelsey Smith, Staff/Administrative Assistant
Brown Foundation for Educational Equity, Excellence, and Research
PO Box 4862
Topeka, KS 66604
Teléfono: 785-235-3939
Fax: 785-235-1001
E-mail: brownfound@juno.com

CALIFORNIA ADOLESCENT NUTRITION AND FITNESS (CANFIT) PROGRAM (PROGRAMA DE NUTRICIÓN Y CONDICIÓN FÍSICA ADOLESCENTE DEL ESTADO DE CALIFORNIA (CANFIT))

www.canfit.org

California Adolescent Nutrition and Fitness (CANFit) Program Scholarship (Beca del Programa de Nutrición y Condición Física Adolescente del Estado de California)

Beca para estudiantes de minorías universitarios y de posgrado.

Áreas académicas o profesionales Ciencia alimentaria o nutrición; servicio de alimento u hospitalidad; ciencias de la salud y médicas; relacionadas con el deporte.

Ortorgamiento Beca para usarse en el penúltimo, último año de universidad, como graduado o en posgrado; no renovable. *Número:* 10 a 15. *Monto:* $500 a $1,500.

Requisitos de elegibilidad El postulante debe ser hispano, nativo americano/de Alaska, asiático o de las islas del Pacífico o negro (no hispano); debe estar inscrito o espera inscribirse a tiempo completo o a tiempo parcial en una institución o universidad que ofrece carreras de cuatro años y ser residente y estudiar en el estado de California. El postulante debe tener un GPA de 2.5 ó superior. Disponible para ciudadanos estadounidenses.

Plazo de solicitud 31 de marzo.

Contacta: Leena Kamat, Office Manager
California Adolescent Nutrition and Fitness (CANFit) Program
2140 Shattuck Avenue, Suite 610
Berkeley, CA 94704
Teléfono: 510-644-1533
Fax: 510-644-1535
E-mail: info@canfit.org

CALIFORNIA TEACHERS ASSOCIATION, CTA (ASOCIACIÓN DE MAESTROS DE CALIFORNIA)

www.cta.org

Martin Luther King, Jr. Memorial Scholarship (Beca en Memoria de Martin Luther King, Jr.)

Para miembros de minorías étnicas de la California Teachers Association, sus hijos dependientes y miembros de minorías étnicas de la Student California Teachers Association (Asociación Estudiantil de Maestros de California) que desean seguir un título o credenciales en educación pública.

Área académica o profesional Educación.

Ortorgamiento Beca para usarse en el primer, segundo, penúltimo, último año de universidad o como graduado; no renovable. *Monto:* $500 a $5,000.

Requisitos de elegibilidad El postulante debe ser hispano, nativo americano/de Alaska, asiático o de las islas del Pacífico o negro (no hispano) y debe estar inscrito o espera inscribirse a tiempo completo en una institución o universidad que ofrece carreras de dos o cuatro años. El postulante o uno de los padres del postulante debe ser miembro de la California Teachers Association. Disponible para ciudadanos estadounidenses y para aquellos que no son ciudadanos estadounidenses.

Plazo de solicitud 15 de marzo.

Contacta: Human Rights Department
California Teachers Association (CTA)
PO Box 921
Burlingame, CA 94011-0921
Teléfono: 650-697-1400
E-mail: scholarships@cta.org

CASUALTY ACTUARIAL SOCIETY/SOCIETY OF ACTUARIES JOINT COMMITTEE ON MINORITY RECRUITING (SOCIEDAD ACTUARIAL DE SEGUROS CONTRA ACCIDENTES O COMITÉ CONJUNTO DE LA SOCIEDAD DE ACTUARIOS PARA RECLUTAR A MINORÍAS)

www.BeAnActuary.org

Actuarial Scholarships for Minority Students (Becas actuariales para estudiantes de minorías)

Beca para estudiantes que planean carreras en ciencia actuarial o matemática. Los postulantes deben haber presentado el ACT Assessment (Evaluación ACT) o el SAT.

Área académica o profesional Servicios de negocios o al consumidor.

Ortorgamiento Beca para usarse en el primer, segundo, penúltimo, último año de universidad o como graduado; no renovable. El número y monto de becas varía según el mérito y la necesidad financiera. *Número:* 20 a 40. *Monto:* $500 a $3,000.

Requisitos de elegibilidad El postulante debe ser hispano, nativo americano/de Alaska o negro (no hispano) y debe estar inscrito o espera inscribirse a tiempo completo o tiempo parcial en una institución o universidad que ofrece carreras de dos o cuatro años. Debe ser ciudadano estadounidense o residente permanente.

Plazo de solicitud 1° de mayo.

Contacta: Frank Lupo, Minority Scholarship Coordinator
Casualty Actuarial Society/Society of Actuaries Joint
Committee on Minority Recruiting
475 North Martingale Road, Suite 800
Schaumburg, IL 60173-2226
Teléfono: 703-276-3100
E-mail: flupo@casact.org

COMTO-BOSTON CHAPTER (CONFERENCIA DE FUNCIONARIOS DE TRANSPORTE DE MINORÍAS DE LA DELEGACIÓN DE BOSTON)

www.comto.org/local_boston.htm

COMTO Boston/Garrett A. Morgan Scholarship (Beca Boston/Garrett A. Morgan de COMTO)

Cinco becas subvencionadas por empresas específicamente para estudiantes de ingeniería y cinco becas de delegación local para estudiantes de duodécimo año que se gradúan y que siguen carreras tanto en transporte como campos no relacionados con él.

Áreas académicas o profesionales Arquitectura; dibujo; educación; ingeniería civil; ingeniería eléctrica o electrónica; ingeniería mecánica; ingeniería o tecnología; tecnologías relacionadas con la ingeniería; tecnología en topografía, cartografía o ciencia de información geográfica; topografía; transporte.

Ortorgamiento Beca para usarse en el primer o segundo año de universidad; no renovable. *Número:* hasta 10. *Monto:* $1,000 a $5,000.

Requisitos de elegibilidad El postulante debe ser hispano, nativo americano/de Alaska, asiático o de las islas del Pacífico o negro (no hispano) y debe estar inscrito o espera inscribirse a tiempo completo en una universidad que ofrece carreras de cuatro años o en una institución técnica. El postulante debe tener un GPA de 2.5 ó superior. Disponible para ciudadanos estadounidenses.

Plazo de solicitud 31 de marzo.

Contacta: Virginia Turner, Scholarship Chairperson
COMTO-Boston Chapter
Scholarship Program
PO Box 1173
Boston, MA 02117-1173
Teléfono: 617-248-2878
Fax: 617-248-2904
E-mail: virginia.turner@state.ma.us

DOW JONES NEWSPAPER FUND (FONDO DEL DOW JONES NEWSPAPER)

http://djnewspaperfund.dowjones.com

Dow Jones Newspaper Fund Minority Business Reporting Program (Programa de Informe de Negocios para Minorías de Dow Jones Newspaper Fund)

Pasantía y beca de periodismo de negocios que se entrega una vez para estudiantes de segundo y de penúltimo año de universidad de minorías que vuelven a sus estudios universitarios.

Ortorgamiento Beca para usarse en el segundo o penúltimo año de universidad; no renovable. *Número:* 12. *Monto:* $1,000.

Requisitos de elegibilidad El postulante debe ser hispano, nativo americano/de Alaska, asiático o de las islas del Pacífico o negro (no hispano) y debe estar inscrito o espera inscribirse a tiempo completo en una institución que ofrece carreras de dos o cuatro años. Disponible para ciudadanos estadounidenses.

Plazo de solicitud 1° de noviembre.

Contacta: Jan Maressa, Office Manager
Dow Jones Newspaper Fund
PO Box 300
Princeton, NJ 08543-0300
Teléfono: 609-452-2820
Fax: 609-520-5804

EATON CORPORATION (CORPORACIÓN EATON)

www.eaton.com

Eaton Corporation Multicultural Scholars Program (Programa de Becas Multiculturales de la Corporación Eaton)

Beca para minorías que son estudiantes universitarios a tiempo completo de primer o segundo año en una universidad que ofrece carreras de cuatro años.

Áreas académicas o profesionales Ciencias de la computación o procesamiento de datos; ingeniería eléctrica o electrónica; ingeniería mecánica; ingeniería o tecnología; tecnologías relacionadas con la ingeniería.

Ortorgamiento Beca para usarse en el primer o segundo año de universidad; renovable. *Número:* hasta 50. *Monto:* $500 a $3,000.

Requisitos de elegibilidad El postulante debe ser hispano, nativo americano/de Alaska, asiático o de las islas del Pacífico o negro (no hispano) y debe estar inscrito o espera inscribirse en una institución o universidad. El postulante debe tener un GPA de 3.0 ó superior.

Plazo de solicitud 31 de diciembre.

Contacta: Mildred Neumann, Scholarship Coordinator
Eaton Corporation
Eaton Center
1111 Superior Avenue
Cleveland, OH 44114
Teléfono: 216-523-4354
Fax: 216-479-7354
E-mail: mildredneumann@eaton.com

FISHER BROADCASTING COMPANY

www.fisherbroadcasting.com/

Fisher Broadcasting, Inc., Scholarship for Minorities (Fisher Broadcasting, Inc., Beca para minorías)

Beca para estudiantes de minorías que están inscritos en un plan de estudios de transmisión, periodismo o mercadeo. Para residentes del estado de Washington, Oregon, Montana, Idaho y Georgia que asisten a escuelas dentro del estado o fuera de él o para estudiantes fuera del estado que asisten a instituciones en Washington, Oregon, Montana, Idaho o Georgia.

Áreas académicas o profesionales Comunicaciones, ingeniería o tecnología; periodismo; periodismo fotográfico; transmisión de televisión o radio.

Ortorgamiento Beca para usarse en el segundo, penúltimo o último año de universidad; no renovable. *Número:* 2 a 4. *Monto:* $1,000 a $10,000.

Requisitos de elegibilidad El postulante debe ser hispano, nativo americano/de Alaska, asiático o de las islas del Pacífico, negro (no hispano) y debe estar inscrito o espera inscribirse a tiempo completo en una universidad que ofrece carreras de dos o cuatro años o en una institución técnica. El postulante debe tener un GPA de 2.5 ó superior. Disponible para ciudadanos estadounidenses.

Plazo de solicitud 30 de abril.

Contacta: Laura Boyd, Vice President, Human Resources
Fisher Broadcasting Company
600 University Street
Suite 1525
Seattle, WA 98101-3185
Teléfono: 206-404-7000
Fax: 206-404-6811
E-mail: laurab@fsci.com

FLORIDA DEPARTMENT OF EDUCATION (DEPARTAMENTO DE EDUCACIÓN DEL ESTADO DE FLORIDA)

www.floridastudentfinancialaid.org

Rosewood Family Scholarship Fund (Fondo para beca Rosewood Family)

Beca para estudiantes de minorías elegibles para que asistan a una institución de educación superior pública de Florida a tiempo completo. Se le da preferencia a descendientes directos de familias Rosewood afroamericanas que se vieron afectados por los incidentes de enero de 1923.

Ortorgamiento Beca para usarse en el primer, segundo, penúltimo o último año de universidad; renovable. *Número:* hasta 25. *Monto:* hasta $4,000.

Requisitos de elegibilidad El postulante debe ser hispano, nativo americano/de Alaska, asiático o de las islas del Pacífico, o negro (no hispano) y debe estar inscrito o espera inscribirse a tiempo completo en una universidad que ofrece carreras de dos o cuatro años o en una institución técnica y estudiar en el estado de Florida. Disponible para ciudadanos estadounidenses.

Plazo de solicitud 1° de abril.

Contacta: Scholarship Information
Florida Department of Education
Office of Student Financial Assistance
1940 North Monroe, Suite 70
Tallahassee, FL 32303-4759
Teléfono: 888-827-2004
E-mail: osfa@fldoe.org

FOUNDATION OF THE NATIONAL STUDENT NURSES' ASSOCIATION (FUNDACIÓN DE LA ASOCIACIÓN NACIONAL DE ESTUDIANTES DE ENFERMERÍA)

www.nsna.org

Breakthrough to Nursing Scholarships for Racial/Ethnic Minorities (Adelanto para becas de enfermería para minorías raciales o étnicas)

Disponible para estudiantes de minorías que están inscritos en programas de enfermería o pre-enfermería. Becas basadas en la necesidad económica, escolaridad y actividades relacionadas con la salud.

Área académica o profesional Enfermería.

Ortorgamiento Beca para usarse en el primer, segundo, penúltimo o último año de universidad; no renovable. *Número: 5. Monto:* $1,000 a $2,000.

Requisitos de elegibilidad El postulante debe ser hispano, nativo americano/de Alaska, asiático o de las islas del Pacífico o negro (no hispano) y debe estar inscrito o espera inscribirse en una institución o universidad. Disponible para ciudadanos estadounidenses.

Plazo de solicitud 31 de enero. Postulación disponible en el sitio Web o envía un sobre franqueado con dirección con dos estampillas junto con la solicitud de postulación. Arancel de postulación de $10.

Contacta: Solicitud disponible en el sitio Web
                E-mail: receptionist@nsna.org

FREEDOM FORUM (FORO POR LA LIBERTAD)

www.freedomforum.org

Chips Quinn Scholars Program (Programa de becas Chips Quinn)

Beca para estudiantes de color que están en penúltimo o último año de universidad o se graduaron recientemente. Deben tener un interés definido en periodismo escrito como carrera. La beca requiere una pasantía pagada. Los postulantes deben ser nominados por sus universidades, por editores de periódicos o mediante solicitación directa con cartas de apoyo de aprobación.

Área académica o profesional Periodismo.

Ortorgamiento Beca para usarse en el penúltimo o último año de universidad; no renovable. *Monto:* $1,000.

Requisitos de elegibilidad El postulante debe ser hispano, nativo americano/de Alaska, asiático o de las islas del Pacífico o negro (no hispano) y debe estar inscrito o espera inscribirse en una institución o universidad que ofrece carreras de cuatro años.

Plazo de solicitud 15 de enero.

Contacta: Karen Catone, Director
Freedom Forum
1101 Wilson Boulevard
Arlington, VA 22209
Teléfono: 703-284-2863
Fax: 703-284-3543
E-mail: chipsquinnscholars@freedomforum.org

GEM CONSORTIUM (CONSORCIO DE GEM)

www.gemfellowship.org

GEM MS Engineering Fellowship (Beca de ingeniería de GEM MS)

Beca para estudiantes universitarios de penúltimo, último año o aquellos que tienen un título universitario en una disciplina de ingeniería acreditada. Incluye pasantía de verano.

Áreas académicas o profesionales Agricultura; arquitectura; biología; ciencias de la computación o procesamiento de datos; ciencia de los materiales; ciencia nuclear; ingeniería civil; ingeniería eléctrica o electrónica; ingeniería mecánica; ingeniería o tecnología; ingeniería química; ingeniería y metalurgia.

Ortorgamiento Beca para usarse en el penúltimo, último año de universidad o como graduado; renovable. *Número:* 200. *Monto:* $20,000 a $40,000.

Requisitos de elegibilidad El postulante debe ser hispano, nativo americano/de Alaska o negro (no hispano) y debe estar inscrito o espera inscribirse a tiempo completo en una institución o universidad que ofrece carreras de cuatro años. Disponible para ciudadanos estadounidenses.

Plazo de solicitud 1° de diciembre.

Contacta: Saundra D. Johnson, Executive Director
GEM Consortium
PO Box 537
Notre Dame, IN 46556-0537
Teléfono: 574-631-7771
Fax: 574-287-1486
E-mail: gem.1@nd.edu

GEM Ph.D. Science Fellowship (Beca de Investigación de Ciencias para Doctorado GEM)

Beca para estudiantes universitarios de penúltimo o último año, o graduados o aquellos que tienen un título universitario en una disciplina acreditada de ciencias o ingeniería. Deben asistir a una universidad miembro del programa de beca de investigación para doctorado GEM. Incluye pasantía de verano.

Áreas académicas o profesionales Ciencias naturales (biología; geología; ciencia de la meteorología o atmosférica; ciencias físicas y matemáticas).

Ortorgamiento Beca de investigación para usarse en el penúltimo, último año de universidad o como graduado; renovable. *Número:* 20 a 30. *Monto:* $60,000.

Requisitos de elegibilidad El postulante debe ser hispano, nativo americano/de Alaska o negro (no hispano) y debe estar inscrito o espera inscribirse a tiempo completo en una institución o universidad que ofrece carreras de cuatro años. El postulante debe tener un GPA de 3.0 ó superior. Disponible para ciudadanos estadounidenses.

Plazo de solicitud 1° de diciembre.

Contacta: Saundra D. Johnson, Executive Director
GEM Consortium
PO Box 537
Notre Dame, IN 46556-0537
Teléfono: 574-631-7771
Fax: 574-287-1486
E-mail: gem.1@nd.edu

GENERAL BOARD OF GLOBAL MINISTRIES (JUNTA GENERAL DE MINISTERIOS GLOBALES)

www.gbgm-umc.org

National Leadership Development Grants (Subvención Nacional de Desarrollo de Liderazgo)

Beca para miembros de grupos étnicos y raciales minoritarios de la Iglesia Metodista Unida que aspiran tener estudios universitarios.

Ortorgamiento Subvención para usarse en el primer, segundo, penúltimo o último año de universidad; renovable. *Número:* 75. *Monto:* $500 a $5,000.

Requisitos de elegibilidad El postulante debe ser metodista, hispano, nativo americano/de Alaska, asiático o de las islas del Pacífico, o negro (no hispano),y debe estar inscrito o espera inscribirse a tiempo completo en una universidad que ofrece carreras de dos o cuatro años o en una institución técnica. Debe ser ciudadano estadounidense, residente extranjero o residir en Estados Unidos como refugiado.

Plazo de solicitud 31 de mayo.

Contacta: Scholarship Office
General Board of Global Ministries
475 Riverside Drive
Room 1351
New York, NY 10115
Teléfono: 212-870-3787
Fax: 212-870-3932
E-mail: scholars@gbgm-umc.org

HBCU-CENTRAL.COM

www.hbcu-central.com/

HBCU-Central.com Minority Scholarship Program (Programa de Becas para Minorías de HBCU-Central.com)

Destinada a minorías que elijan asistir a Universidades históricamente para gente de color. Los beneficiarios se seleccionan de acuerdo a sus ensayos, calificaciones y necesidades financieras.

Ortorgamiento Beca para usarse en el primer, segundo, penúltimo o último año de universidad; no renovable. *Número:* 3 a 10. *Monto:* $1,000 a $2,500.

Requisitos de elegibilidad El postulante debe ser hispano, nativo americano/de Alaska, asiático o de las islas del Pacífico o negro (no hispano) y debe estar inscrito o espera inscribirse a tiempo completo en una institución o una universidad que ofrece carreras de cuatro años. Disponible para ciudadanos estadounidenses.

Plazo de solicitud Continuo.

Contacta: William Moss, Scholarship Administrator
HBCU-Central.com
7846 Grandlin Park
Suite AA
Blacklick, OH 43004
Teléfono: 614-284-3007
Fax: 215-893-5398
E-mail: wrmoss@hbcu-central.com

HISPANIC SCHOLARSHIP FUND (FONDO DE BECAS PARA HISPANOS)

www.hsf.net

New Horizons Scholars Program (Programa de Becas New Horizons)

Becas disponibles para estudiantes hispanos y afroamericanos que estén infectados con hepatitis C o quienes dependan de alguien infectado con hepatitis C.

Ortorgamiento Beca para usarse en el primer, segundo, penúltimo o último año de universidad; no renovable.

Requisitos de elegibilidad El postulante debe ser hispano o negro (no hispano) y debe estar inscrito o espera inscribirse como estudiante a tiempo completo en una universidad o institución que ofrece carreras de dos o cuatro años. El postulante debe tener un GPA de 3.0 ó superior. Disponible para ciudadanos estadounidenses.

Plazo de solicitud 21 de marzo.

Contacta: Solicitud disponible en el sitio Web

ILLINOIS STUDENT ASSISTANCE COMMISSION, ISAC (COMISIÓN DE ASISTENCIA PARA ESTUDIANTES DE ILLINOIS)

www.isac-online.org

Minority Teachers of Illinois Scholarship Program (Maestros de Minorías del Programa de Becas de Illinois)

Beca para estudiantes de minorías que planean enseñar en una escuela preescolar, primaria o secundaria.

Áreas académicas o profesionales Educación; educación especial.

Ortorgamiento Préstamo perdonable para usarse en el primer, segundo, penúltimo, último año de universidad, como graduado o en posgrado; renovable. *Número:* 450-550. *Monto:* $4,000 a $5,000.

Requisitos de elegibilidad El postulante debe ser hispano, nativo americano/de Alaska, asiático o de las islas del Pacífico o negro (no hispano); debe estar inscrito o espera inscribirse a tiempo completo en una institución o universidad que ofrece carreras de cuatro años; debe ser residente y estudiar en el estado de Illinois. El postulante debe tener un GPA de 2.5 ó superior. Disponible para ciudadanos estadounidenses y para aquellos que no son ciudadanos estadounidenses.

Plazo de solicitud 1° de mayo.

Contacta: David Barinholtz, Client Information
Illinois Student Assistance Commission (ISAC)
1755 Lake Cook Road
Deerfield, IL 60015-5209
Teléfono: 847-948-8500 Ext. 2385
E-mail: cssupport@isac.org

INSTITUTE FOR INTERNATIONAL PUBLIC POLICY (IIPP) (INSTITUTO PARA LA POLICÍA PÚBLICA INTERNACIONAL)

www.ed.gov/offices/OPE/HEP/legps/lipp.html

Institute for International Public Policy Fellowship Program (Programa de Beca de Investigación del Instituto para la Policía Pública Internacional)

El Programa de Beca de Investigación IIPP le proporciona a los estudiantes de minorías con poca representación la educación y capacitación necesaria para ingresar, avanzar y realizar una profesión en relaciones internacionales.

Áreas académicas o profesionales Estudios regionales interdisciplinarios o étnicos; economía; idioma extranjero; humanidades; estudios internacionales; estudios sobre paz y conflictos; ciencias políticas; ciencias sociales.

Ortorgamiento Beca de investigación para usarse en el segundo año de universidad; no renovable. *Número:* 20 a 30. *Monto:* $35,000 a $50,000.

Requisitos de elegibilidad El postulante debe ser hispano, nativo americano/de Alaska, asiático o de las islas del Pacífico o negro (no hispano) y debe estar inscrito o espera inscribirse a tiempo completo en una institución o universidad que ofrece carreras de cuatro años. Debe tener un GPA de 3.2. Disponible para ciudadanos estadounidenses y para aquellos que no son ciudadanos estadounidenses.

Plazo de solicitud 1° de marzo.

Contacta: Helen Ezenwa, Program Manager
Institute for International Public Policy (IIPP)
2750 Prosperity Avenue
Suite 600
Fairfax, VA 22031
Fax: 703-205-7645
E-mail: helen.ezenwa@uncfsp.org

INSTITUTE OF CHINA STUDIES (INSTITUTO DE ESTUDIOS DE CHINA)

Institute of Chinese Studies Awards (Beca del Instituto de Estudios de China)

Beca renovable para estudiantes de minorías que ya se encuentran en la universidad.

Áreas académicas o profesionales Debe ser en estudios de China, incluyendo mandarín, historia u otros estudios relacionados. Estudios regionales interdisciplinarios o étnicos.

Ortorgamiento Beca para usarse en el primer, segundo, penúltimo o último año de universidad; renovable. Los estudiantes que hayan completado 30 y 15 horas de estudios son elegibles para una beca de $1,000 y de $500, respectivamente.

Número: 10. *Monto:* hasta $1,000.

Requisitos de elegibilidad El postulante debe ser hispano, nativo americano/de Alaska, asiático o de las islas del Pacífico o negro (no hispano) y debe estar inscrito o espera inscribirse a tiempo completo en una institución o universidad que ofrece carreras de cuatro años. El postulante debe tener un GPA de 3.0 ó superior. Disponible para ciudadanos estadounidenses.

Plazo de solicitud Continuo.

Contacta: Dr. Harry Kiang, President
Institute of China Studies
7341 North Kolmar Street
Lincolnwood, IL 60712
Teléfono: 847-677-0982

JACKIE ROBINSON FOUNDATION (BECA DE LA FUNDACIÓN JACKIE ROBINSON)

www.jackierobinson.org

Jackie Robinson Scholarship (Beca Jackie Robinson)

Beca para estudiantes de minorías de duodécimo año que hayan sido aceptados en una universidad acreditada que ofrece carreras de cuatro años.

Ortorgamiento Beca para usarse en el primer año de universidad; renovable. *Número:* 50 a 60. *Monto:* hasta $6,000.

Requisitos de elegibilidad El postulante debe ser hispano, nativo americano/de Alaska, asiático o de las islas del Pacífico o negro (no hispano); debe ser estudiante de escuela secundaria y planea inscribirse a tiempo completo en una universidad que ofrece carreras de cuatro años. Debe acreditar necesidad financiera, potencial de liderazgo y un alto nivel de logros académicos. Disponible para ciudadanos estadounidenses.

Plazo de solicitud 1° de abril.

Contacta: Scholarship Program
Jackie Robinson Foundation
3 West 35th Street, 11th Floor
New York, NY 10001-2204
Teléfono: 212-290-8600
Fax: 212-290-8081

KANSAS BOARD OF REGENTS (JUNTA DE REGENTES DE KANSAS)

www.kansasregents.org

Ethnic Minority Scholarship Program (Programa de Becas de Minorías Étnicas)

Este programa fue diseñado para asistir a los estudiantes de minorías étnica académicamente competitivos con necesidades financieras.

Ortorgamiento Beca para usarse en el primer, segundo, penúltimo o último año de universidad; renovable. *Número:* 200 a 250. *Monto:* $1,850.

Requisitos de elegibilidad El postulante debe ser hispano, nativo americano/de Alaska, asiático o de las islas del Pacífico o negro (no hispano); debe estar inscrito o espera inscribirse a tiempo completo en una institución o universidad que ofrece carreras de cuatro años; debe ser residente y estudiar en el estado de Kansas. El postulante debe tener un GPA de 3.0 ó superior. Disponible para ciudadanos estadounidenses.

Plazo de solicitud 1° de mayo.

Contacta: Diane Lindeman, Director of Student Financial Assistance
Kansas Board of Regents
1000 Southwest Jackson, Suite 520
Topeka, KS 66612-1368
Teléfono: 785-296-3517
Fax: 785-296-0983
E-mail: dlindeman@ksbor.org

MISSOURI DEPARTMENT OF ELEMENTARY AND SECONDARY EDUCATION (DEPARTAMENTO DE EDUCACIÓN PRIMARIA Y SECUNDARIA DEL ESTADO DE MISSOURI)

www.dese.state.mo.us

Missouri Minority Teaching Scholarship (Beca de Enseñanza para Minorías del Estado de Missouri)

Beca para residentes de minorías del estado de Missouri que se encuentren en programas de enseñanza. Los beneficiarios deben comprometerse a enseñar durante cinco años en una escuela primaria o secundaria pública de Missouri. Los graduados deben enseñar matemáticas o ciencias o la beca debe ser reembolsada.

Área académica o profesional Educación.

Ortorgamiento Beca para usarse en el primer, segundo, penúltimo, último año de universidad o como graduado; renovable. *Número:* 100. *Monto:* $3,000.

Requisitos de elegibilidad El postulante debe ser de origen hispano, africano, chino, indio o japonés; nativo americano/de Alaska, asiático o de las islas del Pacífico o negro (no hispano); debe estar inscrito o espera inscribirse a tiempo completo en una institución o universidad que ofrece carreras de dos o cuatro años; debe ser residente y estudiar en el estado de Missouri. El postulante debe tener un GPA de 3.5 ó superior. Disponible para ciudadanos estadounidenses.

Plazo de solicitud 15 de febrero.

Contacta: Laura Harrison, Administrative Assistant II
Missouri Department of Elementary and Secondary Education
PO Box 480
Jefferson City, MO 65102-0480
Teléfono: 573-751-1668
Fax: 573-526-3580
E-mail: lharriso@mail.dese.state.mo.us

NAMEPA NATIONAL SCHOLARSHIP FOUNDATION (FUNDACIÓN DE BECA NACIONAL NAMEPA)

www.namepa.org

National Association of Minority Engineering Program Administrators National Scholarship Fund (Asociación Nacional del Fondo Nacional de Becas para Administradores del Programa de Ingeniería de la Minoridad)

NAMEPA ofrece becas únicas para estudiantes que hayan demostrado potencial e interés en continuar un título universitario en ingeniería.

Áreas académicas o profesionales Aviación o aeroespacial; ciencias de la computación o procesamiento de datos; ciencia de los materiales, ingeniería civil; ingeniería eléctrica o electrónica; ingeniería mecánica; ingeniería o tecnología; ingeniería química; ingeniería y metalurgia; tecnología relacionada con la ingeniería.

Ortorgamiento Beca para usarse en el primer o penúltimo año de universidad; no renovable. *Número:* 10 a 50. *Monto:* $1,000 a $5,000.

Requisitos de elegibilidad El postulante debe ser nativo americano/de Alaska o negro (no hispano) o hispano y debe estar inscrito o espera inscribirse a tiempo completo en una institución o universidad que ofrece carreras de dos o cuatro años. El postulante debe tener un GPA mínimo de 3.0 y un puntaje superior a 25 en ACT Assessment (Evaluación ACT) o superior a 1000 en SAT. Disponible para ciudadanos estadounidenses y para aquellos que no son ciudadanos estadounidenses.

Plazo de solicitud 30 de marzo.

Contacta: Latisha Moore, Administrative Assistant
NAMEPA National Scholarship Foundation
1133 West Morse Boulevard, Suite 201
Winter Park, FL 32789
Teléfono: 407-647-8839
Fax: 407-629-2502
E-mail: namepa@namepa.org

PLAYWRIGHTS' CENTER (CENTRO DE DRAMATURGOS)

www.pwcenter.org

Many Voices Residency Program (Programa Many Voices Residency)

El Programa Many Voices del Playwrights' Center enriquece el teatro estadounidense al ofrecer residencias de dramaturgia a artistas de color.

Áreas académicas o profesionales Literatura, inglés, redacción.

Ortorgamiento Subvención para usarse en el primer, segundo, penúltimo, último año de universidad, como graduado o en posgrado; no renovable. *Número:* 7. *Monto:* $1,200 a $2,000.

Requisitos de elegibilidad El postulante debe ser hispano, nativo americano/de Alaska, asiático o de las islas del Pacífico o negro (no hispano) y debe estar inscrito o espera inscribirse a tiempo completo o a tiempo parcial en una institución o universidad que ofrece carreras de cuatro años y ser residente y estudiar en el estado de Minnesota y estar interesado en la redacción. Disponible para ciudadanos estadounidenses.

Plazo de solicitud 31 de julio.

Contacta: Kristen Gandrow, Director of Playwright Services
Playwrights' Center
2301 Franklin Avenue, E
Minneapolis, MN 55406-1099
Teléfono: 612-332-7481
Fax: 612-332-6037
E-mail: info@pwcenter.org

PRESBYTERIAN CHURCH (USA) (IGLESIA PRESBITERIANA DE ESTADOS UNIDOS)

www.pcusa.org/financialaid

Student Opportunity Scholarship-Presbyterian Church (U.S.A.) (Beca de Oportunidad para Estudiantes – Iglesia Presbiteriana (Estados Unidos))

Disponible para estudiantes de duodécimo año de escuela secundaria que estén a punto de graduarse. Los postulantes deben ser miembros de una minoría racial y miembros comulgantes de una iglesia presbiteriana de Estados Unidos.

Ortorgamiento Beca para usarse en el primer, segundo, penúltimo o último año de universidad; renovable. *Número:* hasta 200. *Monto:* $100 a $1,000.

Requisitos de elegibilidad El postulante debe ser presbiteriano, hispano, nativo americano/de Alaska, asiático o de las islas del Pacífico, o negro (no hispano), debe ser estudiante de escuela secundaria y planea inscribirse a tiempo completo en una universidad que ofrece carreras de dos o cuatro años o en una institución técnica. El postulante debe tener un GPA de 2.5 ó superior. Disponible para ciudadanos estadounidenses.

Plazo de solicitud 1° de mayo.

Contacta: Kathy Smith, Program Assistant, Undergraduate Grants
Presbyterian Church (USA)
100 Witherspoon Street
Louisville, KY 40202-1396
Teléfono: 888-728-7228 Ext. 5745
Fax: 502-569-8766
E-mail: ksmith@ctr.pcusa.org

RADIO-TELEVISION NEWS DIRECTORS ASSOCIATION AND FOUNDATION (FUNDACIÓN Y ASOCIACIÓN DE DIRECTORES DE NOTICIAS DE TELEVISIÓN Y RADIO)

www.rtndf.org

Carole Simpson Scholarship (Beca Carole Simpson)

Beca para estudiantes universitarios de minorías de segundo, penúltimo y último año de universidad inscritos en un programa de periodismo electrónico.

Áreas académicas o profesionales Comunicaciones; periodismo; transmisión de televisión o radio.

Ortorgamiento Beca para usarse en el segundo, penúltimo, último año de universidad o graduado; no renovable. *Número:* 1. *Monto:* $2,000.

Requisitos de elegibilidad El postulante debe ser hispano, nativo americano/de Alaska, asiático o de las islas del Pacífico o negro (no hispano); debe estar inscrito o espera inscribirse a tiempo completo en una institución o universidad que ofrece carreras de cuatro años y debe tener interés en fotografía, fotogrametría, filmación de video o redacción. Debe enviar ejemplos de aptitudes de reportajes o producción. Disponible para ciudadanos estadounidenses y para aquellos que no son ciudadanos estadounidenses.

Plazo de solicitud 5 de mayo.

Contacta: Karen Jackson-Buillitt, Project Coordinator
Radio-Television News Directors Association and Foundation
1600 K Street, NW, Suite 700
Washington, DC 20006
Teléfono: 202-467-5218
Fax: 202-223-4007
E-mail: karenb@rtndf.org

Ed Bradley Scholarship (Beca Ed Bradley)

Beca que se entrega por una vez para estudiantes universitarios de minorías de segundo, penúltimo y último año de universidad inscritos en un programa de periodismo electrónico.

Áreas académicas o profesionales Comunicaciones; periodismo; transmisión de televisión o radio.

Ortorgamiento Beca para usarse en el segundo, penúltimo, último año de universidad o graduado; no renovable. *Número:* 1. *Monto:* $10,000.

Requisitos de elegibilidad El postulante debe ser hispano, nativo americano/de Alaska, asiático o de las islas del Pacífico o negro (no hispano) y debe estar inscrito o espera inscribirse a tiempo completo en una institución o universidad que ofrece carreras de cuatro años. Disponible para ciudadanos estadounidenses y para aquellos que no son ciudadanos estadounidenses.

Plazo de solicitud 5 de mayo.

Ken Kashiwahara Scholarship (Beca Ken Kashiwahara)

Beca que se entrega por una vez para estudiantes universitarios de minorías de segundo, penúltimo o último año de universidad cuyo objetivo sea el periodismo electrónico.

Áreas académicas o profesionales Comunicaciones; periodismo; transmisión de televisión o radio.

Ortorgamiento Beca para usarse en el segundo, penúltimo, último año de universidad o graduado; no renovable. *Número:* 1. *Monto:* $2,500.

Requisitos de elegibilidad El postulante debe ser hispano, nativo americano/de Alaska, asiático o de las islas del Pacífico o negro (no hispano) y debe estar inscrito o espera inscribirse a tiempo completo en una institución o universidad que ofrece carreras de cuatro años. Debe enviar ejemplos donde se muestren las aptitudes de reportajes o producción.

Disponible para ciudadanos estadounidenses y para aquellos que no son ciudadanos estadounidenses.

Plazo de solicitud 5 de mayo.

Mike Reynolds $1,000 Scholarship (Beca de $1,000 Mike Reynolds)

Se le da preferencia a estudiantes universitarios de minorías que demuestren necesidad de asistencia financiera. Debe incluir un resumen de sus trabajos realizados relacionados con los medios de comunicación y explicar la contribución que haya hecho para financiar su propia educación.

Áreas académicas o profesionales Comunicaciones; periodismo; transmisión de televisión o radio.

Ortorgamiento Beca para usarse en el segundo, penúltimo, último año de universidad o graduado; no renovable. *Número:* 1. *Monto:* $1,000.

Requisitos de elegibilidad El postulante debe ser hispano, nativo americano/de Alaska, asiático o de las islas del Pacífico o negro (no hispano) y debe estar inscrito o espera inscribirse a tiempo completo en una institución o una universidad que ofrece carreras de cuatro años. Disponible para ciudadanos estadounidenses y para aquellos que no son ciudadanos estadounidenses.

Plazo de solicitud 5 de mayo.

N.S. Bienstock Fellowship (Beca de Investigación Bienstock N.S.)

Beca para periodistas de minorías prometedores en la administración de noticias de televisión o radio.

Áreas académicas o profesionales Comunicaciones; periodismo; transmisión de televisión o radio.

Beca de investigación otorgada para usarse en el primer, segundo, penúltimo, último año de universidad o como graduado; no renovable. *Número:* 1. *Monto:* $2,500.

Requisitos de elegibilidad El postulante debe ser hispano, nativo americano/de Alaska, asiático o de las islas del Pacífico o negro (no hispano) y debe estar inscrito o espera inscribirse en una institución o universidad que ofrece carreras de cuatro años.

Plazo de solicitud 5 de mayo.

Contacta: Awards and Events Assistant
Radio-Television News Directors Association and Foundation
1600 K Street, NW, Suite 700
Washington, DC 20006
Teléfono: 202-467-5218
Fax: 202-223-4007

RHODE ISLAND FOUNDATION (FUNDACIÓN DE RHODE ISLAND)

Raymond H. Trott Scholarship (Beca de Raymond H. Trott)

Beca para estudiantes de minorías que sea residente de Rhode Island y que esté en su último año en una universidad acreditada.

Área académica o profesional Operaciones bancarias.

Ortorgamiento Beca para usarse en el último año de universidad; no renovable. *Número:* 1. *Monto:* $1,000.

Requisitos de elegibilidad Debe planear continuar una profesión en operaciones bancarias.

El postulante debe ser hispano, nativo americano/de Alaska, asiático o de las islas del Pacífico o negro (no hispano) y debe estar inscrito o espera inscribirse a tiempo completo en una institución o universidad que ofrece carreras de cuatro años y ser residente del estado de Rhode Island. Disponible para ciudadanos estadounidenses.

Plazo de solicitud 13 de junio.

RDW Group, Inc. Minority Scholarship for Communications (Beca RDW Group, Inc. para Minorías para Comunicaciones)

Beca que se entrega una vez para proporcionar apoyo a estudiantes de minorías que desean continuar un curso de estudio en comunicaciones en un nivel de graduado o universitario.

Área académica o profesional Comunicaciones.

Ortorgamiento Beca para usarse en el primer, segundo, penúltimo, último año de universidad o como graduado; no renovable. *Número:* 1. *Monto:* $2,000.

Requisitos de elegibilidad El postulante debe ser hispano, nativo americano/de Alaska, asiático o de las islas del Pacífico, o negro (no hispano) y debe estar inscrito o espera inscribirse en una institución o universidad y ser residente del estado de Rhode Island.

Plazo de solicitud 13 de junio.

Contacta: Libby Monahan, Scholarship Coordinator
Rhode Island Foundation
One Union Station
Providence, RI 02903
Teléfono: 401-274-4564
Fax: 401-272-1359
E-mail: libbym@rifoundation.org

SOCIETY OF ACTUARIES (SOCIEDAD DE ACTUARIOS)

www.soa.org o www.beanactuary.org

Actuarial Scholarships for Minority Students (Becas actuariales para estudiantes de minorías)

Beca para estudiantes de minorías en un nivel de graduado o universitario que busca una carrera actuarial. Monto basado en el mérito y necesidades individuales.

Área académica o profesional Carrera actuarial.

Ortorgamiento Beca para usarse en el primer, segundo, penúltimo, último año de universidad o como graduado; no renovable. *Monto:* El beneficiario recibe $500 adicionales por cada examen actuarial aprobado.

Requisitos de elegibilidad El postulante debe ser hispano, nativo americano/de Alaska, negro (no hispano) o hispano y estar inscrito o espera inscribirse en una institución o universidad. Debe ser ciudadano estadounidense o residente permanente.

Plazo de solicitud 1° de mayo.

Contacta: Minority Scholarship Coordinator
Society of Actuaries
475 North Martingale Road, Suite 800
Schaumberg, IL 60173-2226
Teléfono: 847-706-3500
E-mail: flupo@casct.org

SOCIETY OF PROFESSIONAL JOURNALISTS, LOS ANGELES CHAPTER (SOCIEDAD DE PERIODISTAS PROFESIONALES, DELEGACIÓN DE LOS ANGELES)

www.spj.org/losangeles

Ken Inouye Scholarship (Beca Ken Inouye)

Becas para estudiantes que hayan completado su segundo año de universidad y estén inscritos o hayan sido aceptados en un programa de periodismo.

Área académica o profesional Periodismo.

Ortorgamiento Beca para usarse en el penúltimo, último año de universidad o como graduado; no renovable. *Monto:* $1,000.

Requisitos de elegibilidad El postulante debe ser nativo americano/de Alaska, asiático o de las islas del Pacífico, negro (no hispano) o hispano, y debe estar inscrito o espera inscribirse a tiempo completo en una institución o universidad que ofrece carreras de cuatro años en el condado de Los Angeles, Ventura u Orange. Disponible para ciudadanos estadounidenses.

Plazo de solicitud 15 de marzo.

Contacta: Society of Professional Journalists, Los Angeles Chapter
c/o Department of Journalism, California State University, Long Beach
1250 Bellflower
Long Beach, CA 90840

STATE STUDENT ASSISTANCE COMMISSION OF INDIANA (SSACI) (COMISIÓN DE ASISTENCIA A ESTUDIANTES DEL ESTADO DE INDIANA)

www.ssaci.in.gov

Programa de Beca de Servicios de Educación Especial y Maestros de Minorías del Estado de Indiana

Destinada a estudiantes negros o hispanos que buscan certificación en enseñanza, certificación de educación especial o certificación de terapia física u ocupacional.

Áreas académicas o profesionales Educación; Educación especial; Rehabilitación o Terapia física.

Ortorgamiento Beca para usarse en el primer, segundo, penúltimo o último año de universidad; no renovable. *Número:* 330 a 370. *Monto:* $1,000 a $4,000.

Requisitos de elegibilidad Debe ser ciudadano estadounidense y residente del estado de Indiana. Debe enseñar en una escuela primaria o secundaria acreditada del estado de Indiana después de graduarse. El postulante debe ser hispano o negro (no hispano) y debe estar inscrito o tener planes de inscribirse como un estudiante a tiempo completo en una universidad o institución que ofrece carreras de cuatro años. Se exige un GPA mínimo de 2.0.

Plazo de solicitud Continuo.

Contacta: Ms. Yvonne Heflin, Director, Special Programs
State Student Assistance Commission of Indiana
(SSACI)
150 West Market Street, Suite 500
Indianapolis, IN 46204-2805
Teléfono: 317-232-2350
Fax: 317-232-3260
E-mail: grants@ssaci.state.un.is

TENNESSEE STUDENT ASSISTANCE CORPORATION (CORPORACIÓN DE ASISTENCIA A ESTUDIANTES DEL ESTADO DE TENNESSEE)

www.state.tn.us/tsac

Minority Teaching Fellows Program/Tennessee (Programa de Becas de Investigación para Minorías de Enseñanza/Tennesse)

Préstamo perdonable a residentes de minorías del estado de Tennessee que continúen carreras en educación. Debe enseñar un año por cada año de beca o reembolsarlo como préstamo.

Áreas académicas o profesionales Educación; educación especial.

Ortorgamiento Préstamo perdonable para usarse en el primer, segundo, penúltimo o último año de universidad; renovable. *Número:* 19 a 29. *Monto:* $5,000.

Requisitos de elegibilidad El postulante de escuela secundaria debe tener un GPA mínimo de 2.75, debe estar en el cuarto superior de la clase o un puntaje de 18 en ACT Assessment. El postulante a la universidad debe tener un GPA mínimo de 2.50. El postulante debe ser hispano, nativo americano/de Alaska, asiático o de las islas del Pacífico o negro (no hispano); debe estar inscrito o espera inscribirse a tiempo completo en una institución o universidad que ofrece carreras de cuatro años; debe ser residente y estudiar en el estado de Tennessee. Disponible para ciudadanos estadounidenses.

Plazo de solicitud 15 de abril.

Contacta: Kathy Stripling, Scholarship Coordinator
Tennessee Student Assistance Corporation
404 James Robertson Parkway, Suite 1950,
Parkway Towers
Nashville, TN 37243-0820
Teléfono: 615-741-1346
Fax: 615-741-6101
E-mail: kathy.stripling@state.tn.us

TEXAS DEPARTMENT OF TRANSPORTATION (DEPARTA-MENTO DE TRANSPORTE DEL ESTADO DE TEXAS)

www.dot.state.tx.us

Programa de Subvención Condicional

Subvención que proporciona asistencia financiera de educación a mujeres de minorías para planes de títulos aprobados.

Áreas académicas o profesionales Ciencias de la computación o procesamiento de datos; ingeniería civil.

Ortorgamiento Subvención para usarse en el primer, segundo, penúltimo o último año de universidad; renovable. *Número:* 25. *Monto:* hasta $6,000.

Requisitos de elegibilidad La postulante debe ser hispana, nativa americana/de Alaska, asiática o de las islas del Pacífico o negra (no hispana) y debe estar inscrita o espera inscribirse a tiempo completo en una institución que ofrece carreras de cuatro años; debe ser mujer; y ser residente y estudiar en el estado de Texas. La postulante debe tener un GPA de 2.5 ó superior. Disponible para ciudadanas estadounidenses.

Plazo de solicitud 1° de marzo.

Contacta: Minnie Brown, Program Coordinator
Texas Department of Transportation
125 East 11th Street
Austin, TX 78701-2483
Teléfono: 512-416-4979
Fax: 512-416-4980
E-mail: mbrown2@dot.state.tx.us

UNITED METHODIST CHURCH (IGLESIA METODISTA UNIDA)

www.umc.org/

United Methodist Church Ethnic Scholarship (Beca Étnica de la Iglesia Metodista Unida)

Becas para estudiantes de minorías que continúan un título universitario. Beca que se entrega por una vez, pero es renovable mediante una solicitud cada año.

Áreas académicas o profesionales cualquier título, especialidad o carrera universitaria.

Ortorgamiento Beca para usarse en el primer, segundo, penúltimo o último año de universidad. *Número:* 430 a 500. *Monto:* $800 a $1,000.

Requisitos de elegibilidad El postulante debe ser un miembro certificado de la Iglesia Metodista Unida por un año. El postulante debe ser hispano, nativo americano/de Alaska, asiático o de las islas del Pacífico o negro (no hispano) y debe estar inscrito o espera inscribirse a tiempo completo en una institución o universidad que ofrece carreras de dos o cuatro años. El postulante debe tener un GPA de 2.5 ó superior. Disponible para ciudadanos estadounidenses y para aquellos que no son ciudadanos canadienses.

Plazo de solicitud 1° de mayo.

Contacta: Patti J. Zimmerman, Scholarships Administrator
United Methodist Church
PO Box 340007
Nashville, TN 37203-0007
Teléfono: 615-340-7344
E-mail: pzimmer@gbhem.org

United Methodist Church Hispanic, Asian, and Native American Scholarship (Beca de la Iglesia Metodista Unida Hispana, Asiática y Nativa Americana)

Beca para miembros de Iglesia Metodista Unida que sean estudiantes universitarios de penúltimo, último año o graduados.

Ortorgamiento Beca para usarse en el penúltimo, último año de universidad o como graduado; no renovable. *Número:* 200 a 250. *Monto:* $1,000 a $3,000.

Requisitos de elegibilidad Prueba de membresía y carta del pastor. Se exige un GPA mínimo de 2.8. El postulante debe ser metodista, hispano, nativo americano/de Alaska, asiático o de las islas del Pacífico y debe estar inscrito o espera inscribirse a tiempo completo en una institución o universidad que ofrece carreras de cuatro años. Disponible para ciudadanos estadounidenses.

Plazo de solicitud 1° de abril.

Contacta: Patti J. Zimmerman, Scholarships Administrator
United Methodist Church
PO Box 340007
Nashville, TN 37203-0007
Teléfono: 615-340-7344
E-mail: pzimmer@gbhem.org

WORLDSTUDIO FOUNDATION (FUNDACIÓN WORLDSTUDIO)

www.umc.org/

Special Animation and Illustration Scholarship (Beca de Ilustración y Animación Especiales)

Becas para estudiantes de minorías y de escasos recursos que estén estudiando ilustración y animación en universidades estadounidense. Los beneficiarios se seleccionan de acuerdo con su capacidad y necesidad y por su compromiso demostrado para restituirlo a una gran comunidad a través de su trabajo.

Áreas académicas o profesionales Ilustración y animación.

Ortorgamiento Beca para usarse en el primer, segundo, penúltimo, último año de universidad o como graduado; no renovable. *Número:* 25. *Monto:* $1,500.

Requisitos de elegibilidad El postulante debe ser hispano, nativo americano/de Alaska, asiático o de las islas del Pacífico, o negro (no hispano), y debe estar inscrito o espera inscribirse a tiempo completo en una universidad que ofrece carreras de dos o cuatro años o en una institución técnica. El postulante debe tener un GPA de 2.5 ó superior. Disponible para ciudadanos estadounidenses y para aquellos que no son ciudadanos estadounidenses.

Plazo de solicitud 14 de febrero.

Contacta: Roben Stikeman, Associate Director
Worldstudio Foundation
200 Varick Street, Suite 507
New York, NY 10014
Teléfono: 212-366-1317 Ext. 18
Fax: 212-807-0024
E-mail: scholarships@worldstudio.org

DIRECTORIO DE LA LÍNEA DIRECTA

INFORMACIÓN DEL DEPARTAMENTO DE EDUCACIÓN DE ESTADOS UNIDOS

Presentar la Free Application for Federal Student Aid, FAFSA
www.fafsa.ed.gov

- Enviar una nueva FAFSA
- Enviar una FAFSA renovada
- Corregir una FAFSA o Student Aid Report, SAR
- Solicitar un PIN (Número de identificación personal)

Línea de Ayuda de la FAFSA

- Preguntas sobre la FAFSA
- Estado de la FAFSA

(800) 433-3243

Centro de Información de Ayuda Financiera para Estudiantes
www.studentaid.ed.gov

- Códigos de universidades del Título IV
- Duplicado del SAR

(319) 337-5665

Ayuda Financiera para Estudiantes
www.ed.gov/offices/OPE/Students/

- Lista de códigos de universidades
- Guía para estudiantes
- Guía para préstamos no cumplidos

Ayuda Financiera para Funcionarios de Ayuda Profesional
http://ifap.ed.gov

- Cartas a colegas
- Reglamentos
- Publicaciones de SFZ
- Enlaces a información de capacitación y conferencias

Información de Direct Loans
www.ed.gov/DirectLoan

- Guías y boletines de Direct Loans
- Calculadores de presupuesto y reembolso interactivos
- Información de cuentas de préstamos para prestatarios
- Preguntas más frecuentes
- Enlaces a universidades con préstamos directos

Proyecto EASI (Acceso Fácil para Estudiantes e Instituciones)
http://easi.ed.gov

- Herramientas y recursos para planificar, postular y pagar la educación después de la escuela secundaria
- Acceso futuro de ayuda financiera para estudiantes

William D. Ford Direct Loan Program (Programa de Préstamo Directo William D. Ford)
www.dlservicer.ed.gov

Origen del préstamo: (800) 848-0979

INFORMACIÓN GENERAL DEL GOBIERNO DE ESTADOS UNIDOS

Departamento de Hacienda de Estados Unidos
www.savingsbonds.gov

Administración de Beneficios para Veteranos
www.va.gov
www.gibill.va.gov/education/C35pam.htm
(800) 827-1000

Federal Information Exchange, Inc. para Becas para Minorías
www.fie.com

- Servicio de recuperación de base de datos para universidades y estudiantes
(301) 975-0103

Servicio Selectivo
(847) 688-6888

Administración del Seguro Social
www.ssa.gov
(800) 772-1213

FUENTES GENERALES DE BECAS UNIVERSITARIAS

Planificación Universitaria y Búsqueda de Becas
www.collegenet.com

Servicio de Becas Universitarias
www.collegeboard.com
• Para inscribirse para el PROFILE
(800) 778-6888

Fastweb (parte de monster.com)
www.fastweb.com

FreSch! Servicios de Información
www.freschinfo.com

National Achievement Scholarship Corporation (Sociedad para la Beca Nacional al Mérito)
www.nationalmerit.org

Peterson's
www.petersons.com

Scholarship Resource Network Express (Red Expres de Recursos para Becas)
www.srnexpress.com

CALCULADORES DE NECESIDAD FINANCIERA UNIVERSITARIA

College Board (Consejo Universitario)
www.collegeboard.com

College Smart
www.collegesmart.com

Peterson's
www.petersons.com

UBICADORES DE NIVELACIÓN O DE ADMISIÓN UNIVERSITARIA

College Board
www.collegeboard.com
- Permite desarrollar tu perfil para buscar más de 3,000 universidades.

College Edge
www.collegeedge.com
- Hace coincidir el perfil del estudiante con las universidades para selección.

College Express
www.collegeexpress.com
- Le da a la familia un recorrido del campus de las universidades para selección.

CollegeNET
www.collegenet.com
- Hace coincidir el perfil del estudiante y permite que haya una postulación por Internet.

College View
www.collegeview.com
- Le da a la familia la posibilidad de visitar y ver las oficinas de la universidad.

Peterson's
www.petersons.com
- Proporciona información acerca de más de 3,000 universidades. También incluye información sobre institutos de capacitación profesional, educación a distancia y más.

UBICADOR DE BECAS Y RECURSOS PARA HISPANOS

American Association of Hispanic Certified Public Accountants (Asociación Estadounidense de Contadores Públicos Hispanos Autorizados)
www.college-financial-aid-com/scholarships/hispanic.htm

American Association of Hispanic CPA's Scholarships (Becas de la Asociación Estadounidense de Contadores Públicos Hispanos Autorizados)
www.castldrive.com/scholarships.html

Congressional Hispanic Caucus Institute (Instituto del Grupo Hispano del Congreso)
www.chci.org

Gates Millennium Scholars Program (Programa de Becas Gates Milennium)
www.gmsp.org

GE and GM League of United Latin American Citizens (LULAC) Scholarship Funds (Fondos para la Beca de la Liga de los Ciudadanos Unidos Latinoamericanos de GE y GM).
www.LNESC.org
www.lulac.org/Programs/Scholar.html
(202) 833-6130

Hispanic Certified Public Accountants Scholarships (Becas de Contadores Hispanos Públicos Autorizados)
www.aahcpa.org/scholar.htm

Hispanic Scholarships for Undergraduates (Becas Hispanas para Estudiantes Universitarios)
www.elmhurst.edu/-bio/arriola/Hablamos/scholarships.html

Hispanic Heritage Youth Awards (Beca para Jóvenes de Origen Hispano)
www.hispanicawards.org

Hispanic College Fund (Fondo de Becas Universitarias Hispanas)
www.hispanicfund.org

Hispanic Designers, Inc. (va dirigida a talentos en la industria cultural y del diseño)
www.hispanicdesigners.org

Hispanic College Fund. Inc. (First in My Family Scholarship Program) (Programa de Beca El Primero en Mi Familia)
www.hispanicfund.org

Hispanic MBA's (NSHMBA) (MBA para Hispanos)
www.nshmba.org/infocenter/scholarships.asp

Hispanic Scholarship Fund (Fondo de Becas Hispanas)
www.hsf.net

Hispanic Scholarships for Latino Students (Becas Hispanas para Estudiantes Latinos)
www.lasculturas.com/lib/libScholarships.php

Joel Garcia Memorial Scholarship (Beca en Memoria de Joel Garcia)
www.ccnma.org

Lowrider Magazine Scholarship Fund (Fondo de Beca de la Lowrider Magazine)
www.lowridermagazine.com

Mexican American Grocers Assoc. Foundation Scholarships (for sales merchandising and marketing in the grocery industry) (Becas de la Fundación (para técnica mercantil de ventas y mercadeo en la industria de abarrotes))
www.maga.org/pages.educational programs.htm

National Association of Hispanic Journalist (Asociación Nacional de Periodistas Hispanos)
www.nahg.org/student.html

National Association of Hispanic Publications (Asociación Nacional de Publicaciones Hispanas)
www.nahponline.org/scholarships.html

Peterson's
www.petersons.com

PRÉSTAMOS

Bank of America
www.bankofamerica.com/studentbanking
(800) 344-8382

Chase Education
www.chase.com
(888) 272-5543

Citibank Student Loan Corporation
www.citibank.com/student
(800) 967-2400

Educaid
www.educaid.com
(800) 776-2344

The Educational Resource Institute (TERI)
www.teri.org
(800) 255-8374

MISCELÁNEO

Academic Common Market (Mercado Académico Común)
www.sreb.org/programs/acm/acmindex.asp
(410) 974-2971

ACT
www.act.org
(319) 337-1200

American Legion Education Assistance Program (Programa de Ayuda Educacional de la American Legion)
www.legion.org
(317) 630-1200

California Student Aid Comisión (Comisión de Ayuda para Estudiantes del Estado de California)
(916) 445-0880

CollegeTown
www.ctown.com
(703) 934-2025

The Foundation Center
Servicio al cliente: 800/424-9836
Llamada del estado de NY: 212/620-4230

National Association of College Admissions Counselors, NACAC (Asociación Nacional de Consejeros para el Ingreso Universitario)
www.nacac.com
(800) 822-6285

National Association of Student Financial Aid Administrators, NASFAA (Asociación Nacional de Administradores de Ayuda Financiera a Estudiantes)
www.nasfaa.org
(202) 785-0453

CALENDARIO DE CUENTA REGRESIVA PARA AYUDA FINANCIERA ESTUDIANTIL

Undécimo año, otoño

Ahora es el momento para pensar seriamente en las universidades que te interesan. Acude a tu oficina de orientación para que te ayuden a limitar tu selección. Si todo sale bien, para la primavera tendrás entre cinco o diez buenas alternativas en tu lista. Siempre es buena idea visitar las universidades, recuerda que es allí donde permanecerás los próximos cuatro años, visita el campus cuanto antes.

$ Regístrate para el PSAT.

$ Averigua sobre las reuniones nocturnas de ayuda financiera en tu localidad. Asegúrate de asistir a estas invaluables sesiones, especialmente si es la primera vez que en tu familia alguien va a la universidad. Trata de aprenderte la jerga de ayuda financiera. Consigue la literatura disponible y empieza a familiarizarte con los diversos programas.

$ Presenta el PSAT/NMSQT en noviembre.

$ Busca en Internet. Existen muchos motores de búsqueda gratuitos que son extraordinarios para la búsqueda de becas. Es ahora cuando debes averiguar si podrías calificar para becas.

$ Haz que tus padres averigüen con sus empleadores, iglesias y fraternidades las posibles oportunidades de becas.

$ Verifica en tu oficina de orientación los requisitos y fechas límite para otorgamientos locales.

Undécimo año, invierno

$ Sigue buscando becas. Recuerda que esto es algo que puedes controlar. Entre más te esfuerces, mayores oportunidades de éxito tendrás.

$ Regístrate y estudia para el SAT (I y II). La mayoría de los programas de becas controlados por universidades toman el SAT como un criterio determinante en el proceso de decisión. Definitivamente, el SAT no es un examen para el que puedas prepararte trasnochando la noche anterior. Invierte en una guía completa de preparación para el examen. Con una guía de estudio podrás darte cuenta de tus debilidades y fortalezas en las áreas de matemáticas y expresión verbal. Empieza a programar tiempo extra para estudiar las áreas que te resultan difíciles.

Undécimo año, primavera

$ Receso de primavera: excelente oportunidad para visitar universidades. ¿Tienes una lista de las 10 mejores? Comienza a limitar tu lista.

$ Revisa los requisitos para becas locales. ¿Qué puedes hacer ahora y durante el verano para mejorar tus oportunidades?

$ Preséntate a los SAT.

$ Busca un trabajo de verano, especialmente uno que pueda ajustarse dentro de tus planes universitarios.

Meses de verano

$ ¡Ya es hora de visitar universidades, en marcha! Comienza a preguntarte: ¿Es aquí donde me veo graduándome? ¿Puedo ajustarme a las estaciones, la ciudad que rodea al campus, la distancia a casa y el tamaño de la universidad?

Duodécimo año, otoño

$ ¿Puedes limitar tu lista a cinco opciones? Una vez que te concentres en tus cinco opciones, haz una lista de los requisitos de cada universidad para admisiones y ayuda financiera. Asegúrate de que tu lista resalte las fechas límite.

$ ¿Cuáles universidades requieren la solicitud Profile? Muchas universidades privadas utilizan este formulario para la ayuda financiera. Necesitas llenar este detallado formulario a fines de septiembre o principios de octubre.

$ Presenta tus solicitudes de beca antes de la fecha límite publicada. Recuerda que tienes tres opciones: fuentes por tus padres (empleador, religión y fraternidad), escuela secundaria (otorgamientos locales de la PTA (por sus siglas en inglés), Kiwanis y el Lions Club), y los motores de búsqueda de Internet.

$ Si piensas volver a presentar el SAT, asegúrate de registrarte ahora.

$ Tanto tú como tus padres deben asistir a la reunión nocturna de presentación de ayuda financiera. Algunas de estas sesiones ofrecen ayuda para llenar los formularios, en tanto que otras ofrecen una visión más amplia del proceso. Comunícate con el presentador (por lo general, se trata de un profesional universitario) para asegurarte de obtener la información necesaria.

Duodécimo año, invierno

$ Consigue un formulario del Free Application for Federal Student Aid (FAFSA). Este es un formulario clave de ayuda financiera para todas las universidades del país. Recuerda estar pendiente de las fechas límite, pero no lo presentes antes del 1° de enero. Asegúrate de guardar una copia del formulario, bien sea que lo llenes electrónicamente o en formato impreso. ¿Tienes preguntas? Comunícate con tu oficina local de ayuda financiera. Igualmente, ten en cuenta que algunos estados tienen programas de convocatoria especiales en enero y febrero.

$ Por lo general, a medida que comienzan a llegar las cartas de admisión, inmediatamente siguen las cartas de otorgamiento. La pregunta clave para los padres es: ¿Cuál es la base? Recuerda, la ayuda para una universidad estatal menos costosa será menor que para una universidad privada más costosa. Pero, ¿qué deberás pagar? Este asunto puede resultar confuso. Trata de estar pendiente de las ayudas financieras (becas y subvenciones), préstamos estudiantiles y préstamos a padres. La universidad con precios más económicos (matrícula, cuotas, alojamiento y comida) puede no ser la más económica al considerar el paquete de ayuda.

Duodécimo año, primavera

$ ¿Aún no sabes adónde ir? ¿El paquete de ayuda financiera de tus mejores opciones no es suficiente? Comunícate con la oficina de ayuda financiera al respecto. Aunque a las universidades no les gusta el regateo, normalmente están dispuestas a reconsiderar, en especial si se trata de excelentes estudiantes.

$ Hacia el 1° de mayo debes haber tomado una decisión definitiva. Informa a la universidad y averigua cuál es el próximo paso a seguir. Avisa a las otras universidades que no vas a aceptar sus ofertas de admisión y ayuda financiera.

Verano

$ Ya es hora de sacar cuentas. Padres, consignan información de los gastos estimados en la universidad. Deduzcan el paquete de ayuda y luego planifiquen cómo pagar los diversos gastos. Comunícate con la oficina de ayuda financiera de la universidad en busca del mejor programa de préstamos a padres.

No olvides: ¡Debes volver a solicitar ayuda cada año!

20 preguntas que debes hacer cuando realices la visita al campus

¿Es práctica común hacer ajustes de gastos individuales de asistencia si los estudiantes y las familias lo solicitan?

¿Cuál es la política de la universidad en cuanto a "ingresos anuales proyectados"?

¿Cuál es la carga académica mínima requerida para mantener las subvenciones?

¿Cuál es la política de la universidad sobre excepciones para una carga mínima de créditos basada en razones de salud o académicas?

¿Puedo entrevistarme con un consejero de ayuda financiera hoy?

¿Tienen en cuenta el ingreso de los padrastros o madrastras cuando analizan una solicitud de ayuda?

¿Tienen en cuenta el ingreso del ex-cónyuge en la solicitud de ayuda financiera?

¿Cuánta ayuda otorgan a una familia a la que le determinan que no tiene el aporte esperado de la familia?

¿Se quedan necesidades sin cubrir en el paquete de ayuda financiera?

¿Cuál es el monto promedio de deuda que tienen estudiantes ya graduados? Y, ¿cuál es el tiempo promedio que les toma graduarse?

¿La subvención para estudiantes de primer año permanece constante durante los tres años restantes?

¿Se brinda ayuda para cursos de verano?

¿Una beca externa reducirá mi ayuda, en especial mis subvenciones o becas institucionales?

¿Es renovable mi beca institucional?

¿Puede recuperarse la elegibilidad perdida para la beca?

¿Cuánto se demora uno en volverse residente estatal? ¿Tienen acuerdos de reciprocidad para matrícula?

¿Cuántas oportunidades de trabajo hay en el campus?

¿Mis ganancias de trabajo dentro o fuera del campus afectarán mi elegibilidad para la subvención?

¿La universidad establece acuerdos con prestamistas que ofrecen descuentos en préstamos tanto a padres como a estudiantes?

¿La universidad conformará paquetes de préstamos que se acomoden a programas emergentes de condonación de préstamos?

NOTAS